活動本位介入法

特殊幼兒的教學與應用

盧明　譯

An Activity-Based
Approach to Early Intervention

Second Edition

by

Diane Bricker, Ph.D.
Kristie Pretti-Frontczak, Ph.D.
Natalya McComas, M.S.

作者簡介

Diane Bricker 博士，現任美國 Oregon 大學教務處副教務長，教育學院人類發展中心之早期療育部主任。

　　Diane Bricker 於 Ohio 州立大學取得學士學位後，繼續於 Oregon 大學進修其碩士學位，且於 George Peabody 學院獲得特殊教育博士學位。Bricker 博士早期的工作，主要是著重在提升特教機構中，重度障礙兒童之語文技能。這項工作後來發展成爲一九七〇年代初期，幾個最早開始施行社區本位統合式早期療育課程之一。此後，她就一直在早期療育的領域中貢獻其心力。Bricker 博士曾擔任過數項全國性的示範早期療育計畫之領導人，也曾領導結合評量、介入法及評鑑系統之發展，並且指導爲親職所設計之綜合篩選工具的研究。其他的研究包括增進嬰幼兒和身心障礙者之間的溝通技巧之介入策略。Bricker 博士亦曾指導一個專爲訓練早期療育專業人員之研究課程，超過三百人經由此課程取得其碩士或博士學位，並且在此領域中貢獻所長。

Kristie Pretti-Frontczak 博士，現任美國 Kent 州立大學教育基礎暨特殊教育服務學系助理教授。

　　Kristie Pretti-Frontczak 於一九九六年自 Oregon 大學取得早

期療育博士學位。一九九八年成為 Kent 州立大學教育基礎暨特殊教育服務學系之助理教授,以及幼兒早期療育培訓課程主任,和家庭與兒童學習成長中心主任。為配合家庭與兒童學習成長中心之工作,Pretti-Frontczak 博士將幾項由聯邦政府經費資助之研究案加以整合,以檢核活動本位介入法在兒童及其家庭中所能達到的效果。Pretti-Frontczak 也常提供教育訓練及技術支援給全美各地有意願施行活動本位法的機構。

Natalya McComas,現任美國 Oregon 大學早期療育人員預備課程之實習安排負責人。

　　Natalya McComas 於一九九〇年自 Oregon 大學取得早期療育特殊教育碩士學位。接著在一項由聯邦政府經費資助,為期五年之活動本位介入法示範模式發展計畫中擔任主治療員。她目前在美國 Oregon 大學擔任早期療育人員培育課程之講師並負責實習之安排。同時,McComas 女士與數個啟蒙方案及其他社區早期療育課程常保持聯繫,提供施行活動本位介入法之諮詢服務。她並與 Jennifer Olson 共同開發了一個自我引導之訓練手冊——活動本位介入法之學習(An Activity-Based Approach to Learning)。

譯者簡介

盧明

學歷：美國南卡羅萊納大學博士　主修幼兒教育
　　　美國奧瑞岡大學　研究進修早期療育、學前特殊教育
現任：國立台北教育大學幼兒教育學系副教授
曾任：中原大學特殊教育學系副教授
　　　嘉義師範學院（現為嘉義大學）特殊教育學系副教授
　　　嘉義師範學院（現為嘉義大學）特殊教育學系系主任
　　　美國南卡羅萊納大學幼兒中心助理教師
　　　美國南卡羅萊納大學幼兒教育學系研究與行政助理
　　　信誼學前教育基金會教師、活動策畫

前　言

　　本書的第一版在一九九二年出版，書中彙集了近三十年來影響早期療育領域的相關理論和研究。書中對活動本位介入法的界定是：「一種以幼兒爲引導的介入方法，並將幼兒的個別化長期目標和短期目標，融入在例行性、計畫性或是以幼兒爲引導的活動中；以及利用邏輯的前提事件和行爲後果促進功能性和生產性的技能。」（Bricker & Cripe, 1992, p.40）在第一版的書中，作者統整了包括理論、研究、技術和程序等範疇的資料，發展成爲一個受到早期療育界注意的架構。書籍出版後，很快地被早期療育界的人士所接受，因爲在書中具體描述了如何實施介入，以及解釋了活動本位介入法有效性的原因。

　　第一版發行之後，活動本位教學的相關理論和臨床實驗不斷地被提出，活動本位介入法的原理原則和教學亦被廣泛地接納。然而，風潮之下仍有待解之難處，即是許多托兒中心和學前教育的工作者，對於在日常活動中進行活動本位介入法，還是會面臨執行的困難，似乎不是照書做就會成功。

　　因此 Bricker、 Pretti-Frontczak 和 McComas 在第二版的書中，做了大篇幅的修改。爲了使活動本位介入法的可行性和有效性提高，第二版的內容進一步地詳盡描述實行活動本位介入法的必要程序。很顯然地，活動本位介入法必須因實際情境的不同而有所調整，而在第二版中提供了許多如何在不失其內涵

本質的條件下，調整活動本位介入法的實施之精闢見解。對於已經熟悉活動本位介入法之理論背景的讀者，可能會較專注於本書第一部分的內容了解，亦即如何應用活動本位介入法的詳盡說明。然而第二部分有關自然介入取向的介紹和應用，是讀者不容忽視的內容。我認為活動本位介入法並非一本像食譜般，照單去做的書；除非能深入掌握活動本位介入法的理念基礎，才能將其有效地實施。一位成功的廚師，必須在他了解如何使用所有材料烹飪出美味佳餚後，才可以成功地調整改變食譜。同理可印證於成功的早期療育人員之實務工作表現上。

　　即使本書是修訂版，它仍然對早期療育領域的有效介入法之研究發展有著重要意義。回顧一九七〇年代的教學方法時，活動本位介入法的革新特質就顯而易見了。然而，進步並不代表完美，在實務工作方面，仍有許多改進的空間。而本書或可讓我們在為所有兒童服務的路程中，朝向更接近理想目標的方向推進。

Steven F. Warren, Ph.D.

特殊教育與心理教授

Peabody 學院, Vanderbilt 大學

Nashville, Tennessee

謝　辭

　　在過去，有幾位在早期療育專業領域中的同事，曾對活動本位介入法之發展有著重要的貢獻。William Bricker 引起 Diane 願意開始發展一套能幫助具有重度障礙的幼兒學習的介入法。Gisela Chatelanat 也將 Piaget 及融合各介入法的重要性引進早期療育的觀念中。Schoggen 家族、Phil 及 Dikkie 透過多年的討論，使得環境對幼兒學習之影響的重要性得到澄清。而 Bob 和 MaryLynn Cantrell 夫婦更進一步將此觀念轉移到早期療育的應用上。與 John Filler、Roger Smith、Lizbeth Vincent 及 Rick Brinker 長期的辯論，也在活動本位介入法的基本架構之形成上，扮演了一個關鍵性的角色。

　　自活動本位介入法於一九八〇年代初期，正式開始成為早期療育各項介入法之一後，我們自各界的回應中受益良多，其中包括曾使用活動本位介入法，並指出其優缺點的學生及早期療育專業人員。而對於本書之出版，我們要特別感謝 Oregon 州蘭郡（Lane County）之啟蒙方案全力的配合及支持，配合 Oregon 大學之早期療育學程，在其家庭本位及中心本位之課程中，使用活動本位介入法。我們亦從與佛羅倫斯郡（Florence）的佛羅倫斯佩斯（PACE）方案的合作中，得到許多寶貴的回饋。透過他們的工作人員，使得活動本位介入法的使用可以進到較偏遠的地區。這兩個方案的主任、教師、助理及其他員工，在接受

訓練和實際施行活動本位介入法的過程中，所貢獻出的時間和心力，是我們所要誠心感謝的。

另外，我們也要特別感謝在一九八〇及一九九〇年代，於Oregon大學就讀於早期療育領導人員訓練班的博士班學生。他們對活動本位介入法之各方面仔細地分析研究，使其施行步驟更具全面性並且更有效率。同時也要感謝本校早期療育學程中的同仁們，對本書第一版的內容所提出之寶貴意見。

Juliann J. Woods Cripe 對本書第一版之貢獻甚鉅。她協助將活動本位介入法整合成一個能夠被全美各州所使用的系統。其貢獻使得此介入法在實際的使用上更加廣泛且更趨於平衡。

Steven F. Warren 持續地鼓勵我們將活動本位介入法中的一些疑點加以澄清，並引導我們進一步去探討一些自然介入法中有論述到，但是卻被活動本位介入法所忽略的觀點。我們非常感謝他在這幾年中所給我們的鼓勵。

本書並非一蹴即成。相反地，整個過程經過一再的修訂，且承蒙 Karen Lawrence 始終愉快地為我們的原稿及修訂打字。並且她在手稿完成的過程中，默默且勝任愉快地為我們處理了無數重要的工作。Hill Walker 在人類發展中心的領導風格，持續地成為我們中心裡每一位同仁的原動力。當我們在本書的細節上做修飾以期使作品成為一本經得起考驗的成品時，Brookes 出版社中的人員也一直都很支持並有彈性地和我們配合。最後也要感謝我們的家人，Clint、Sierra、Mike 及 Lonnie，無論是對我們個人或是團體的工作，始終支持，讓我們能順利完成本書。

在這一長串名單結束前，我們必須要加上逾百位參與活動

本位介入法發展過程中的孩子及其家長們，感謝他們對活動本
位介入法的支持及參與。由衷的盼望，藉著參與我們的發展過
程，他們的生活品質也能同時得到提升。

目　錄

謹將此書獻給曾使用過活動本位介入法，並提供其寶貴意見，使本法更加完備的學生及專業人員們。

第一章

緒論

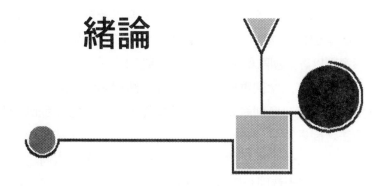

　　活動本位介入法在近年來受到早期療育界重視，它被認為是對身心障礙、發展遲緩或高危險群幼兒的有效教學之一。以活動為主的自然教學取向，在美國和其他國家的早期療育課程與教學領域中，逐漸廣被應用，譬如，Block 和 Davis（1996）運用活動本位的教學方法來教導障礙幼兒體能活動；Bricker（1993）、McComas 與 Olson（1997）則將此方法用於提升障礙幼兒的學習。雖然活動本位介入法第一版在一九九二年時已出版，然而這些年來有關活動本位介入法應用於嬰兒、嬰幼兒和幼兒的研究資料仍不斷地在累積中，本書（第二版）除了將新近相關資訊統整於書中，同時也根據臨床實務工作者（老師、治療師、保育員等）的意見，增加圖表示例，調整內容架構，

期能豐富我們對以兒童爲主導之活動本位介入法的了解，並且更有效地加以運用。

本書的編排和第一版有很大的不同。緒論之後分爲兩大部分，第一部分包括六章，主要是解釋如何應用活動本位介入法。其中第二章介紹活動本位之定義、要素以及實例；第三章討論活動本位介入法和評量、評鑑與教育目標之聯結和相關性；第四章則以專業團隊和家庭如何使用活動本位介入法爲主要內容；第五章和第六章側重於活動本位介入法對個別和團體幼兒的實際應用；第七章則討論評鑑的重要性，以及可配合活動本位介入法之評鑑策略。

第二部分含括五章，其中第八章介紹自然教學取向之本質；第九章和第十章則介紹活動本位介入法的歷史背景和理論基礎；第十一章著重活動本位介入法之相關議題；最後一章則就幼兒教育、學前特殊教育、早期療育和活動本位介入法之未來趨勢加以討論和分析。

目的與使用者

正如前述，本書之主要目的是詳述活動本位介入法，並且提供一些必要的基礎，使早期療育工作者能實際地在教學中運用此法。縱然文字無法完全使讀者學習和應用新訊息、策略和技巧，本書仍希望讀者能夠了解以下三方面的知能：(1)認識活動本位介入法的主要理論基礎；(2)掌握必要的評量過程、目標

界定與環境安排，以支持教學的進行；(3)融入活動本位介入法
的基本要素於教學中。

我們相信讀者會因個人的能力，對上述三方面的知能達到
不同程度的理解。有些人可能會發現以幼兒為引導的教學技巧，
並非想像中的困難。反之，有些照顧者、早期療育工作者或是
治療師，因為他們所受的訓練是以成人為引導的教學方式為主，
因此在轉化教學技巧的過程中，學習如何成為幼兒的觀察者和
回應者，將會成為他們新的挑戰。通常，即使在努力之下，積
習仍難完全棄之。如果成人習慣在個別活動和學校或家裡的固
定活動中指導幼兒，可能會面臨允許幼兒進行自發性活動的困
難；也可能產生運用例行性和日常生活活動成為教學主軸的困惑。

同時，我們也發現許多早期療育工作者、老師、治療師和
照顧者很認真地學習活動本位介入法中的具體做法，但是卻對
活動本位介入法的理論架構和基礎，缺乏認識的興趣。這些人
可能會只著重在了解本書的第一部分，而忽略第二部分。然而，
我們必須強調，第一部分和第二部分對於認識與有效地運用活
動本位介入法，占有同等重要的地位。我們發現使用活動本位
介入法有困難的早期療育工作者、老師、治療師或照顧者，常
常是因為他們對活動本位介入法的理論背景和架構缺乏清楚的
認識。事實上，有效運用的基礎仍建立於清楚完整的理念認知
上，此認知亦是診斷和補救問題之道。

名詞與觀念之定義

界定書中的名詞有助於讀者更清楚地了解活動本位介入法。

早期療育（early intervention）、特殊幼兒教育（early childhood special education）——在本書中這二個名詞交換使用，是指針對出生至五歲的特殊幼兒及其家庭，或是高危險群幼兒及其家庭之研究範疇與療育方法。

早期療育計畫（early intervention programs）、特殊幼兒教育計畫（early childhood special education programs）——經由受過訓練的專業人員所提供之正式系統的服務、內容和過程。

身心障礙幼兒（young children who have disabilities）——指出生至五歲已鑑定為身心障礙的幼兒。

高危險群幼兒（young children who are at risk for disabilities）——指出生至五歲在醫學上、環境條件方面，或是上述二者，可能導致未來發展為身心障礙的幼兒。

早期療育工作者（interventionist）——是指提供早期療育計畫給幼兒的專業人員和相關專業人員。「老師」這個名詞不足以含括提供早期療育服務的人員。通常早期療育的專業團隊中包括語言治療師、職能治療師、物理治療師、醫療人員、心理學專家，以及其他相關專業人員。

我們同意大部分障礙幼兒及其家庭，需要專業團隊提供其個別化教育計畫（individualized education program, IEP）／個別

化家庭服務計畫（individualized family service plan, IFSP）中的
服務內容。因此本書中的「團隊」是指一群專業人員、相關專
業人員、父母親或主要照顧者所組成的團隊，在互相合作之下
提供必要的服務。讀者會發現早期療育工作者和專業團隊人員，
在書中不時地交換使用。

參考書目

Block, M., & Davis, T. (1996). An activity-based approach to
    physical education for preschool children with disabilities.
    Adapted Physical Activity Quarterly, 13, 230–246.
Bricker, D. (Ed.). (1993). *Assessment, evaluation, and programming
    system for infants and children: Vol. 1. AEPS measurement for birth
    to three years*. Baltimore: Paul H. Brookes Publishing Co.
McComas, N., & Olson, J. (1997). *Activity-based approach to learn-
    ing (Building Effective Successful Teams Module 2)*. Moscow: Uni-
    versity of Idaho, Idaho Center of Developmental Disabilities.

第一篇

如何使用活動本位
介入法

第二章

活動本位
介入法

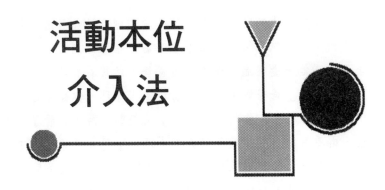

　　塔比亞翻了翻書，停下來說：「馬馬！」塔比亞的媽媽正忙著打掃，轉身問三歲的塔比亞：「你說什麼？」塔比亞又說一次：「馬馬。」「喔，你在哪裡看到馬馬呀？」媽媽問她。塔比亞看著圖片說：「這裡……你看。」說完後塔比亞看著媽媽。塔比亞的媽媽在她身邊坐下，對她說：「喔，我看到了馬。牠是咖啡色的。」塔比亞重複：「咖啡色？」「對呀，這匹馬是咖啡色的。」媽媽回答。「這匹馬還有咖啡色的鬃毛、咖啡色的尾巴。」塔比亞重複說：「鬃毛？」媽媽解釋著：「在馬脖子上的頭髮叫鬃毛。你看到馬的鬃毛了嗎？」塔比亞摸摸圖片中馬的鬃毛，說：「鬃毛。」塔比亞的媽媽微笑著摸塔比亞的頭，問她：「你有沒有鬃毛呢？」塔比亞笑著說：「沒有！

我有頭髮。」媽媽微笑著告訴塔比亞：「答對了，馬有鬃毛，人有頭髮。你的頭髮顏色和馬的鬃毛一樣都是咖啡色的。」塔比亞也笑著說：「我有咖啡色的頭髮。」

十二個月大的喬伊注意到他心愛的球在沙發旁邊，可是他拿不到，他嘗試著從沙發上下來。喬伊指著球問：「球？」爸爸正好從他身邊經過，喬伊看看爸爸，然後看看球，又指著球問：「球？」爸爸彎下腰來問喬伊：「球耶。你想要球？」喬伊說：「球。」「你想玩球嗎？」爸爸問。喬伊又看了一下爸爸，再看看球，然後跟爸爸說：「球。」爸爸把球撿起來放在喬伊的身邊，喬伊把球拿起來。「丟球給我。」爸爸同時張開雙手做接球狀。喬伊笑著丟球後，舞動他的雙臂。爸爸笑著撿起球，對喬伊說：「還要不要玩球？來爸爸這裡拿球呀！」喬伊說：「球。」朝向爸爸走了幾步。爸爸拿著球說：「啊！你長大了，自己會拿球囉。」

瑪塔的媽媽在廚房忙著擺放雜貨，五個月大的瑪塔坐在嬰兒椅上，舞動她的雙臂，發出咕咕的聲音。媽媽靠近瑪塔，學她發出咕咕聲。然後媽媽把一個紙袋揉一揉準備丟掉，揉紙袋的霹啪聲吸引了瑪塔的注意。瑪塔專注地看著紙袋，一面揮舞著手臂。當媽媽搖動紙袋時，瑪塔馬上安靜下來，盯著紙袋看。媽媽把紙袋放在瑪塔可以伸手碰到的地方，瑪塔握起紙袋，把它放在嘴裡。媽媽說：「這個紙袋會發出聲音喔。」媽媽握著瑪塔的手，幫她將紙袋從嘴裡拿出來，然後舞動瑪塔的手臂搖

動紙袋。當紙袋發出霹啪聲時,瑪塔停了下來。過了幾秒鐘,媽媽又輕輕地舞動瑪塔的手臂,使紙袋發出聲音,瑪塔停了一會兒,然後自己搖紙袋使紙袋霹啪作響。

黃傑哭哭啼啼地來找媽媽。媽媽問五歲的黃傑發生什麼事了?他抽噎著說,來家裡玩的小朋友搶了他的玩具卡車。媽媽安慰他,問:「那我們該怎麼辦?」黃傑搖搖頭。媽媽說:「你可以要比利和你一起玩卡車呀?或者你找另一輛卡車來玩?」黃傑跑去房間,然後喊說:「我找不到卡車!」媽媽回答:「你在哪裡找呀?」「我在玩具盒裡找。」黃傑說。「想想看,還可以去哪些地方找?」媽媽問他。幾分鐘後,黃傑手裡拿著一輛紅色的消防車,跟媽媽說:「我在床底下找到的。」

大部分的幼兒經常會發生類似上述的事件,這些事件提供許多必要的訊息與回饋,使幼兒從中學習如何和他們的社會性環境和物理性環境互動。從上述的事件中,有四方面值得注意:(1)幼兒是事件的開始者和引導者。父母親跟著幼兒的引導,同時根據幼兒的需求來提供訊息和回饋;(2)這些事件是符合幼兒發展且有意義的互動過程;(3)上述的事件對幼兒而言,都含有一些新的經驗。譬如,之前喬伊可能沒有發現球在沙發旁邊;(4)在幼兒和大人彼此回應的情況之下,互動必是正面而有意義的。

現在我們看看另外一些事件,並且比較它們和前述事件的差異性。

　　蘿莉十六個月大，患有唐氏症。她正爬向地板上的玩具時，媽媽走過去抱她，讓她坐在桌子旁的小椅子上。媽媽在蘿莉的對面坐下，對蘿莉說：「蘿莉，來，我們來找玩具。」媽媽繼續告訴蘿莉，今天換蘿莉找一找藏起來的玩具。媽媽手裡拿著一個手搖鈴叫蘿莉看。蘿莉看了手搖鈴，伸手要拿。媽媽把手搖鈴拿開，放在一小塊布的下面，蘿莉看到媽媽做藏起來的動作。媽媽搖搖布提醒她來找。蘿莉看了看布，把它拿起來搖一搖，然後用布蒙住頭玩起了躲貓貓。媽媽說：「蘿莉，你看手搖鈴。」接著把蘿莉頭上的布拿下來。蘿莉用手臂把手搖鈴揮到地板上。

　　五歲的湯馬西羅患有背柱裂和發展遲緩。他的爸爸抱他坐在腿上。「嗨，認識顏色的時間到囉。」爸爸拿出一套卡片，每張卡片上有一種顏色。爸爸拿起第一張卡片問湯馬西羅，「這是什麼顏色？」湯馬西羅看看卡片回答：「紅色。」「好棒！答對了。」爸爸稱讚他。爸爸拿起下一張卡片問：「這是什麼顏色？」湯馬西羅說：「紅色。」爸爸糾正他：「不是，這是綠色。來，說綠色。」「綠色。」湯馬西羅一面看著小狗走過房間，一面回答。爸爸說：「好。」然後再拿一張卡片問：「這是什麼顏色？」湯馬西羅看著爸爸，不確定地說：「綠色。」

　　不會有很多人懷疑上面二個事件中，父母教導幼兒的動機和使用的活動。然而，從這二個事件中，我們卻發現，類似上述的活動，忽略了幼兒本身的動機，以及活動對幼兒的意義。

前述四位幼兒和父母親的互動，和蘿莉、湯馬西羅與父母之間
的互動，有著明顯的差異性。塔比亞、喬伊、瑪塔和黃傑是活
動的開始者和引導者；並且互動事件的過程是連續而邏輯的，
對幼兒與父母均有意義存在。

　　以上的事件案例描述個別的幼兒和他們的父母親互動的過
程。事實上，當團體幼兒和早期療育工作者，或是照顧者互動
時，幼兒或成人都可能是活動的開始者和引導者。

　　早晨團體活動開始時，莫漢幼兒園啟幼班的老師問幼兒今
天想唱什麼歌？幼兒點了幾首歌，老師又問：「我們怎麼決定
唱哪一首歌呢？」幼兒和老師討論後，決定把幼兒所點的歌寫
在白板上。因為一天唱不了所有的歌，所以幼兒先決定星期一
唱哪幾首，其餘的歌留到其他天來唱。這個活動提供幼兒練習
有關早期讀寫能力的目標，也同時練習了解決問題和語言表達
的技能。

　　波力桑山丘幼兒園採用成人引導為主的教學方法。在早晨
團體活動一開始時，老師會要求幼兒安靜地坐在固定的地方。
當幼兒全部安靜坐好後，老師才會開始帶活動。首先，幼兒在
老師的指示下，說出今天是星期幾，天氣如何。老師會指定一
位幼兒拿出正確的星期名稱卡片，把它放在白板上。另一位被
指定的幼兒則去選當天天氣狀況的卡片，也將卡片放在白板上。
然後老師要求幼兒一起唱首有關雨天的兒歌。在以成人為選擇
和引導的活動中，幼兒鮮少有機會表達他們的興趣。

以上二個場景，讓我們清楚地分辨以幼兒興趣爲主軸所形成之學習情境和活動，以及以成人爲引導的學習情境和活動之差別。以現實情況來說，大部分爲障礙幼兒或高危險群幼兒所設計的活動，仍以成人爲中心的方式來進行。而本書則試圖用另一種替代方式（以幼兒爲中心）來發展對特殊幼兒的教學。

活動本位介入法試圖掌握發生在塔比亞、喬伊、瑪塔以及黃傑和他們的父母親，還有發生在莫漢幼兒園和老師之間互動事件中的要素。換言之，活動本位介入法強調幼兒的動機，以及對幼兒有意義的活動之運用。

活動本位介入法之要素與定義

本書的活動本位介入法是以一種客觀可評量的方式，利用日常生活當中發生在父母親、成人和嬰兒、幼兒之間的互動事件來進行教學。活動本位介入法是以幼兒爲中心，並且將幼兒的個別化目標融入在日常的互動事件當中。在活動本位介入法中的日常互動事件，是指例行性（routine）、計畫性（planned）和以幼兒爲引導（child-initiated）的活動。活動本位介入法也同時利用邏輯的前提事件和行爲後果（logically occurring antecedents and consequences）來發展功能性和生產性的技能（functional and generative skills），如2-1這個圖表所顯示的整個過程包括了這四大部分，以下就來敘述活動本位介入法包括的主要要素：(1)利用幼兒爲引導的事件；(2)將幼兒的目標融入在例行性、計

畫性或者是以幼兒爲引導的活動中；(3)利用邏輯的前提事件和
行爲後果；(4)發展功能性及生產性的技能。

例行性的，計畫性的或以幼兒爲引導的活動	→	長期目標與短期目標的融入	→	邏輯的前提事件與行爲後果	→	生產性與功能性的技能

圖 2-1　活動本位介入法之圖示綱要

以幼兒為引導的活動

　　活動本位介入法的首要要素是幼兒的興趣和他的行動，其
焦點應放在鼓勵幼兒主動地開始做一項活動，而非如同波力桑
山丘幼兒園當中的由照顧者或是早期療育工作者來爲幼兒選擇
活動。幼兒的興趣應該首先被注意到，然後在可能的狀況之下，
成人才加入孩子有興趣的活動（Bricker, 1989; MacDonald,
1989）。以幼兒興趣引發出來的活動和行動要比以成人開始的
活動和行動，更能使幼兒在參與活動當中維持他們的注意力
（請見第十章有關 Dewey 的論述）。

　　雖然幼兒的興趣非常重要，但是照顧者和早期療育工作者
並非總是要以幼兒的興趣爲首要的考量來引導活動。事實上，
許多時候，成人也必須扮演一個引導者的角色來指導幼兒學習，
以及提高幼兒的主動性。譬如說，瑪塔的媽媽利用紙袋發出的
霹啪聲來引導她對紙袋的認識。此外，塔比亞的媽媽也利用她

對馬的圖案的興趣，來讓她認識顏色的名稱和新的辭彙。除了鼓勵幼兒的主動性之外，活動本位介入法也強調在任何可能的情況之下，都盡量讓幼兒來引導活動；譬如說，蘿莉的媽媽可以和她玩躲貓貓的遊戲，而不是讓蘿莉去找那個手搖鈴，蘿莉的媽媽可以和她輪流把布藏起來玩躲貓貓（如，藏在桌子下面，藏在蘿莉背後，藏在裙子下面），這樣才是能夠引起幼兒注意力的一項活動。幼兒的目標確實應該有其一致性，但是目標和活動也可因幼兒的興趣而有所調整和改變。

因為強調了幼兒本身的動機，因此外在的增強物就可以相對地減少使用（Bricker, 1989; Goetz, Gee, & Sailor, 1983）。蘿莉得到她想玩的那塊布的時候，對她而言，就已經是很好的增強了，至於其他外在物質的增強也就不太需要了（如，大人說好漂亮，給她貼紙）。而另外一個例子發生在莫漢幼兒園，幼兒們因為選擇了自己想唱的歌，促使他們更加有興趣參與早晨的團體活動。

另一方面，著重幼兒的興趣和行動，是因為幼兒的回應是互動事件中自然的表現；也就是說，當幼兒表現行為時，社會性環境和物理性環境同時和幼兒產生了互動（Bricker & Carlson, 1980）。譬如說，幼兒玩自己的聲音，發出咕咕聲，照顧者或早期療育工作者也模仿他的聲音來回應他。通常而言，如果幼兒所發出的聲音是可以聽得懂的，大人自然而然地就會回應他；如果聽不懂的話，大人也會問清楚幼兒到底想說些什麼。舉例而言，如果幼兒指著一張圖片說：「ㄅㄚ」用揚起的音調來問的時候，照顧者可能會用一些不同的回應來鼓勵他，繼續和他

互動。照顧者或許會問：「是啊！那是你的卡車。你想要玩你的卡車嗎？」或者問：「喔！你看到了什麼？」或者是說：「那是一朵花，你可以說那是一朵花嗎？」也可以只用眼睛看看幼兒來回應他。諸如此類的互動事件，提供幼兒訊息的回饋（如，為東西命名），也提供幼兒社會性的回應（如，照顧者回應幼兒想要溝通的意圖），並且也幫助幼兒學習溝通的遊戲（如，說話者和聆聽者一來一往地輪流聽和說）。

如果幼兒主動開始行動，而照顧者又能跟隨著幼兒的引導，那麼類似前述喬伊和瑪塔的互動事件對幼兒而言就產生了意義，因為幼兒本身的動機得以激發和利用。事實上，許多研究證實，幼兒的動機和興趣確實能夠提升他們的學習效果（Goetz et al., 1983; Mahoney & Weller, 1980; Stremel-Campbell & Campbell, 1985）。此外，活動本位介入法當中的互動要素，也同樣可以被使用在計畫性活動當中，就如同在莫漢幼兒園裡，老師鼓勵幼兒用不同的方式來引導早晨的團體活動，幼兒可以建議唱什麼歌，用什麼動作來表達歌詞的內容，同時老師也可以在類似團體活動的計畫性活動當中，鼓勵幼兒主動表現不同的行動。譬如說，如果錄放音機突然停止不動了，此時老師可以利用機會鼓勵幼兒發問，或者是建議怎麼來解決這個問題，例如，可以用敲打樂器來取代收錄音機放出的音樂。

融入幼兒的長期目標和短期目標

活動本位介入法的第二要素含括兩項重點：(1)將長期目標

融入活動當中；(2)將幼兒的個別化教育計畫（individualized education program, IEP）或是個別化家庭服務計畫（individualized family service plan, IFSP）中的長期目標及短期目標融入在不同類型的活動裡面。事實上，「融入」（embedding）是活動本位介入法當中的關鍵性概念，「融入」可定義為將幼兒的長期和短期目標融入在活動或事件中的程序，意即使目標有意義地融入活動或事件當中。幼兒的長期和短期目標應該掌握活動或事件的意義以及幼兒的興趣。譬如，如果幼兒在個別化家庭服務計畫的大動作目標是能夠「起身站立」，那麼照顧者可以將這個目標融入在下列的活動裡面，如，將幼兒喜歡的積木從地板移到沙發上，這樣可以使幼兒有機會起身站立去拿積木。或者是大人蹲著，然後鼓勵幼兒爬向他，當幼兒起身站立的時候和他玩拍掌的遊戲。又例如在莫漢幼兒園中，學習星期幾的名稱可以融入在早晨的團體歌唱活動裡面。將幼兒的長期目標和短期目標融入在經常性的活動中，可以提供幼兒不同層面和不同類型的學習機會，使幼兒能夠獲得練習和類化重要技能的機會。

第二項重點是在探討利用不同類型的活動來融入幼兒的長期目標和短期目標。以下三種活動是活動本位介入法的主要活動類型：例行性活動、計畫性活動以及以幼兒為引導的活動。

例行性活動

例行性活動是指每日必發生的事件或是規律性發生的事件，例如，用餐、換尿布、穿脫衣服、吃點心、收拾玩具或者是上下學，通常這些活動可以提供幼兒學習新技能，或練習已學過

的技能的機會。

計畫性活動

　　計畫性活動是指在沒有成人的引導之下，通常不會發生的計畫性事件，計畫性活動的設計仍應以幼兒的興趣爲主要的考量因素，而非只是提供幼兒練習技能的機會，這些活動的例子包括種植種子和植物、律動活動或是扮演遊戲。

以幼兒爲引導的活動

　　幼兒所開始或選擇的活動即是以幼兒爲引導的活動。如果幼兒能夠專注於某項活動，那表示這項活動必定能夠吸引他們。從事他們所感興趣的活動，對幼兒而言就是一項正增強，不需要有太多物質方面的增強或支持，例如能夠抓取、拿到他們所喜歡的玩具，對幼兒來講就是一項增強了。

　　以上三種活動經常是混合使用的，換言之，在一項計畫性或者是例行性活動當中，幼兒也可能是活動的引導者。事實上，照顧者和早期療育工作者應該時常鼓勵幼兒在活動中表現自發性和主動性，計畫性或例行性活動可能會因爲幼兒而有所改變或調整，而這些改變必須同樣能夠提供幼兒發展和練習個別化教育計畫，或個別化家庭服務計畫中的長期目標和短期目標的機會。提供幼兒練習重要技能的機會，以及讓幼兒在發展合宜（developmentally appropriate）活動中有意義地參與要比活動本身來得重要得多。照顧者或早期療育工作者必須有彈性地應用

例行性和計畫性的活動，使幼兒能夠在不同類型的練習機會裡學習重要的技能。例行性、計畫性和以幼兒爲引導的活動都有重要的相同點：(1)活動必須對幼兒產生意義，譬如，讓幼兒從圖片指認物品，以增加他的辭彙，以及教幼兒從他所拿的物品中來認識這些物品的名稱（如，玩水的玩具）。兩相比較之下，前者的功能性就比後者的功能性來得弱，要求幼兒在非日常生活情境中表現學習行爲，很可能會造成他們的混淆，甚至會影響他們學習技能的速度（Warren & Bambara, 1989）。(2)活動本身必須對幼兒而言是有趣的，誠如前述，有趣的活動對幼兒來說就是學習的增強，利用幼兒所喜歡的活動做重複性的練習，能避免幼兒對練習生厭。(3)活動必須符合幼兒的能力，並且同時延伸他下一階段的發展範圍，而幼兒學習和應用新的技能必須建立在現階段的發展能力上。(4)最後，活動必須包含社會性互動的要素以及發生在幼兒日常生活的情境中，利用對幼兒有意義的人、事、物和地方來進行教學，更能夠幫助幼兒將所學的技能應用於實際生活當中。幼兒在學校或家庭的一天中，有許多例行性的活動和各式各樣的機會，能夠成爲以幼兒爲引導的活動。活動本位介入法著重在使這些活動成爲融入幼兒個別化教育計畫，或個別化家庭服務計畫長期目標和短期目標的機會。當幼兒在日常活動中提出他們需求的要求時，就是提升幼兒溝通技巧的好機會。譬如，當幼兒想出去戶外玩遊戲或是想喝果汁，或是要求一些帽子來玩扮演遊戲的時候，成人可以要求幼兒用口語來表達他們的需求。

雖然我們相信許多個別化教育計畫，或個別化家庭服務計

畫中的長期和短期目標，可以在以幼兒為引導和例行性的活動中被達成，但是計畫性活動同樣也可以達成這些目標，這些活動對嬰兒和幼兒而言應該是充滿趣味的，而不是強迫訓練的機會。譬如，在玩水遊戲裡，可以增進幼兒手眼協調、解決問題以及溝通的能力。活動開始前，幼兒可以幫助大人去收集一些玩水遊戲中所需要的玩具或器材。譬如說，玩漂浮的小玩具和圍裙。在準備活動裡，幼兒有機會練習解決問題的技能（如，決定選什麼樣的玩具）；溝通技能（如，提問題以及描述關於如何來收集這些物品）；身體動作的技能（如，抓握物品或者是擺設物品）；社會能力（如，輪流拿東西和分享玩具）。當玩水遊戲的物品和玩具準備好之後，在整個過程中幼兒有許多機會去玩浮沉的小玩具，而當他們玩玩具和倒水的時候，又有許多機會讓他們和別人溝通（如，要求物品、講物品的名稱、表現歡娛的情緒），以及解決問題（如，如何平衡玩具、如何得到玩具）。活動結束時，幼兒可以將玩具歸位並且做清理的工作，當幼兒在清理時，同樣可以練習解決問題的技能（如，將物品放回原位，將物品放回架子上）和溝通技能（如，練習新的辭彙來溝通）；練習動作技能（如，將物品擦乾，重新擺好）和社會能力（如，決定誰做什麼事情，討論整個活動的進行）。讓幼兒從頭到尾參與活動的過程，能夠使幼兒清楚地知道事件發生的邏輯順序，並且在活動的過程中讓幼兒有許多機會表現主動性，同時在活動裡練習達成目標的技能，這些機會均能促使幼兒獨立性的發展。玩水的遊戲提供了一個情境，讓幼兒從中學習不同的功能性技能，這樣的活動比要求幼兒坐在

桌子邊玩插木椿遊戲來增進手眼協調，要有趣且具功能性。

邏輯的前提事件和行為後果

　　只要求幼兒參與例行性、計畫性或以幼兒為引導的活動，並不能夠完全使幼兒的學習行為產生改變，這些活動確實提供了幼兒豐富而有意義的學習情境，然而為確實使幼兒的重要技能得以充分地學習和發展，其他的重要措施也必須加以實施。系統化地利用合宜的邏輯前提事件和行為後果，即是活動本位介入法中另外一些必要的做法。邏輯的前提事件是指發生或被選擇用來激發幼兒重要回應的事件，這些事件必須和幼兒的回應產生有意義的相關性。譬如，為了引發幼兒做抓取的動作，大人可能在幼兒可觸及的範圍內玩一樣東西，而引發幼兒來拿這個東西。邏輯的行為後果是指跟隨幼兒的回應而來的行為後果或行為反應，而這個行為後果對於幼兒的回應是有意義的，譬如上述情境中邏輯的行為後果是，幼兒抓取到了他要的物品。

　　幼兒參與玩水的遊戲中，是否形成行為的改變，則完全取決於照顧者或早期療育工作者如何運用這個活動。在開始一項活動之前，照顧者或早期療育工作者必須清楚地知道幼兒參與活動的長期目標和短期目標，如果幼兒的學習目標包括用手指去抓握、手腕的運用、手腕的旋轉和放置物品在指定的範圍內，那麼早期療育工作者必須確定合理的前提事件以引發這些動作技能，而且提供幼兒充分的機會去練習這些技能，並且環境也必須提供和維持幼兒的回應。幼兒的行為反應變化在有趣的活

動裡不一定能夠擴增或變得更加熟練，早期療育工作者必須提
供必要的教材、事件、示範和協助，使幼兒能夠維持在活動裡
面練習重要技能的機會。事實上，活動本位介入法並非主張讓
幼兒自己玩就能達到學習的目的，照顧者或早期療育工作者必
須是一個主動的參與角色，這個角色的工作包括跟隨和帶領活
動、安排環境、等待幼兒的回應、問與答，以及示範和引導。
前提事件（如，教材、問題、延宕、建議、示範、肢體的協助）
必須依據幼兒的個別需求而加以謹慎分析，以確保學習會發生
在這些事件當中。在以幼兒為引導或是例行性、計畫性活動中，
必須要測量所提供的前提事件的數量以及型態，幼兒的行為反
應之發生頻率和類型，以及行為後果的內容；唯有透過謹慎地
收集前提事件、行為反應和行為後果的相關資料，教學才能夠
確定產生效果。

　　活動本位介入法強調在大部分的時候，行為後果可視為活
動或行為的一部分，也就是說，行為後果通常是包含在活動中，
或是行為、活動的邏輯性結果。譬如，幼兒看到一瓶果汁（前
提事件），然後要求喝果汁（行為反應），相關的行為後果就
是喝到了果汁。如果幼兒正在學習爬溜滑梯的階梯，那麼邏輯
的行為後果就是從溜滑梯上面溜下來。如果幼兒想得到大人的
注意，那麼他喊叫大人的行為後果，就是他得到了大人的注意。
利用這個方法，幼兒的反應得到具體而真實的結果，而非人為
的結果。

功能性與生產性技能

　　早期療育工作者爲嬰兒和幼兒擬訂目標時應考慮其目標之
功能性和生產性。功能性技能是指對幼兒和他人而言，幼兒能
以獨立和令人滿意的方式，與他們的物理性環境及社會性環境
互動。譬如說，協助幼兒學習如何開、關門、開水龍頭和沖馬
桶，就比讓幼兒去堆疊積木或完成拼圖來得具有功能性。又譬
如，幼兒學習如何和同伴互動，要比讓他們走平衡木來得更具
功能性。

　　通常而言，障礙幼兒和高危險群幼兒都伴有發展遲緩的現
象，以至於他們在學習的過程中，比同年齡層的兒童經歷更多
的困難。因此，這些幼兒必須藉由一些補償教學來幫助他們有
更好的發展與學習。幼兒發展的需求性須仰賴照顧者和早期療
育工作者爲他們正確地選擇介入目標，這些介入目標應該幫助
幼兒建立多樣化的功能性技能。因此，幼兒的獨立性可以被增
強，而他們與同年齡層的幼兒之差距也可以被拉近。

　　與學習功能性技能同等重要的是，早期療育工作者必須幫
助幼兒將所學習到的知識或行爲，成功地類化到不同的情境中
出現，這樣的技能則稱爲生產性技能。換言之，生產性的觀念
是指幼兒能夠在面對不同的人、事、物、情境時，成功地把所
學到的知識或行爲表現出來。此外，生產性亦是指幼兒能夠在
類似的情境中或是類似的條件之下，做某些調整和改變。舉例
來說，學習了車子這個名詞後，能夠將車子這個名詞運用在任

何屬於汽車交通工具上，而不只是認定只有家庭用的這部車才叫車子。又譬如幼兒會開各式各樣瓶瓶罐罐的蓋子，而不是只會開訓練課程當中所用瓶罐的蓋子。活動本位介入法提供了照顧者和早期療育工作者一個清楚的架構，在此架構之下提供幼兒在多樣化的機會中，學習功能性技能，以至於他們的類化反應也能夠被激發和學習。

活動本位介入法的主要目的，在於協助嬰兒和幼兒能夠有效地學習功能性和生產性技能，這個方法的重點不在於教導幼兒在特定的情況下，對特定的刺激產生反應；相反的，活動本位介入法側重在幫助幼兒發展類化的身體動作、社會能力、適應能力、溝通技能以及問題解決能力，這些生產性技能可以幫助幼兒獨立生活。活動本位介入法也嘗試發展不同的前提事件以及和行為反應的關聯，而不強調建立一對一的行為反應。譬如，比較傳統的教學方法可能會用一些湯匙、車子、球的圖片來教孩子說這些物品的名稱，這些特定的刺激（前提事件）是用來激發幼兒特定的行為反應（譬如，老師問：「告訴我，這是什麼？這是一輛車子」）。當幼兒學習了這些特定前提事件行為反應之後，教學者才會利用其他一些不同的前提事件來引導幼兒學習，以增加他們的生產性技能。

然而，活動本位介入法採用了另外一個方式，也就是說不同的前提事件會產生不同的行為反應，而這些行為反應的變化是被允許的，也是被鼓勵的，在活動本位介入法中前提事件被視為一組類似的刺激或事件，這些刺激或事件與一組類似的行為反應產生關聯，如圖2-2，用幼兒學習物品名稱的這個例子來

做說明，使用活動本位介入法的早期療育工作者會使用車子的圖案，還有不同的玩具小汽車、真的車輛以及車子的符號（如，車子的字卡）等，讓幼兒了解車子的意義或者是什麼叫做「車子」，提供幼兒不同的範例可以幫助幼兒將「車子」這個名詞類化到所有屬於汽車的交通工具上，並且使「車子」這個名詞在幼兒的生活和幼兒的語言上成為功能性的一部分。

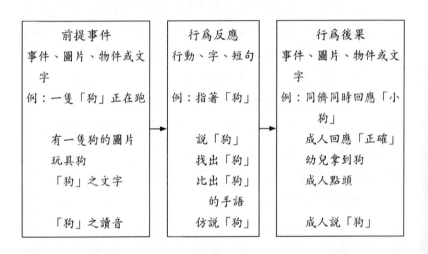

圖 2-2　前提事件、行為反應以及行為後果之範例

摘要

　　活動本位介入法含括四項要素：(1)以幼兒為引導的事件；(2)將幼兒的長期目標和短期目標融入在例行性、計畫性和以幼兒為引導的活動中；(3)系統地運用邏輯的前提事件和行為後果；(4)注重功能性和生產性技能的學習。這四項要素的組合促使活動本位介入法能夠應用在家庭、學校、商店、遊戲場所等不同的情境，而此方法可彈性地運用在輕度、中度、重度障礙或是高危險群的嬰兒和幼兒的學習上。

　　活動本位介入法不僅能成功地運用在不同發展程度的幼兒身上，它也可以被應用在不同社經背景、文化背景和價值觀的幼兒和家庭中。活動本位介入法所使用的以幼兒為引導、例行性和計畫性的活動，並非事先決定，而是強調幼兒與照顧者在環境當中彼此互動的事件。以幼兒為引導的活動之重要性，在於幼兒能夠參與他們所熟悉的活動，以及使用反映家庭價值觀的一些材料（如，幼兒在家中使用的不同玩具和書籍）。而例行性活動使幼兒的學習能與家庭生活相結合，同樣的，計畫性活動也能夠設計反映出家庭的文化背景、價值觀以及生活經驗的活動。譬如，一個動物園的單元對於那些從來沒有到過動物園的幼兒是毫無意義的，倒不如計畫一項以家庭為主題的活動，對於他們來講反而有意義。成功地實施活動本位介入法之基礎，在於將幼兒的學習活動與學習目標相互結合，並且允許所有活

動都以尊重不同背景的幼兒爲前提。

　　本章中所用的範例著重在幼兒和他們父母親或者早期療育工作者之間的互動，再次強調早期療育工作者和專業團隊人員兩個名詞是代表同等意義的名詞，因爲大多數的早期療育計畫必須有專業團隊的人員共同合作，才能提供幼兒及其家庭合適的服務，在專業團隊中，不同領域的專業人員爲幼兒及其家庭提供不同的專業服務，而活動本位介入法亦適用於專業團隊當中，譬如，幼兒身體動作的學習活動可由物理治療師來引導，而幼兒的語言學習活動可由語言治療師來設計和引導。父母親和專業團隊人員共同爲幼兒選擇合適的長期目標和短期目標，這些目標可以在以幼兒爲引導、例行性以及計畫性的活動中達成，我們將在第四章時再來探討專業團隊人員如何應用活動本位介入法。

參考書目

Bricker, D. (1989). *Early intervention for at-risk and handicapped infants, toddlers and preschool children.* Palo Alto, CA: VORT Corp.

Bricker, D., & Carlson, L. (1980). An intervention approach for communicatively handicapped infants and young children. In D. Bricker (Ed.), *Language intervention with children* (pp. 477–515). San Francisco: Jossey-Bass.

Goetz, L., Gee, K., & Sailor, W. (1983). Using a behavior chain interruption strategy to teach communication skills to students with severe disabilities. *Journal of The Association for Persons with Severe Handicaps, 10*(1), 21–30.

MacDonald, J. (1989). *Becoming partners with children.* San Antonio, TX: Special Press, Inc.

Mahoney, G., & Weller, E. (1980). An ecological approach to language intervention. In D. Bricker (Ed.), *Language resource book* (pp. 17–32). San Francisco: Jossey-Bass.

Stremel-Campbell, K., & Campbell, R. (1985). Training techniques that may facilitate generalization. In S. Warren & A. Rogers-Warren (Eds.), *Teaching functional language* (pp. 251–285). Baltimore: University Park Press.

Warren, S., & Bambara, L. (1989). An experimental analysis of milieu language intervention: Teaching the action-object form. *Journal of Speech and Hearing Disorders, 54,* 448–461.

第三章

連結性系統之取向

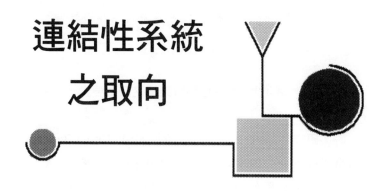

　　我們在第二章中詳盡地介紹了活動本位介入法之四項要素，本章之重點則以較廣闊之觀點來了解活動本位介入法的架構基石。事實上，活動本位介入法是含括於早期療育計畫或特殊幼兒教育系統中的一部分，完整的服務計畫應具備以下四項內容：評量、發展目標、介入、評鑑。由圖 3-1 可見此四項內容的相關性——評量結果的資料發展成為適合幼兒的學習目標，以及介入內容的基礎；而評鑑的工作不僅是針對幼兒與其家庭的進步狀況，亦會發生在評量、目標的發展和介入的每一處環節。

　　本章的主要目的在於：(1)討論連結性系統之架構。(2)探討評量在早期療育或特殊幼兒教育中所扮演之角色。(3)解釋評量、評鑑工具對於發展合適的目標、介入內容之重要性。(4)描述一

項評量或評鑑工具之特質，用以說明直接連結評量與活動本位
介入法之關係。(5)討論發展適宜的長期和短期目標之五項步驟，
以使活動本位介入法能成功地實施。

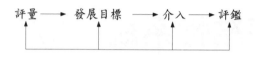

圖 3-1 連結性系統架構之四項要素

許多研究者（如，Bagnato & Neisworth, 1991；Bagnato, Nei-
sworth, & Munson, 1997；Bricker, 1989, 1993, 1996a, 1996b）均強
調早期療育、特殊幼兒教育連結性系統的重要性，這個系統將
計畫中的各項要素視為一連串互相關聯的活動。這些互相關聯
的要素，將有助於幼兒和他的家庭有效地學習重要技能。

我們用一棵樹的一年生命循環來表達四項要素的關聯性，
或許更為生動、易懂（如圖 3-2）。樹根比喻為連結性系統中的
第一項要素，因為樹根提供樹木維持生命的養分，而評量則提
供早期療育工作者和照顧者有關幼兒發展狀況的必要訊息。此
比喻亦可印證 Greenspan 和 Meisels（1995, p.23）對評量之釋
義：「評量為一系統化觀察與分析之合作性進行過程」。

樹木的樹幹和樹枝是支撐樹木的骨架，我們用枝幹來比喻
連結性系統中的第二項要素——目標的發展與擬訂，因為目標
是介入的主要支持與指引。實際上，長期和短期目標應建立於
評量之上，並成為在介入過程中促使幼兒未來成長與發展之基

礎。而第三項要素——介入，是由不同的教學方法、策略、活動、事件等所組成，因此樹枝上不同的花、葉或果實即用來比喻介入的多樣化。介入方法的選擇與實施，仍應以評量結果、幼兒的長期和短期目標爲其指引。

　　最後一項要素是評鑑，是指比較幼兒在某一學習領域中，學習前、後行爲表現之進步過程。以落葉來比喻評鑑，是因爲落葉雖從樹枝上掉落，但仍成爲樹木的養分，繼續樹木生命的循環。評鑑資料可用於修訂評量、目標、介入的內容，使服務計畫更符合幼兒及其家庭的需求。正如同落葉化爲養分繼續支持樹木的生命，評鑑並非結束的動作，而是持續地提供回饋給其他要素的循環過程。

　　當使用連結性系統之架構時應考慮以下三點：(1)資源之利用和努力成果之效能。(2)計畫之影響力。(3)個別化計畫之設計（針對幼兒和他的家庭需求）。再則，雖然活動本位介入法直接與介入的要素相關聯，但若忽略評量、目標、評鑑的部分，活動本位介入法仍然無法有效地執行。成功地施行活動本位介入法有賴於利用評量結果轉化成合宜的長期目標、短期目標。而在發展目標時，應以幼兒的興趣爲基礎，並且考慮對幼兒是否具有功能性和意義。

圖 3-2　連結系統架構之圖示

評量工具與評鑑工具之種類

　　早期療育工作者應蒐集有關幼兒和他的家庭之評量、評鑑資料，做為系統化的陳述結果和擬訂介入計畫之用。評量或評鑑結果將轉化成個別化教育計畫，或個別化家庭服務計畫之內容（如，長期目標和短期目標），而這些內容指引出介入計畫之方向。因而從評量或評鑑工具所得之結果必須正確而完整，方能反映出幼兒和（或）家庭的需求面。為獲得無誤又具功能性和意義的結果，選擇評量工具或評鑑工具是首要工作。專家學者莫不提醒早期療育工作者，必須清楚地了解評量或評鑑工具欲達到之目的為何，以免誤用後造成不正確、無意義的結果（Bagnato & Neisworth, 1991；Bagnato et al., 1997；Bricker, 1996a, 1996b；McLean, Bailey, & Wolery, 1996）。

　　評量、評鑑工具之目的可分為：篩選、診斷、提供服務或教育內容的相關資料、評鑑幼兒的學習成果和進步狀況。表3-1中歸納介紹有關以上四種目的之評量、評鑑工具。讀者可配合以下較詳細的介紹說明，來了解不同工具之用途和目的。

　　第一種工具──篩選工具。使用篩選工具的目的是欲從大群體幼兒中，篩選出何者之發展正常，何者之發展落後的潛在可能性。篩選工具能在短時間內，幫助早期療育工作者分辨幼兒是否需要進一步的測驗，以決定幼兒是否需要特殊教育的服務。

表 3-1　評量／評鑑工具之種類及其目的、標準、用途

種類／範例	目的	標準	用途
篩選工具 • 丹佛嬰幼兒發展測驗 II（Denver II）（Frankenburg & Dodds, 1992） • 年齡及發展階段調查問卷（Ages & Stages Questionnaires, ASQ）（Bricker, Squires, Mounts, Potter, Nickel, & Farrell, 1995）	確認需要進一步測驗的幼兒	• 標準化的 • 具常模參照的 • 方便管理者使用的 • 經濟的	確定是否需要更進一步的測驗
診斷工具 • 貝氏嬰幼兒發展量表 II（Bayley Scales of Infant Development—II）（Bayley, 1993） • 貝德爾發展指標（Battelle Developmental Inventory）（Newborg, Stock, Wnek, Guidubaldi, & Svinicki, 1988）	確認相對於一般幼兒的問題及遲緩的領域，並且建立接受服務的條件	• 標準化的 • 具常模參照的 • 須由受過專業訓練的測驗人員執行	確定接受服務的條件為何

（承下表）

（續上表）

教育性工具 • 夏威夷早期學習簡述 　（Hawaii Early 　Learning Profile, 　HELP） 　（VORT Corp., 1995） • 跨領域遊戲本位評量 　（Transdisciplinary 　Play-Based Assess- 　ment, TPBA） 　（Linder, 1993） • 評量、評鑑及課程計 　畫系統（Assess- 　ment, Evaluation, 　and Programming 　System, AEPS） 　（Bricker, 1993; 　Bricker & Pretti- 　Frontczak, 1996）	確認個別化教 育計畫／個 別化家庭服 務計畫長期 和短期目 標，以及發 展介入的內 容	• 具效標參照 　的 • 課程本位的 • 全備性的 　（包含各主 　要發展領 　域）	確定目前技能的 　程度；選定介 　入的目標，計 　畫介入的活動 　／事件
評鑑工具 • 評量、評鑑及課程計 　畫系統（AEPS） 　（Bricker, 1993; 　Bricker & Pretti- 　Frontczak, 1996）	測量介入的效 果	• 具效標參照 　的 • 課程本位的	確定相對於個別 　化教育計畫／ 　個別化家庭服 　務計畫之目標 　而言，進步的

（承下表）

（續上表）

• 貝德爾發展指標 （Battelle, Developmental Inventory） （Newborg, Stock, Wnek, Guidubaldi & Svinicki, 1988）			程度為何；評鑑課程的效果

　　第二種工具——診斷工具。其診斷結果即是協助早期療育工作者確定，幼兒是否符合接受早期療育或特殊幼兒教育服務之資格。診斷工具通常是標準化的測驗，幼兒的表現與常模相比較，以決定幼兒是否在某一發展領域或多項發展領域有發展落後的情況。診斷工具的使用通常必須在特別安排的情境中，由經過訓練的專業人員（如，語言治療師、職能治療師、心理學專家），按其規定的步驟來實施。

　　第三種工具——教育性工具。這一類型的工具與教育課程有關，譬如，效標參照之工具、課程本位評量等。不像診斷工具，此種工具的實施是以非標準化的程序進行；主要目的是將幼兒的表現與通過標準相比較，以得知幼兒之學習情況。通常而言，使用教育性的評量或評鑑工具亦可鼓勵家庭一同參與。此種工具特別能協助早期療育專業團隊人員了解幼兒的功能水準；並能為專業人員在選擇與編寫目標時，提供必要的資料。而在為幼兒設計合宜的介入計畫內容，以及監督幼兒的學習進步情形時，專業人員亦須使用此類型工具來協助他們獲得相關

的資料。

　　最後一種工具——評鑑工具。其目的在於測量早期療育的
效果。蒐集評鑑資料的時間間距可為每週、每季或每年。根據
評鑑目的之不同，可能會使用常模參照或是教育性的評量、評
鑑工具來測量幼兒和（或）家庭的進步。

　　在此再次強調，選用與目的不符合的評量或評鑑工具，必
然會引起問題（Bagnato & Neisworth, 1991; Bagnato et al., 1997;
Bricker, 1989）。以〈貝氏嬰兒發展量表Ⅱ〉（Bayley Scales of
Infant Development—Ⅱ）（Bayley, 1993）和〈丹佛嬰幼兒發展
測驗Ⅱ〉（Denver Ⅱ）（Frankenburg & Dodds, 1992）等篩選工
具來說，它們就不適合用於決定介入計畫的內容，因為這二樣
工具之內容與教育極少相關；而且其標準化的進行程序，以及
通常在短時間內由幼兒並不熟悉的成人來進行的方式，並不適
用於障礙幼兒。因此這二項工具所得之結果，並不合用於擬訂
個別化教育計畫或個別化家庭服務計畫，以及介入計畫的內容。

　　使用不適合的工具來蒐集介入計畫內容之相關資料，極可
能拉大評量、目標、介入和評鑑各部分之距離，而不能將各部
分做緊密的連結（Bagnato et al., 1997）。再則，根據不合宜工
具所得之評量結果，會形成個別化教育計畫或個別化家庭服務
計畫中之目標過於片斷、狹隘、廣泛，或成為非發展合宜之目
標（Bricker & Pretti-Frontczak, 1998；Notari & Bricker, 1990；
Notari & Drinkwater, 1991）。

　　以下的篇幅將介紹適用於擬訂個別化教育計畫或個別化家
庭服務計畫之目標，介入計畫內容的課程本位評量或評鑑工具

（curriculum-based assessment ／ evaluation, CBA ／ E），同時以「評量、評鑑、課程計畫系統」（Assessment, Evaluation, and Programming System, AEPS）（Bricker, 1993；Bricker & Pretti-Frontczak, 1996）爲例來進一步說明。AEPS 所發展的功能性與類化性目標，與評量或評鑑結果相關聯，並可配合活動本位介入法一併使用。

課程本位評量或評鑑（CBA ／ E）工具

　　使用課程本位評量或評鑑工具所得之結果，已逐漸成爲早期療育專業人員做以下決定時之重要依據：(1)幼兒現階段功能水準；(2)選擇長期和短期目標；(3)介入之重點；(4)幼兒之進步情形（McLean et al., 1996）。Bagnato 和 Neisworth（1991, p. 97）曾對課程本位評量或評鑑工具定義：「它是效標參照測量的形式，其中課程目標爲其標準，目的是爲評量教學目標之進步情況。」課程本位評量或評鑑工具和效標參照評量工具同屬教育性的評量工具（見表 3-1）。

　　與常模參照評量工具相比，課程本位評量或評鑑工具有下列之優點：(1)專業人員可從不同的情境、時間、材料和人物當中蒐集資料。(2)它們通常是由功能性技能所組成的內容，適用於幼兒之個別化教育計畫或個別化家庭服務計畫之擬訂。(3)它們具備完整性。(4)它們可被修改以配合個別化課程設計。綜言之，使用課程本位評量或評鑑工具能協助專業人員獲得有關幼

兒發展的詳細完整資料，並可用於發展長期和短期目標，同時
與介入計畫之內容相結合（Bagnato et al., 1997；Notari, Slentz,
& Bricker, 1990）。

　　AEPS 屬於課程本位評量或評鑑工具，它能將幼兒的相關
資料與評量、目標、介入計畫、評鑑相連結（Bricker, 1993）。
本章之後的附錄即詳述個案之 AEPS 評量結果如何和各部分結
合。特別值得一提的是，課程本位評量或評鑑工具的使用能協
助專業人員編擬目標和介入計畫內容。如果讀者欲知有關課程
本位評量或評鑑工具更詳盡的介紹，可以參考 Bagnato 等學者
（1997）和 McLean 等學者（1996）之研究整理。在此我們以
AEPS 爲連結評量結果和目標發展的例子，因爲它「代表了課
程評量與介入計畫關係的新方向，而此取向將令評量與教學更
具真實可信性、功能性、連結性與發展合宜性」（Bagnato et al.,
1997, p.84）。

評量、評鑑、課程計畫系統（AEPS）

　　AEPS 以二大發展階段來設計評量和課程，其一爲出生至
三歲，其二爲三歲至六歲（AEPS Measurement for Birth to Three
Years, Bricker, 1993, AEPS Curriculum for Birth to Three Years,
Cripe, Slentz, & Bricker, 1993；AEPS Measurement for Three to
Six Years, Bricker & Pretti-Frontczak, 1996, AEPS Curriculum for
Three to Six Years, Bricker & Waddell, 1996）。AEPS 可謂專爲直
接提供障礙（嬰）幼兒或高危險群幼兒之服務人員而設計，譬

如，幼兒園中之早期療育工作者、家訪員、語言治療師、職能治療師、物理治療師、心理學家等，以協助他們更加有效地評量、評鑑（嬰）幼兒之各發展領域技能。

從 AEPS 所得之評量結果可直接轉化成個別化教育計畫或個別化家庭服務計畫中的長期、短期目標，以及介入計畫的內容。AEPS 亦能用來測量或評鑑（嬰）幼兒接受早期療育之成效（Bagnato et al., 1997）。此外，AEPS 測驗可和 AEPS 課程，或其他類似課程配合使用（如，The Carolina Curriculum for Infants and Toddlers with Special Needs, Second Edition, Johnson-Martin, Jens, Attermeier, & Hacker, 1991；The Creative Curriculum for Early Childhood, Dodge & Cokler, 1992）。

為使 AEPS 更能發揮其使用之便利性，相關材料的研發設計包括：(1)個別化教育計畫或個別化家庭服務計畫長期目標和短期目標系列，其內容與 AEPS 測驗題項一致。(2) AEPS 資料記錄表（AEPS Data Recording Forms）。(3) AEPS 課程，可配合幼兒之行為表現程度使用。(4)AEPS 家庭報告（AEPS Family Report），是由家庭成員評量幼兒所得之結果報告。(5)AEPS 家庭興趣調查（AEPS Family Interest Survey）。(6) AEPS 幼兒進步記錄表（AEPS Child Progress Record）。

出生至三歲和三歲至六歲的 AEPS 課程，都含括六大領域：精細動作、粗大動作、適應能力、認知、社交性溝通、社會能力。每一項領域涵蓋一串與發展現象有關的技能或行為，這些技能或行為分割成為一系列的組別，並將屬於共同種類的各組相關技能或行為加以編組。每一組別包括一系列的測驗項目（長

期目標和短期目標）。六大領域之組別數、長期目標和短期目標的數量均不相同。AEPS 測驗項目的順序排列，可以評量、評鑑出幼兒在某些技能的程度。組別和長期目標之編排，是由簡單到困難的技能依序安排；反之，短期目標則是從困難到簡單的技能來編序。圖 3-3 說明 AEPS 測驗之發展組織架構。

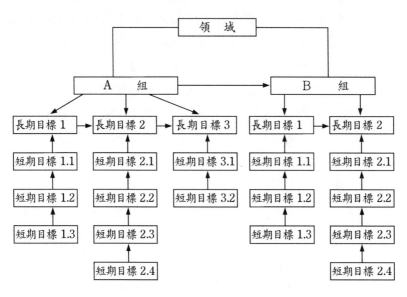

圖 3-3　AEPS 測驗的發展組織圖

　　使用 AEPS 測驗時，可以三種方法蒐集評量和評鑑的資料：觀察、直接測驗、報告。其中觀察是較好的方法。專業團隊人員在不同的情境中觀察幼兒，同時利用 AEPS 資料記錄表來記錄幼兒的表現。圖 3-4 以〈出生至三歲的 AEPS 測量〉中之粗大動作領域部分項目為例，來說明資料記錄表的使用。圖 3-4 的

資料樣本中，「2」表示幼兒通過測驗的題項；「1」表示幼兒的表現不一致或部分通過；「0」表示幼兒在多次嘗試後，仍沒有通過該題項。

AEPS測驗為專業人員而設計，AEPS家庭報告則專為家庭成員而設計。AEPS家庭報告之題項與AEPS測驗題項對等，但是文字描述較簡單，大概四到六年級的閱讀程度就可以明白其內容。照顧者或父母親透過日常生活的例行性活動，來觀察記錄幼兒的行為表現，即可完成AEPS家庭報告。

AEPS 對早期療育工作者在連結評量結果與介入計畫內容時，具有多方面的好處。這些優點亦可謂AEPS之特質，圖3-5中以摘要的方式呈現其特質。表3-2則呈現AEPS的測驗特質和活動本位介入法四大要素之連結，以使讀者更加清楚 AEPS 和活動本位介入法之關係。

我們一再強調，如要成功地應用活動本位介入法，必須將功能性的長期目標和短期目標融入活動中。活動本位評量或評鑑工具之目的，即在於協助專業團隊發展合適的長期、短期目標，並且和介入計畫相結合。以下五個步驟說明如何利用課程本位評量或評鑑結果，進一步發展合適的長期目標與短期目標。

粗大動作領域

S（Scoring Key）＝評分	Q（Qualifying Notes）＝合格註釋
2 ＝ 穩定且持續性地通過	A ＝ 提供協助
1 ＝ 表現不穩定	B ＝ 行為受干擾
0 ＝ 不通過	R ＝ 經由報告評量
	M ＝ 行為改變或適應
	D ＝ 直接測驗

	測驗時期：	-			
姓名：蘇西·史密斯	測驗日期：	10-97	-	-	-
	測 驗 者：	DB			

	IEP	S	Q	S	Q	S	Q	S	Q
A.仰臥及俯臥時的動作及移位									
1.會分別轉頭、揮動手臂和踢腿		2	R						
1.1 將頭自中向左和右轉超過 45 度		2	R						
1.2 踢腿		2	R						
1.3 揮動手臂		2	R						

（承下圖）

（續上圖）

__AEPS_____ 粗大動作領域

		測驗時期：	-			
姓名：蘇西·史密斯		測驗日期：	10-97	-	-	-
		測 驗 者：	DB			

	IEP	S	Q	S	Q	S	Q	S	Q
2.分節式自俯臥翻身成仰臥，或由仰臥翻身成俯臥		2							
2.1 由仰臥翻身成俯臥		2							
2.2 由俯臥翻身成仰臥		2							
3.用雙手和雙腿交換移動向前爬行（腹部著地）	✓	0							
3.1 爬姿時會搖晃身體	✓	0							
3.2 會成爬姿		2							
3.3 腹部貼在平面上向前爬		2							
3.4 俯臥時用腹部作支點左右晃動		2							
3.5 用一隻手和（或）手臂支撐體重，另一隻手去搆物		2							

（承下圖）

（續上圖）

	測驗時期：		-						
姓名：蘇西·史密斯	測驗日期：		10-97	-		-		-	
	測 驗 者：		DB						

	IEP	S	Q	S	Q	S	Q	S	Q
3.6 用雙臂支撐體重，將頭和胸部抬離平面		2							
B.坐姿時的平衡									
1. 進入平衡的坐姿	√	0							
1.1 自坐姿進入跪俯姿勢		0							
1.2 向前伸展後可恢復平衡的坐姿		0							
1.3 向後或向側面傾斜後可恢復平衡的坐姿		0							
1.4 沒有支撐時仍可保持平衡的坐姿	√	1							

圖 3-4　AEPS 粗大動作領域資料記錄表之部分範例

```
AEPS 測驗的特質

• 根據觀察幼兒在日常行為及遊戲時的表現
• 包含個別化教育計畫／個別化家庭服務計畫的長期和短期目標
• 針對功能性及生產性技能
• 含括六大基本發展領域
• 包含的項目按簡單到複雜程度排列
• 對於各種障礙的狀況，容許幼兒調整適應及改變
• 包含與活動本位介入法配合之課程
• 監督幼兒進步情況是按季執行
• 鼓勵家庭參與介入活動及決策的過程
```

圖 3-5　AEPS 測驗的特質

表 3-2　活動本位介入法之各項要素與 AEPS 測驗之特質的關聯

活動本位介入法（ABI）的各項要素	AEPS 測驗之特質
1. ABI 是一種由幼兒主導進行的介入法。	• 幼兒在不同環境（如：家裡、學校、社區）中的日常活動之互動狀況都在觀察的範圍中。 • 幼兒與社會性環境及物理性環境的互動都在觀察的範圍中。 • 強調依照幼兒之興趣所建立的活動，以及專業人員和照顧者能夠配合幼兒的引導。

（承下表）

（續上表）

2. ABI將其長期和短期目標融入在幼兒的例行性活動、計畫性活動以及以幼兒為引導的活動中。	• AEPS所測驗的項目（長期和短期目標）都具有教育性，因此可以被融入在對幼兒有意義的活動之中。 • AEPS的測驗項目可在不同環境中被家長、專業人員或諮商者執行。
3. ABI利用邏輯的前提事件及行為後果設計其介入活動。	• 因測驗的項目是在幼兒的例行性活動、計畫性活動以及以幼兒為引導的活動中進行觀察，因此其前提事件及行為後果必然是合理的。
4. ABI重視功能性及生產性技能。	• AEPS測驗的項目是針對功能性及生產性技能。 • AEPS測驗的項目在各類型眾多的反應中是具有代表性的，而非鎖定在各項獨立的細目上。

目標的發展

　　如果早期療育工作者和照顧者，無法運用幼兒的長期目標與短期目標來指引他們的介入計畫，他們就不是在實施活動本位介入法了。活動本位取向之基本方法在於以幼兒個別化教育計畫或個別化家庭服務計畫中之長期、短期目標，做為選擇活動的方向。換言之，為幼兒選擇合適的介入活動之保證，建立於審慎地為幼兒發展個別化長期目標與短期目標。唯有謹慎精

確地選擇、訂定幼兒介入的目標、方向與活動的選擇，以及來
自以幼兒為引導的活動增強，方能清楚明確地執行活動本位介
入法。少了合適的功能性目標，早期療育工作者和照顧者無法
選擇能夠提升幼兒學習的活動。當幼兒的長期目標與短期目標
發展不合宜，或敘寫不清楚，或太過籠統、狹窄，都會造成介
入的方向不明確。因此，成功地運用活動本位介入法之前提，
在於為幼兒發展編擬一系列完整又敘寫清楚的個別化教育計畫，
或個別化家庭服務計畫之長、短期目標。其概念可以用下列五
項步驟表之：(1)實施課程本位評量、評鑑。(2)摘要評量、評鑑
之結果。(3)選擇有意義的技能。(4)安排技能之優先順序。(5)編
寫清楚的、可測量的長期和短期目標。

步驟一：利用課程本位評量、評鑑工具，以發展合適的 長期和短期目標。

在選擇工具時，必須考慮能完整地提供幼兒目前各發展領
域行為表現的工具，並且提供擬訂適合下一階段各發展領域的
目標之方向。

步驟二：專業團隊人員摘要評量、評鑑之結果。

此份幼兒功能水準的摘要，必須包括幼兒在各發展領域行
為技能的描述，同時描述正在發展的行為技能。此外，結果摘
要中應強調幼兒的長處和興趣，而非僅填寫測量分數或幼兒的
限制。幼兒的興趣是發展合適的長、短期目標，以及施行活動
本位介入法之關鍵。因此在發展目標的過程中，必須不斷地考

慮幼兒的興趣，以使幼兒的興趣、長處和各發展領域的需求被
確認。

步驟三：選擇對幼兒有意義的、重要的技能。

這些技能必須符合以下四個標準：(1)對幼兒而言具有功能
性。(2)能應用在不同的人、事、物和情境中（類化）。(3)必須
是可觀察、可測量的技能，以使專業人員確實地評鑑幼兒之進
步情況。(4)在幼兒日常環境中（如，家裡、公園、幼兒園）必
須強調的技能。表 3-3 呈現此四項標準之定義。

步驟四：發展合適的長期目標和短期目標，並安排其優
　　　　先順序。

障礙幼兒之發展遲緩現象可能不止發生在一個領域中，因
此必須透過專業人員的評量，將幼兒需要學的技能按優先順序
安排；否則，照顧者和早期療育工作者，勢必面臨同時教十五
至二十項不同領域技能的壓力。較好的做法是，在安排優先順
序之後，再列出二至四項幼兒最需要學習的技能來開始。

當專業人員安排和選擇技能時，必須考慮這些技能可以增
強幼兒行為的多樣性，並符合幼兒發展階段的功能性。譬如，
讓幼兒學習要求不同的物品，比讓幼兒學習指認書中的圖畫，
更能符合上述的多樣化和功能性。當幼兒要求物品時，他的需
求被滿足了之外，他還有機會和成人與同儕互動，參與符合他
年齡的活動和遊戲。然而學習指認書中圖畫的行為，只能限定
在一個活動中來表現，並不能促進幼兒的獨立性和解決問題的

能力。

表 3-3 選擇合適的技能之四項標準及其定義

標　準	定　義
功能性	學會本類型技能，可幫助幼兒在其日常生活環境中更加獨立。功能性技能是指幼兒能自己做一些原本需要靠別人幫忙才能完成的動作或活動。
類化性	類化性是指能適用於不同情境、事件、活動、對象及物品之技能與訊息。並且，類化也指可以被修改而適用於各種不同障礙條件的技能。
可觀察且可測量性	能被看見或聽見以至於能夠計算其頻率、延遲的時間或持續的時間。專業人員應能判斷幼兒在某項技能上的表現是否有達到通過標準。
凸顯性	在幼兒日常生活中（例如：在超級市場中、在車上、參與美勞活動時、吃點心時）明顯而容易被標註出來的技能。

　　再則，專業人員應避免選擇那些融於早期療育或特殊幼兒教育課程中的一般性技能，或是在日常互動中經常被強調的技能。譬如，早期療育或特殊幼兒教育課程中經常會強調「能和同儕合作遊戲」，或「能參與團體活動」，因此這項技能就不必特別成爲幼兒的長期目標。另外如顏色、形狀、數字、字母

的指認，在日常互動中經常會被強調，也可以不必選擇這些技能成為個別化教育計畫或個別化家庭服務計畫中的長期目標。舉例如下：早期療育工作者常常會問幼兒，是不是要綠色的杯子，或是要不要一個大的球，或是去找出有他們名字的小幫手卡片。而在家裡，照顧者也可能常常要幼兒去拿粉紅色的拖鞋，或是數一數餐桌上的盤子有幾個。當早期療育工作者或照顧者，已經將這些技能融入於課程中，或日常生活的互動中時，這些技能就沒有必要成為個別化教育計畫或個別化家庭服務計畫的長期目標。

　　假如專業人員在選擇長期和短期目標時，能夠著重選擇跨領域的技能，則可減低安排目標的優先順序之困難度。譬如，幼兒學習自己進食的技能即包括了適應能力、語言溝通、動作和社會能力的需求。當幼兒拿起食物時需要手眼協調的能力；咬和咀嚼需要舌和唇的協調能力；而引起注意則屬社會行為；幼兒說「還要」或「想要別的」則是溝通技能。

步驟五：敘寫可觀察、可測量、清晰易懂的目標。

　　ABC原則可幫助專業人員檢核目標是否符合前述的標準。A 代表前提事件；B 代表行為或反應；C 則是通過的標準或程度。ABC 原則之定義和例子分述於表 3-4。專業人員必須安排邏輯性的前提事件，定義可觀察和可測量的行為或反應，並且訂定行為表現的標準，才算完整地實行 ABC 原則。

表 3-4　前提事件、行為及標準之定義及範例

要　素	定　　義	範　　例
前提事件	幼兒某項行為發生或需要協助時的狀況或情境	展示物品鼓勵幼兒命名；將點心移至幼兒手所能及的範圍之外；幫幼兒穿上外套
行　　為	幼兒能被觀察記錄的技能或回應	行走、說出物品的名稱、打開門、穿上外套
標　　準	幼兒某項行為所能達到之優劣程度、頻率、準確度、持續時間及順暢度	能夠叫出十樣物品的名稱；能夠在喝水時不將水潑出；能夠自行穿上外套

　　上述之五大步驟之主要目的在於幫助專業團隊人員發展合適的長期目標，以做為介入方向的引導。讀者可從此章附錄中的個案研究，詳知如何實行此五大步驟，以成功地應用於活動本位介入法。

摘要

　　本章旨在探討以下五個主題：(1)評量、目標的發展、介入和評鑑之連結系統架構。(2)評量、評鑑工具之目的。(3)課程本位評量、評鑑工具對發展合適的長期目標、短期目標，以及介入內容之重要性。(4)評量、評鑑、課程計畫系統（AEPS）之介紹，以及其連結性。(5)發展合適的長期、短期目標之五大步驟。

第五章與第六章將詳細描述如何應用活動本位介入法於個別和團體幼兒。

參 考 書 目

Bagnato, S., & Neisworth, J. (1991). *Assessment for early intervention: Best practices for professionals.* New York: Guilford Press.

Bagnato, S.J., Neisworth, J.T., & Munson, S.M. (1997). *LINKing assessment and early intervention: An authentic curriculum-based approach.* Baltimore: Paul H. Brookes Publishing Co.

Bayley, N. (1993). *Bayley Scales of Infant Development—Second Edition manual.* San Antonio, TX: The Psychological Corporation.

Bricker, D. (1989). *Early intervention for at-risk and handicapped infants, toddlers, and preschool children.* Palo Alto, CA: VORT Corp.

Bricker, D. (Ed.). (1993). *Assessment, evaluation, and programming system for infants and children: Vol. 1. AEPS measurement for birth to three years.* Baltimore: Paul H. Brookes Publishing Co.

Bricker, D. (1996a). Assessment for IFSP development and intervention planning. In S. Meisels & E. Fenichel (Eds.), *New visions for the developmental assessment of infants and toddlers* (pp. 169–192). Washington, DC: National Center for Clinical Infant Programs.

Bricker, D. (1996b). Using assessment outcomes for intervention planning: A necessary relationship. In M. Brambring, H. Rauh, & A. Beelmann (Eds.), *Early childhood intervention theory, evaluation, and practice* (pp. 305–328). Berlin/New York: Aldine de Gruyter.

Bricker, D., & Pretti-Frontczak, K. (Eds.). (1996). *Assessment, evaluation, and programming system for infants and young children: Vol. 3. AEPS measurement for three to six years.* Baltimore: Paul H. Brookes Publishing Co.

Bricker, D., & Pretti-Frontczak, K. (1998). *A study of the psycho-metric properties of the Assessment, Evaluation, and Programming Test for Three to Six Years: Final report for U.S. Department of Education* (NIDRR Grant No. H133G40147). Eugene: University of Oregon, Center on Human Development.

Bricker, D., Squires, J., Mounts, L., Potter, L., Nickel, R., & Farrell, J. (1995). *Ages & stages questionnaires: A parent-completed, child-monitoring system.* Baltimore: Paul H. Brookes Publishing Co.

Bricker, D., & Waddell, M. (Eds.). (1996). *Assessment, evaluation, and programming system for infants and young children: Vol. 4. AEPS curriculum for three to six years.* Baltimore: Paul H. Brookes Publishing Co.

Cripe, J., Slentz, K., & Bricker, D. (Eds.). (1993). *Assessment, evaluation, and programming system for infants and young children: Vol. 2. AEPS curriculum for birth to three years.* Baltimore: Paul H. Brookes Publishing Co.

Dodge, D., & Cokler, L. (1992). *The Creative Curriculum for Early Childhood* (3rd ed.). Washington, DC: Teaching Strategies, Inc.

Frankenburg, W.K., & Dodds, J.B. (1990). *Denver II training manual.* Denver: Denver Developmental Materials.

Greenspan, S., & Meisels, S. (1995). A new vision for the assessment of young children. *Exceptional Parent, 25*(2), 23–25.

Johnson-Martin, N., Jens, K., Attermeier, S., & Hacker, B. (1991). *The Carolina Curriculum for infants and toddlers with special needs* (2nd ed.). Baltimore: Paul H. Brookes Publishing Co.

Linder, T. (1993). *Transdisciplinary play-based assessment: A functional approach to working with young children* (Rev. ed.). Baltimore: Paul H. Brookes Publishing Co.

McLean, M., Bailey, D., & Wolery, M. (1996). *Assessing infants and preschoolers with special needs.* Columbus, OH: Charles E. Merrill.

Newborg, J., Stock, J., Wnek, J., Guidubaldi, J., & Svinicki, J. (1988). *Battelle Developmental Inventory.* Chicago, IL: Riverside Publishing.

Notari, A., & Bricker, D. (1990). The utility of a curriculum-based assessment instrument in the development of individualized education plans for infants and young children. *Journal of Early Intervention, 14*(2), 117–132.

Notari, A., & Drinkwater, S. (1991). Best practices for writing child outcomes: An evaluation of two methods. *Topics in Early Childhood Special Education, 11*(3), 92–106.

Notari, A., Slentz, K., & Bricker, D. (1990). Assessment-curriculum systems of early childhood/special education. In R. Brown & D. Mitchell (Eds.), *Early intervention for disabled and at-risk infants* (pp. 160–205). London: Croom-Helm.

VORT Corp. (1995). *Hawaii Early Learning Profile (HELP): HELP for preschoolers (3–6).* Palo Alto, CA: Author.

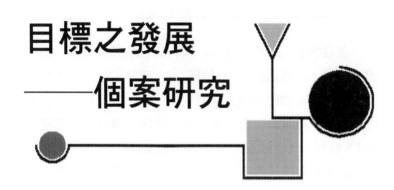

第三章　附錄

目標之發展
——個案研究

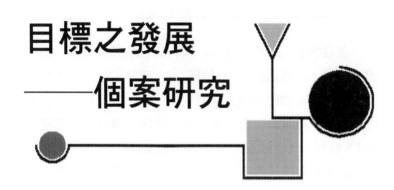

　　合適的長期和短期目標是決定能否成功地實施活動本位介入法之關鍵；若是缺少合適的目標，活動本位介入法將很難達到效果。希望讀者能藉由附錄之個案研究，對如何發展合適的長期和短期目標有更清楚的了解。第三章所陳述的發展目標之五大步驟，在此個案研究中將成為擬訂裘蒂（三歲）之長期、短期目標的步驟。

　　裘蒂被診斷為腦性麻痺，一星期中有四個早晨在學前融合班上課，同時接受職能治療，由治療師每星期到班級一次的方式來進行。早晨的課程結束後，裘蒂的父親帶她去住家附近的托兒中心參加下午的活動。參與裘蒂的個別化教育計畫的團隊人員包括：裘蒂的父親、祖母、職能治療師、班級老師以及保

育人員。

步驟一：實施評量或評鑑

　　在裘蒂進入學前班就讀之前，個別化家庭服務計畫的專業團隊人員，已為她評量各發展領域之現階段技能，評量結果主要用於發展裘蒂的長期目標與短期目標，並且在目標中反映出她的長處、興趣以及需求。此外，團隊人員利用〈三至六歲的AEPS 測量〉（Bricker & Pretti-Frontczak, 1996）來監督裘蒂一年中進步的情況。專業團隊人員選擇 AEPS 測驗之原因如下：(1) AEPS 中含有蒐集家庭資料的部分，可協助專業人員蒐集從裘蒂的父親和祖母而來的資料。(2) AEPS 建議從日常活動中觀察裘蒂。(3) AEPS 的內容包括六大發展領域。(4) AEPS 強調功能性與生產性技能。(5) AEPS 可用於監督裘蒂的進步情況。

　　裘蒂的班級老師和幼兒園中的相關人員利用 AEPS，從觀察裘蒂遊戲以及和其他人的互動中，評量裘蒂在認知和社會技能的發展。而職能治療師和班級老師利用早晨到園時間、戶外活動、點心時間以及藝術活動，來評量裘蒂的適應行為、粗大動作和精細動作的發展。圖 A-1 以粗大動作之評量結果記錄為例，說明 AEPS 之評量資料記錄。

粗大動作領域

S（Scoring Key）＝評分	Q（Qualifying Notes）＝合格註釋
2 = 穩定且持續性地通過	A = 提供協助
1 = 表現不穩定	B = 行為受干擾
0 = 不通過	R = 經由報告評量
	M = 行為改變或適應
	D = 直接測驗

姓名：　裴蒂

測驗時期：	-			
測驗日期：	08-98	-	-	-
測 驗 者：	TB, SW			

	IEP	S	Q	S	Q	S	Q	S	Q
A.仰臥及俯臥時的動作及移位									
1.會分別轉頭、揮動手臂和踢腿		2	R						
1.1 將頭自中向左和右轉超過 45 度		2	R						
1.2 踢腿		2	R						
1.3 揮動手臂		2	R						

（承下圖）

（續上圖）

__AEPS_____ 粗大動作領域

		測驗時期：	-			

			IEP	S	Q	S	Q	S	Q	S	Q
2. 分節式自俯臥翻身成仰臥， 或由仰臥翻身成俯臥				2	R						
2.1 由仰臥翻身成俯臥				2	R						
2.2 由俯臥翻身成仰臥				2	R						
3. 用雙手和雙腿交換移動向前 爬行（腹部著地）				2	R						
3.1 爬姿時會搖晃身體				2	R						
3.2 會成爬姿				2	R						
3.3 腹部貼在平面上向前爬				2	R						
3.4 俯臥時用腹部作支點左 右晃動				2	R						
3.5 用一隻手和（或）手臂 支撐體重，另一隻手去 搆物				2	R						

姓名： 裘蒂　　測驗日期： 08-98　-　-　-

測驗者： 78, SW

（承下圖）

（續上圖）

	測驗時期：	-							

姓名： 袁蒂　測驗日期： 08-98

測　驗　者： 78. SW

	IEP	S	Q	S	Q	S	Q	S	Q
3.6 用雙臂支撐體重，將頭和胸部抬離平面		2	R						
B.坐姿時的平衡									
1. 進入平衡的坐姿		2	R						
1.1 自坐姿進入跪俯姿勢		2	R						
1.2 向前伸展後可恢復平衡的坐姿		2	R						
1.3 向後或向側面傾斜後可恢復平衡的坐姿		2	R						
1.4 沒有支撐時仍可保持平衡的坐姿		2	R						
1.5 用雙手支撐來維持坐姿		2	R						
1.6 在支撐下坐著時能保持頭在中間		2	R						

（承下圖）

（續上圖）

__AEPS_____ 粗大動作領域

		IEP	S	Q	S	Q	S	Q	S	Q
測驗時期：	-									
姓名：_裘蒂_ 測驗日期：	08-98	-		-		-				
測驗者：	78.SW									

	IEP	S	Q	S	Q	S	Q	S	Q
2.坐進和起身離開椅子		2							
2.1 坐進椅子		2							
2.2 在椅子上維持坐姿		2							
C.站和走的平衡和移動									
1.避開障礙物行走	✓	1	A						
1.1 沒有支持下行走		1	A						
1.2 一手有支持下行走		2							
1.3 雙手有支持下行走		2							
1.4 沒有扶持下行走		2							
1.5 扶著東西側走		2							
2.沒有支持下彎腰後再恢復平衡的站姿		2							
2.1 從坐姿起身成站姿		2							

（承下圖）

（續上圖）

__AEPS_____ 粗大動作領域

	IEP	S	Q	S	Q	S	Q	S	Q
測驗時期：		-							
測驗日期：08-98				-		-		-	
測驗者：7B. SW									
2.2 由坐、跪和（或）爬姿拉住支持物成站姿		2							
2.3 由坐和（或）爬姿拉住支持物成跪姿		2							
3. 會上、下樓梯		0							
3.1 雙手扶著支持物上、下樓梯		1	R						
3.2 移動身體上下樓梯		1	R						
3.3 爬上和爬下低矮的建築物		2							
D.遊戲技巧									
1.向前跳		0							
1.1 向上跳		0							
1.2 從低矮的建築物上跳下來		0							

姓名：　裴蒂

（承下圖）

（續上圖）

__AEPS_____ 粗大動作領域

	測驗時期：	-			
姓名： 裳蒂	測驗日期：	08-98	-	-	-
	測驗者：	78. SW			

	IEP	S	Q	S	Q	S	Q	S	Q
2. 用腳踏並駕駛小三輪車		0							
2.1 用腳推動並駕駛小三輪車向前行		0							
2.2 會坐在玩具車或玩具拖車上讓大人推	✓	1	M						
3. 避開障礙物跑步		0							
3.1 跑步		0							
3.2 快走		0							
4. 能接住、踢、丟或滾球		0							
4.1 接住球		0	D						
4.2 踢球		0	D						
4.3 丟球		1	A						
4.4 把球滾向目標		1	A						
5. 爬上爬下玩遊樂設施		0							

（承下圖）

（續上圖）

__AEPS_____　粗大動作領域

	測驗時期：	-			
姓名：　裘蒂	測驗日期：	08-98	-	-	-
	測驗者：	7B, SW			

	IEP	S	Q	S	Q	S	Q	S	Q
5.1　上下斜坡	0								
5.2　從上或從下穿過障礙物	1	A							

可將測驗期間之得分欄內的分數加起來得出該領域之原始分數。將滿分
除以原始分數乘以100%則可得出其總分百分比。

結果

測驗日期	8-98			
總　　分	110	110	110	110
原始分數	74			
總分百分比	67%			

圖 A-1　裘蒂的完整 AEPS 粗大動作領域資料記錄表

　　AEPS 測驗項目的結果記錄，分別以「2」、「1」或「0」表示之。其中「2」表示其技能有獨立的、一致的，並且通過標準的表現。「1」表示其技能的表現需要協助，表現不一致，或是通過部分標準。而「0」則表示沒有表現其技能，或是未能通過標準。裘蒂未能通過〈三歲到六歲的 AEPS 測量〉中粗大動作領域 A 組和 B 組的題項，因此改用〈出生到三歲的 AEPS 測量〉進行重測。結果顯示裘蒂通過 A 組和 B 組的題項，通過大部分 C 組的題項（站和走的平衡和移動），而未能通過 D 組題項（遊戲技巧）。

　　裘蒂的父親和祖母負責完成 AEPS 家庭報告，並請托兒中心人員提供有關裘蒂粗大動作和精細動作發展的意見。照顧者分別以「是」、「有時」、「未」來填答家庭報告中的題項。「是」代表幼兒可以做到，「有時」代表幼兒有時可以做到，而「未」則表示幼兒還無法做到此項技能。圖 A-2 呈現家庭報告中已完成的粗大動作領域題項。裘蒂的父親和祖母表示她可以做到第一至五和第七題項，有時候可以做到第六和第八題項，第九至十一題項則還不能做到。

粗大動作領域

是＝能夠；時＝有時候能夠；未＝尚未學會

1. 您的孩子仰臥時，他的頭、手足是否能
單獨活動？例如：您的孩子能夠在揮動
雙手的時候，其雙腳不會跟著踢動，或
是在轉頭的同時能不揮手及踢腳。
（A1）

2. 您的孩子在地上側滾時，是否能讓雙手
不被壓在身體下方？（A2）

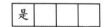

3. 您的孩子是否能運用手腳爬行至少0.5公
尺？例如：您的孩子在爬行時，能夠移
動左手及右腳後再移動右手及左腳。
（A3）

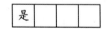

（承下圖）

（續上圖）

4. 您的孩子是否能在沒有別人協助的情況下，從任何的姿勢轉換成坐姿（包括站立、平躺、俯跪）？（B1）

是			

5. 您的孩子是否能在沒有別人協助的情況下，坐入兒童座椅？（B2）

是			

6. 沒有別人協助的情況下，您的孩子是否能在邊走邊繞大型玩具、家具或他人時，不會撞到他繞行的人或物？（C1）

有時			

（承下圖）

（續上圖）

AEPS _____ 粗大動作領域

7. 您的孩子是否能在彎腰觸地後，再站起
　來時不會坐下或需要扶其他的東西？
　（C2）

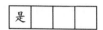

8. 您的孩子是否能在沒有別人協助的情況
　下上下樓梯？孩子在上下樓梯時可以一
　或兩步一階梯，手也可以扶或不扶樓梯
　扶手。（C3）

（承下圖）

（續上圖）

9. 您的孩子向前跳時是否能雙腳同時離地？
   （D1）

未			

10. 您的孩子是否能以雙腳騎踏三輪車前進
    至少 1.5 公尺？（D2）

未			

11. 沒有別人協助的情況下，您的孩子是否
    能在邊跑邊繞大型玩具、家具或他人
    時，不會撞到他繞行的人或物？（D3）

未			

圖 A-2　裘蒂的完整 AEPS 粗大動作領域家庭報告

步驟二：摘要評量或評鑑結果

　　完成 AEPS 測驗和家庭報告之後，接下來的工作即是將其結果做成摘要。AEPS 測驗結果可以數字、圖示以及（或）文字描述來呈現。在裘蒂的案例中，專業團隊人員使用以上三種方式來摘要她的評量結果。從 AEPS 測驗中得到的各領域總分數，是由其項目得分「2」和「1」的分數相加而得。而百分比分數則是將各領域所得的總分數除以其可能總分數，再乘以一百得到的百分比分數（請參見圖 A-1）。利用百分比分數可畫出百分比圖表。最後，團隊人員將裘蒂的長處、興趣和各領域的需求，以文字敘述的方式整理出摘要（圖A-3）。至於AEPS家庭報告的結果，可以和AEPS測驗結果合併成一份摘要報告，也可以分開成為另一份摘要報告。

裘蒂能夠上下幼兒用椅，包括教室內點心桌的用椅、托兒中心閱讀角的椅子，以及她房間裡桌子周圍的椅子。裘蒂已經開始能夠扶著扶手或牽著大人的手上下樓梯。爸爸說裘蒂在祖母家能夠僅用一隻手支撐，走上四階的樓梯。裘蒂常坐在地上玩積木或拼圖。她可以站起來、彎腰撿起地上的玩具、再恢復站姿。裘蒂很喜歡在托兒中心裡的探索角玩，通常她在整個活動過程中都是站著的，並且不需要扶東西。裘蒂也能排隊並在週末時和家人一起走路到公園去玩。祖母說她已經開始可以自己走路，但是經過不平的路面如草地時，仍需要大人的幫助。

圖 A-3　裘蒂目前粗大動作發展程度的敘述性摘要

　　由於專業團隊人員使用完整的評量（評鑑）工具來評量裘蒂，因此他們能夠從過程中發現裘蒂喜歡什麼玩具、什麼活動，以及她已達熟練程度的技能。此外，從類似 AEPS 的完整評量結果中，專業人員可掌握裘蒂在各發展領域的表現和功能水準。而這些評量結果的資料，經過整理和摘要，即成為裘蒂學習新技能的教學計畫基礎，同時也是發展合適的長期、短期目標，以及施行活動本位介入法的關鍵所在。

　　表 A-1 呈現裘蒂的評量結果摘要，其內容包括：裘蒂的長處、興趣、需求。這些摘要是從裘蒂的 AEPS 測驗結果、家庭報告以及專業人員的觀察資料中整理、分析而得。裘蒂的長處歸納自 AEPS 測驗中得分「2」的題項，以及家庭報告中得分「是」的題項。這些項目的得分表示裘蒂已經熟練的技能，可視為她的優勢，並且成為日後學習新技能的基礎。當專業人員進行施測時，同時觀察發現裘蒂的興趣。至於裘蒂的需求則歸納自 AEPS 測驗中得分「1」的題項，與家庭報告中得分「有時」的題項。這些項目的得分表示裘蒂正要開始學習或是正在發展的技能，如果透過介入、支持和不斷的練習，裘蒂將學會和類化這些技能。而得分數是「0」或「未」的題項，也可以成為裘蒂目前或未來的長期目標。

表 A-1　裴蒂之長處、興趣與需求

長　處	興　趣	需　求
• 和其他幼兒一起玩	• 喜歡可以將自己弄得髒兮兮的活動（如，玩刮鬍膏、玩水）	• 增加兩手操作或玩弄小型物品及使用普通鉛筆的頻率
• 能用各種不同的書寫工具描繪不同大小的形狀及字母	• 在托兒中心時，喜歡和馬克及雪莉一起玩	• 加強獨立行走及避開障礙行走的能力和頻率
• 能了解並聽從指令及規則	• 如果讓她自由選擇的話，她會到學校或是托兒中心的探索角或更衣室去玩	• 學習向同儕表達自己的喜好及需要
• 能自己進食	• 在家裡時，喜歡洗澡及盪鞦韆	• 說出一或二種形狀、大小、顏色及物品的性質
• 會使用馬桶		

步驟三：選擇有意義的技能

　　第三步驟的主要工作是從評量結果摘要中，選擇出裴蒂正在萌發需要學習的重要技能。專業人員依照以下的四個標準來為裴蒂選擇合適的技能：⑴具功能性；⑵可類化的；⑶可測量、可觀察的；⑷可融入每日活動中的技能。譬如，AEPS 測驗題項「在沒有支持下行走」即符合上面四個標準：⑴促進幼兒的獨立（功能性）；⑵可用於各種情境（類化）；⑶可測量和觀察；⑷可融入在家裡、托兒中心和學校活動中來學習。因此這

項技能被專業人員認為是裘蒂學習的重要目標之一。

步驟四：安排技能之優先順序

　　根據評量結果，專業人員選擇十項技能成為裘蒂的學習目標。然而，不容易同時進行十項技能的訓練，因此，專業人員將「在沒有支持下行走」和「用雙手操作小東西」二項技能選為優先目標。至於其他目標則在時間和資源的條件許可下，逐步進行教學。譬如，專業人員相信鼓勵裘蒂和她的朋友雪莉和馬克，在戶外遊戲時間一起玩，不僅符合裘蒂的興趣，也同時提供機會使裘蒂學習一些非主要目標的技能（如：說出大小和形狀、向同儕表達喜歡和不喜歡）。而在裘蒂喜歡的另一種活動中（探索遊戲），可同時增加裘蒂精細動作目標的練習機會，和一些非主要目標的學習（如：容量的概念）。此外，在日常進行的美勞藝術活動中，可融入另一項非主要目標的技能練習——會用筆塗鴉。

步驟五：敘寫有意義且清楚的長期目標與短期目標

　　一旦目標的優先順序決定後，專業人員必須將其敘寫成有意義的、清楚的目標。為協助專業人員敘寫目標，AEPS 測驗

中的附錄部分,將測驗編寫成個別化教育計畫或個別化家庭服務計畫之長期與短期目標。圖 A-4 呈現〈出生到三歲的 AEPS 測量〉中,粗大動作領域之長期與短期目標的範例。

個別化教育計畫／個別化家庭服務計畫
長期目標與短期目標

粗大動作領域

C 組:站立及行走時平衡感及移位能力。

G1 當幼兒獨立行走時,能避開障礙(包括玩具、家具、人)。

1.1 幼兒能獨立行走二公尺以上。

1.2 幼兒單手扶持時能行走五公尺以上。

1.3 幼兒雙手扶持時能行走五公尺以上。

1.4 幼兒站立時能維持腰及頭部的直立三十秒以上。

1.5 幼兒手扶固定支撐物(如:沙發、咖啡桌、牆壁)時,能側行一公尺以上。

G2 幼兒能夠彎腰屈身或屈膝蹲下,去觸碰或將一樣物品撿起來。

2.1 幼兒能從坐姿獨自站起來。

2.2 藉著支撐物(如:矮桌、椅子),幼兒能夠從坐、跪及／或俯臥等姿勢站起來。

2.3 藉著支撐物(如:矮桌、椅子),幼兒能夠從坐及／或俯臥等姿勢進入跪姿。

(承下圖)

（續上圖）

G3 幼兒能在沒有別人協助的情況下上下樓梯（幼兒在上樓梯時手可以扶或不扶樓梯扶手，上下樓梯時可以一或兩步一階梯）。

3.1 藉著兩手的支撐（如：樓梯扶手、大人的手），幼兒能上下樓梯（可以一或兩步一階梯）。

3.2 幼兒能以手腳爬行、俯臥及／或以臀部在地上滑移的方式上下樓梯。

3.3 幼兒能爬上爬下低且固定的結構體（例如：矮階梯、矮的講台或舞台）。

圖A-4　AEPS粗大動作領域的個別化教育計畫／個別化家庭服務計畫之長期目標與短期目標

　　當 AEPS 測驗題項被編寫成目標時，專業人員可利用前面章節中的 ABC 公式來檢核目標是否編寫合宜。圖 A-5 呈現為裘蒂編寫的二項主要目標。其中粗大動作的目標出自於〈出生到三歲的 AEPS 測量〉附錄 B（Bricker, 1993）；精細動作的目標出自於〈三到六歲的AEPS測量〉附錄B（Bricker & Pretti-Frontczak, 1996）。圖 A-5 的目標符合 ABC 公式的要求，對裘蒂而言，這些目標是個別化的、有意義的、清楚可懂的目標。

AEPS 測驗中附錄 B 之個別化教育計畫／個別化家庭服務計畫之長期目標	按照 ABC 目標敘寫原則修改後，裴蒂的個別化家庭服務計畫之長期目標
粗大動作領域，C 組，長期目標 1（第一冊） 短期目標 1.1. 沒有支持下行走六步以上	裴蒂能夠連續兩週、每天兩次以上，在沒有支持情況下在不同的地面（例如：草地、柏油地、土地、家裡、超市）行走六步以上。
精細動作領域，A 組，長期目標 1（第三冊） 長期目標 1. 能同時操作兩件小的物品（例如：用線將小珠子串起來，用積木或組合玩具組合東西）	裴蒂能連續兩週、每天兩次以上在學校及家裡，並在兩種以上的活動中（例如：美勞、自由選擇活動時間、建構角落、和奶奶玩時）同時操作兩件小的物品（例如：用線將小珠子串起來，用積木、組合玩具或玩具黏土組合東西）

圖 A-5　AEPS 測驗中的個別化教育計畫／個別化家庭服務計畫之長短期目標，以及按照 ABC 目標敘寫原則修改之目標

摘要

　　以裘蒂為主的個案研究範例，描述早期療育或特殊幼兒教育工作者，如何利用評量或評鑑的結果來發展個別化教育計畫、個別化家庭服務計畫之長期與短期目標。專業人員可利用本附錄中的五大步驟為個案擬訂目標，專業人員有時為了個案的獨特性，可以調整這五大步驟的執行過程。再則，專業人員在挑選課程本位評量或評鑑工具時，須考慮以下的要素：(1)評量、評鑑工具的目的；(2)專業團隊的哲思理念；(3)工具能彈性地符合特殊幼兒的需求；(4)工具的效度、信度和效益；(5)工具中目標技能的類型（如，技能是否具備功能性和生產性）。當合適幼兒的長期與短期目標編寫完成後，專業人員即可準備開始為幼兒設計和實施活動，在多樣化的活動中提供幼兒主要技能的學習機會。

參考書目

Bricker, D. (Ed.). (1993). *Assessment, evaluation, and programming system for infants and children: Vol. 1. AEPS measurement for birth to three years.* Baltimore: Paul H. Brookes Publishing Co.

Bricker, D., & Pretti-Frontczak, K. (Eds.). (1996). *Assessment, evaluation, and programming system for infants and children: Vol. 3. AEPS measurement for three to six years.* Baltimore: Paul H. Brookes Publishing Co.

第四章

活動本位介入法與專業團隊

　　貫穿本書的中心思想之一，即是專業人員、相關專業人員和家庭成員，必須共同參與幼兒的療育，如此方能促進障礙幼兒和高危險群幼兒的發展。而凡參與療育的人員，我們稱為幼兒的專業團隊。再則，我們必須強調，團隊成員中必須包括幼兒的家庭成員。

專業團隊

　　不同的教育計畫和機構，會形成不同的早期療育（特殊幼兒教育）的專業人員組合。舉例而言，某一團隊的人員組合可

能包括特殊教育工作者、職能治療師、語言治療師；而另一機構的團隊人員則可能由早期療育工作者、物理治療師和服務協調者所組成。造成專業團隊多元組合的原因分別有：地區性（地方政府）的要求、專業人員的充足與否、機構的資源，以及教育（機構）的理念。雖然專業團隊會有不同的組合，但是至少應有直接提供服務的人員、諮詢人員和家庭成員包括在團隊中。

所謂直接提供服務的人員，是指提供幼兒和（或）幼兒的家庭每天（每週）實際介入計畫的人。老師、保育人員、家訪員、助理或早期療育工作者，都可能是直接提供服務的人。直接提供服務的人員也有可能從具備溝通訓練、動作訓練、特殊教育、幼兒教育、心理學或醫護背景，再加上早期療育（特殊幼兒教育）的專業訓練，取得證照而來（Bricker & Widerstorm, 1996; Klein & Campbell, 1990）。此外，許多大專院校提供正式的早期療育訓練學程，來培育早期療育專業人員（Bricker & Widerstorm, 1996）。

諮詢人員必須經由專門訓練取得專業證照後，方能擔任。專業團隊中的諮詢人員有可能是職能治療師、物理治療師、醫生、護士、溝通訓練專家、心理師、社工人員、兒童發展專家、營養師、行動訓練專家以及家庭治療師。一九八六年的殘障者教育修正法案（the Education of the Handicapped Act Amendments）（99-457公法）中明文規定，專業團隊應包括符合幼兒和家庭需求之各專業領域的專家（Johnson, McGonigel, & Kaufmann, 1989）。換言之，許多接受早期療育（特殊幼兒教育）服務的幼兒和家庭，必須經由不同專業領域的專家協助，才能提

供他們完整的服務（Bricker & Veltman, 1990; Guralnick, 1997）。
事實上，複雜的人類需求唯有透過不同層面的問題剖析與思考
後，才有可能提出與發展出解決問題的有效方法和程序。這樣
的結果必須在不同領域的諮詢人員通力合作與討論過程中，才
有可能產生出來。

　　至於團隊中的家庭成員可能是父母親、祖父母親、親戚、
寄養家庭的父母親，有些個案則可能是朋友。家庭成員的參與，
可謂能否成功地實施活動本位介入法的關鍵。活動本位介入法
的基礎——選擇功能性目標，將目標融入日常活動，利用邏輯
的前提事件和行為後果，從社會互動中學習；都需要家庭成員
的共同參與。如果沒有家庭成員的參與，專業人員將難以把家
庭的價值觀和教育優先順序的考慮，轉化至家裡的日常活動中，
而成為學習的機會。

　　以上三種專業人員的組合，只是保證平衡和有效的團隊的
第一步。目前僅有少數有關專業團隊功能運作實驗訊息可供參
考，我們對於專業團隊的知識大部分仍得自於經驗。從經驗中
告訴我們，有效的專業團隊，其成員必須具有達成其重要角色
功能的知能。

　　除了具備專業角色功能的知能之外，各專業人員還必須對
幼兒如何學習、如何促進幼兒學習有所共識。若是專業團隊的
態度不夠積極、不夠投入，勢必對於幼兒的學習和發展產生較
少的影響。反之，熱誠和積極的態度，必能提高服務的有效度
（Cole, Dale, & Mills, 1991）。無疑地，好的方法加上熱誠與信
念，定能擴增幼兒的進步。

　　再則，專業團隊成員之間的互相合作和尊重，也是不可或缺的重要因素。在早期療育（特殊幼兒教育）的服務中，不可能僅靠一人來提供不同家庭和幼兒的需求（Bricker & Widerstorm, 1996）。幼兒可能同時需要動作訓練、溝通訓練、心理方面、醫療方面和營養方面的專家協助。而他們的家庭可能需要法令、教育、治療方面的訊息，或是需要生活方面的協助。專業團隊的功能即在提供幼兒與其家庭多方面的服務，以使他們得到完整的服務。各專業人員有其專業的獨立性，因此成員之間彼此尊重以及互相合作，是促使團隊發揮有效功能之重要支持。

　　除此之外，專業人員應培養對家庭成員相近的態度，尤其是參與團隊的主要照顧者，因爲他與幼兒的相處機會和對幼兒生活的影響，攸關專業團隊服務的成功與否。幼兒的主要照顧者在團隊中應擁有平等的參與權利，而非表面的融入。事實上，家庭成員所提供的訊息和觀點，對專業人員認識幼兒的發展和行爲表現具有實質的幫助。少了家庭成員的參與，有關家庭價值觀和優先順序的決定與考量，只能憑臆測而得了。

　　活動本位介入法能否成功，當然不能只靠專業團隊人員的互相尊重和合作，還必須加上直接提供服務的人員、諮詢人員以及家庭成員的配合與支持，如此方可創造出幼兒和其家庭的進步。

直接提供服務人員之角色

　　由於有不同專業訓練背景的人員（如，幼兒教育、特殊教

育、小學教育、語言治療、職能治療、物理治療、護理）參與
團隊服務，每一種專業背景人員都有可能成為直接提供服務的
一員，因此我們將以早期療育工作者來統稱直接提供服務的人
員。縱然對直接提供服務人員的看法莫衷一是，但是不可否認
的是這些人員必須具備早期療育工作的相關能力。這些能力包
括有關幼兒正常和非正常發展的知識；執行有效的評量和評鑑，
以及摘要其結果的能力；發展和維持計畫的技能；發展合適的
長期與短期目標的能力；介入的技能；參與家庭和教育的技能；
以及參與專業團隊的技能（Bricker & LaCroix, 1996；Bricker &
Slentz, 1988；Geik, Gilkerson, & Sponseller, 1982；McCollum &
Catlett,1997）。

　　上述的知識與技巧是一位有效的早期療育工作者必備的能
力，而一位能夠成功執行活動本位介入法的療育人員同樣必須
具有以上的能力。Dewey（1976, p.59）曾說：「當我們將教育
建立於經驗之上，並且視教育的經驗為一社會性歷程時，整個
教育情境將會有根本上的改變。老師不再是外在形式的老闆或
獨裁者的角色，而是團體活動的領導者。」Dewey 所言描繪出
一位能夠成功地實行活動本位介入法的早期療育工作者之基本
角色。在以非侵犯的方法來引導幼兒活動的同時，早期療育工
作者也必須負責安排幼兒的日常環境，以促進幼兒新學習和下
一發展階段的技能。本質上而言，早期療育工作者的角色是以
此方法來設計環境，其主要目的在於擴展幼兒和他的家庭朝目
標進步。在活動本位介入法中，環境的主要功能是適時地引發
幼兒開始活動。

　　早期療育工作者應設計可以產生真實性練習的活動（Brown,
Collins, & Duguid, 1989）。譬如，幼兒語言的獲得應反映出其
真實的要求──溝通。又譬如，動作訓練須在功能性活動中來
進行，如當幼兒要從吃點心的地方，移動至遊戲區時；或當幼
兒想拿玩具時，都可以趁機訓練幼兒的行動技巧。與其爲幼兒
設計模擬活動或是幼兒不太感興趣的活動，早期療育工作者不
如利用活動本位介入法所強調的以例行性、幼兒爲引導的活動
爲訓練機會。事實上，成人不可能總是隨著幼兒來進行活動，
因此，早期療育工作者須設計對幼兒有意義且感興趣的計畫性
活動。設計有意義又有趣的計畫性活動的先決條件是，早期療
育工作者必須熟悉幼兒的長期與短期目標，並且具備觀察幼兒
行爲的敏銳度。活動本位介入法的成功有賴於早期療育工作者
具有利用以幼兒爲引導、例行性和計畫性活動的能力，這些活
動不僅吸引幼兒，對他們有意義，也提供了充足的練習與獲得
技能的機會。

　　有些學者提出了與活動本位介入法相似的方法，其中關於
語言介入方面最多。Jones和Warren強調參與和互動的重要性：
「當參與和互動的頻率與品質高的時候，其他對語言發展的重
要過程將會產生更理想的功能。」（1991, p. 48）他們也提出，
當幼兒將焦點放在他們自己選擇，而非成人爲他們選擇的物品
和事件時，他們的注意力集中程度較佳。Peck（1989）則提出，
成人常常會有過度指導幼兒的錯誤發生，而缺少讓幼兒練習控
制的機會；任何介入方法運用得宜時，應是成人和幼兒輪換引
導的平衡狀況。

　　早期療育工作者應經常評量幼兒的參與是否能引導目標的達成。若是早期療育工作者或照顧者問太多問題，或是給太多指導的話，必會減少幼兒參與的機會（Peck, 1989）。早期療育工作者的最終目標應在於技巧地引導幼兒的行為產生更複雜、更獨立、更有用的回應。以下二個相對的例子用來說明這個觀點。

　　一群三、四歲的幼兒在教室門口集合，等著早期療育工作者帶他們去戶外遊戲場。每位幼兒的個別化教育計畫中，分別有促進他們的粗大動作、社交溝通、社會技能等的長期目標；戶外活動正好提供了這些目標學習的機會。早期療育工作者可利用不同的戶外遊戲器材來引導幼兒學習。例如：「莎莉，你先爬上去滑溜滑梯；傑利排在莎莉後面；瑪莉，你是第三個喔！」當幼兒在等玩溜滑梯時，早期療育工作者可提醒幼兒：「輪流喔！」如果幼兒表現出不能等待的行為時，早期療育工作者隨時提示幼兒，例如：「莎莉，現在是瑪莉玩，輪到你的時候你再玩。」雖然幼兒很喜歡玩溜滑梯、上下階梯，但是仍然需要早期療育工作者的引導，他們才能在活動中學習，甚至當幼兒交談時，早期療育工作者也可直接指導他們的溝通技能。

　　利用活動本位介入法來引導同一群幼兒的情境描述如下。在戶外活動之前，幼兒要求穿上外套，並且要求幫忙打開門出去（溝通技能）。在走出教室之前，早期療育工作者請每位幼兒自己去找一個同伴，一起去戶外遊戲場（社會互動技巧）。到達遊戲場時，幼兒可以選擇自己想玩的活動。例如一位幼兒

發現了一朵花，早期療育工作者和一些幼兒加入有關這朵花的
談話和討論（溝通技能）。他們決定不要把花朵摘下，而用石
頭築一道牆來保護這朵花（溝通、社會互動和大動作技能）。
築完牆之後，早期療育工作者提議，是不是種些種子，讓遊戲
場中有更多花讓大家欣賞，於是幼兒們開始討論怎麼樣可以得
到花的種子（溝通與社會互動技巧）。

　　在第一個例子中，早期療育工作者計畫、促進活動的進行，
而幼兒不須自己來解決問題，主動進行溝通。然而在第二個例
子中，早期療育工作者允許幼兒主動地選擇和從事不同的活動，
但是在過程中，早期療育工作者仍維持某些程度的控制。幼兒
所參與的活動提供了幼兒練習社交溝通、大動作以及社會互動
技巧的機會，而早期療育工作者則在具體行動中來引導幼兒的
活動（如，選擇同伴）。

諮詢者的角色

　　不同專業訓練背景的人員，在提供障礙幼兒（或高危險群
幼兒）和他的家庭品質保證之服務方面，扮演了重要的角色。
從評量、計畫到安置，各領域的專家都須參與。專家在活動本
位介入法中的角色，通常是直接提供服務人員和家庭成員的諮
詢員，其角色功能有二：(1)提供專業領域的知識和技能。(2)協
調和統整療育計畫的內容。
　　根據定義，諮詢者須是某一專業領域的專精者（如，溝通

訓練方面的專家、行動訓練方面的專家），他們可以將其專業
知能與專業團隊共同分享。諮詢者必須具備充足的專業知能來
評量幼兒；具有充分的資訊和經驗來擬訂特定領域的目標和計
畫；也必須有足夠的背景經驗監督這些特定領域的改變。諮詢
者的專業訓練與經驗能夠有效地協助專業團隊、障礙幼兒或其
家庭解決特定的問題。換言之，諮詢者可提供非專家者基本的
資訊和技巧。

　　諮詢者的第二個主要角色是，將其領域的專業知能協調、
統整及融入在幼兒和家庭介入計畫中。缺乏良好的統整，幼兒
和家庭皆無法獲得好品質的服務。整體服務的每一個環節——
篩選、評量、發展目標、介入以及評鑑——都需要協調。活動
本位介入法的精神和做法是將學習融入對幼兒有意義且熟悉的
活動中，使諮詢者有多樣化的機會，將幼兒的特定訓練統整在
以幼兒為引導、幼兒所選擇的，或是計畫性的活動與遊戲中。

　　除了少數個案之外，採用活動本位介入法勢必得將專業治
療或訓練，統整在幼兒和家庭的日常活動中，而這樣的統整工
作，有賴直接提供服務的人員和諮詢者之互相合作（Bricker,
1976）。譬如，經過整合和協調的療育，幼兒通常不必離開教
室或家裡來接受動作和適應技能的訓練。幼兒不會被要求機械
式的訓練。相反地，職能治療諮詢者與早期療育工作者、家庭
成員之間密切合作，共同計畫幼兒的動作和適應技能的目標；
並且提出有可能增進幼兒動作和適應技能的例行性活動、計畫
性活動，同時設計活動進行的程度。

家庭成員的角色

在專業團隊中，家庭成員的首要角色為——共同參與者。至於參與的程度、型態，則因照顧者之價值觀、時間、感受、經驗、教育程度、背景，而有所不同。然而，家庭成員仍應以最大可能的參與程度為原則，並依各家庭狀況彈性調整。譬如，若是家庭中有不止一名的成員可以參與，每一位成員所參與的程度或方式會不盡相同。桑尼的父母親都參與團隊，其中母親的工作時間是彈性的，而父親則須固定上下班。因此桑尼的母親比父親有較多參加會議的機會，但是兩人都花時間在家裡陪桑尼玩。家庭成員的參與也會因為家庭狀況而改變，譬如，若是桑尼的母親工作變動，就可能要調整參與團隊的方式了。

照顧者對專業團隊有下列四方面的貢獻：第一，照顧者可提供幼兒的行為表現資料，以利分析幼兒的長處和弱處。第二，照顧者可澄清家庭的價值觀與服務的優先順序，以利發展目標與選擇介入計畫內容。第三，照顧者可提供幼兒的喜、惡，或比較喜歡的活動之訊息。第四，照顧者可提供幼兒在家裡和其他情境中的進步狀況。

專業團隊的角色

不論是聯邦政府的法令，或是教育專業的建議，幼兒的評量、評鑑與服務，最好都由不同專業人員和家庭成員共同參與

完成。專業團隊中的人員——直接提供服務者、諮詢者、家庭成員，有其特定的角色功能，也有重疊性的角色存在。為確保團隊的合作與協調，我們建議以下的指引：

(1)參與團隊的專業人員、相關專業人員和照顧者，須對團隊有責任感。
(2)團隊成員須彼此尊重個人的貢獻。
(3)團隊成員須認同介入的方法。
(4)團隊成員的角色須明確。
(5)團隊成員所提供的資訊、觀察和看法須統整於實際執行的完整計畫中。

專業團隊的合作模式相關研究，近年來受到重視並逐漸發展成形，這些模式都強調一項要旨——專業人員和家庭成員必須努力合作（Bricker & Widerstrom, 1996; McCollum & Hughes, 1988; Woodruff & McGonigel, 1988）。然而這樣的合作，須透過訓練方能達成，以下即利用活動本位介入法的團隊人員訓練為例，來介紹訓練的方法。

活動本位介入法中之專業團隊訓練

專業人員、相關專業人員和照顧者在應用活動本位介入法之前，以下六項訓練原則不可少。

原則一：了解並認同活動本位介入法

參與團隊的成員須願意擔負活動本位介入法中不同的角色和工作，如果對此方法有所質疑，對合作方面有所保留，則很難從訓練中獲得實行活動本位介入法之有效技能。

原則二：具備有效的觀察技能

觀察幼兒的各種行為，而且決定在何種情況之下產生反應，是能成功地施行活動本位介入法之基礎。專業團隊人員須熟悉觀察的過程，並能自然地回應和引導幼兒。而觀察須有焦點並具客觀性。專業團隊人員在訓練中學習分辨何謂可觀察的行為（如，自媽媽離開教室後，路易斯哭了十分鐘）；何謂推論的行為（如，路易斯自媽媽離開教室後哭泣，是因為他害怕）。利用攝影機記錄幼兒的行為，再放映給專業人員看並討論，對訓練分辨可觀察的行為（如，哭），以及推論的行為（如，路易斯害怕）之不同，不失為一個可行的訓練方法。

原則三：學習跟隨或回應幼兒的引導
（Warren, 1991）

縱然為幼兒計畫活動是活動本位介入法中的要項工作，但是活動的本質應視為提供幼兒練習目標的機會，而非專業團隊

人員之主導內容。專業團隊人員可從觀察幼兒的各種行為中，選擇適當的時機來回應幼兒，以達到幼兒學習的效果。對於較被動或行為線索較不明顯的幼兒，專業團隊人員則須更仔細地觀察，以便能跟隨幼兒的引導。同樣地，攝影資料能協助專業團隊人員得知幼兒的興趣和捕捉幼兒的行為線索。

原則四：利用幼兒為引導或計畫性活動

如果專業團隊人員能夠仔細地利用前提事件和行為後果，那麼就能夠設計和選擇既讓幼兒感興趣，又可以讓他參與的活動。同樣地，攝影幼兒的實際表現，可協助專業團隊人員觀察、討論成功的活動範例，或是檢討喪失引導幼兒的機會。成功的例子如：照顧者在幼兒可以拿得到東西的地方，放置一些蠟筆，鼓勵幼兒練習精細動作技能，或是鼓勵幼兒持續地參與活動，以增進與同儕之間的互動。一旦熟練了基本的介入技巧後，其他的特別技巧（如，延宕提示）可加入使用（Warren, 1991）。至於以比較直接的指導方式介入，則建議專業團隊人員用於那些在以幼兒為引導的活動中，較不能達到進步效果的幼兒身上。

原則五：提供幼兒充足的練習機會

根據我們在幼兒中心和家庭裡的觀察發現，專業團隊人員常會忽略可用來引導幼兒學習的機會。被選擇用來增進幼兒學習的活動，並不容易被忽視，但是非事先選擇，而有可能成為

學習機會的活動，最不容易被掌握。透過仔細的觀察來發現幼兒的興趣，以及環境中可能發生的學習機會，是專業團隊人員必經的訓練。對某些主動性較高的幼兒而言，在環境中布置豐富的材料，可促進他們的學習。而某些幼兒則須改變活動的方式或在日常生活中重複進行活動，才能達到學習的目標。事實上，大多數幼兒的學習，須在以幼兒爲引導、計畫性、例行性活動的平衡中獲得進步。

原則六：系統化地監督幼兒的進步狀況

專業團隊人員必須學習從功能性的日常生活事件和活動中，利用評鑑方法來取得有關幼兒長期目標、短期目標的進步情形，而且對家庭的狀況也必須加以評鑑。評鑑的方法將在第七章中討論。

我們建議訓練的方式，最好選擇在真實情境中，以某一幼兒爲主進行臨床訓練。模擬情境和假設案例較不能提供專業團隊人員思考、解決真實問題的機會。此外，不論在家裡或教室裡，都應提供專業團隊人員類化他們所學的機會。

根據我們的經驗，如果專業團隊人員能自然地跟隨幼兒的引導，這些人可能需要加強的訓練是如何擴增幼兒的學習機會，以及監督幼兒的進步情況。然而，對於已經習慣直接指導幼兒的人來說，可能必須加強的是如何分辨和利用幼兒的行爲線索，以協助他們改變從直導式到以幼兒爲引導的介入策略。

摘要

　　雖然許多州或地區都提供了專業團隊的服務，但是引以為憾的是，團隊中常出現父母親和直接提供服務人員的參與程度較低的情況。而由專家的診斷結果擬訂出的個別化家庭服務計畫、個別化教育計畫和介入計畫，往往喪失了其功能性。換言之，少了與幼兒和家庭直接相關者——父母親、其他照顧者、直接提供服務人員之參與，個別化家庭服務計畫、個別化教育計畫以及介入計畫，將無法完全發揮功能。活動本位介入法的成功，建立於直接提供服務者、諮詢者、家庭成員以及其他專業人員之合作。

　　不容質疑地，有關兒童發展之專業知能，是專業團隊人員所必備的；然而，團隊人員所持之態度，亦是能否成功地提供服務之關鍵。以下則就三方面摘要整理，有效地施行活動本位介入法之必要基礎。

　　第一，專業團隊人員須具備學習產生於互動之概念。換言之，他們必須了解學習來自於幼兒與環境之互動，並從互動中獲得回饋，如此方能產生學習的功能（Sameroff & Fiese, 1990）。幼兒與社會性環境及物理性環境互動的過程，應是專業團隊人員投注的焦點。僅注重幼兒或成人的行為，而不看重互動中發生的改變與進步，實難累積具體之成效。

　　第二，專業團隊人員須以發展的觀點來看幼兒的改變和學

習。幼兒的成長遵循發展之順序，而環境的因素影響其發展的速度和改變（Piper, Darrah, Byrne, & Watt, 1990）。對大多數幼兒而言，介入應依循發展的知識而定。若是所定的目標行為，以及所用之訓練方法，脫離了發展階段，幼兒所學到勢必是片斷的行為，或發生對幼兒較無意義的學習情況。因此為幼兒選擇的目標，應符合他的發展階段中之重要技能，以促進幼兒的發展和學習。

第三，專業團隊人員須具有 Peck（1989）所言的「回應行為」。專業團隊人員須對幼兒的表現有自然的回應，這是促進幼兒學習和成長之重要關鍵。提供給幼兒的回饋——回應行為，應以進一步提升幼兒發展和學習為目標，而非只對幼兒的問題來做回應。

如同前述，活動本位介入法的實施，需要有良好的觀察技巧為基礎。一位能對幼兒提供合宜回應的專業人員，必須先是一位良好的幼兒行為觀察者，同時必須從觀察中發現幼兒與環境互動中所產生的行為改變和效果。一位能有效提升幼兒發展與學習的專業團隊人員，必是一位有效的觀察者與回應者。

參考書目

Bricker, D. (1976). Educational synthesizer. In M.A. Thomas (Ed.), *Hey, don't forget about me! Education's investment in the severely, profoundly, and multiply handicapped* (pp. 84–97). Reston, VA: Council for Exceptional Children.

Bricker, D., & LaCroix, B. (1996). Training practices. In D. Bricker
& A. Widerstrom (Eds.), *Preparing personnel to work with infants
and young children and their families* (pp. 43–64). Baltimore:
Paul H. Brookes Publishing Co.

Bricker, D., & Slentz, K. (1988). Personnel preparation: Handi-
capped infants. In M. Wang, M. Reynolds, & H. Walberg (Eds.),
Handbook of special education (Vol. 3, pp. 319–345). Elmsford,
NY: Pergamon.

Bricker, D., & Veltman, M. (1990). Early intervention programs:
Child-focused approaches. In S. Meisels & J. Shonkoff (Eds.),
Handbook of early childhood intervention (pp. 373–399). New
York: Cambridge University Press.

Bricker, D., & Widerstrom, A. (Eds.). (1996). *Preparing personnel
to work with infants and young children and their families.* Balti-
more: Paul H. Brookes Publishing Co.

Brown, J., Collins, A., & Duguid, P. (1989). Situated cognition
and the culture of learning. *Educational Researcher, 17*(1),
32–42.

Cole, K., Dale, P., & Mills, P. (1991). Individual differences in
language delayed children's responses to direct and inter-
active preschool instruction. *Topics in Early Childhood Special
Education, 11,* 99–124.

Dewey, J. (1976). *Experience and education.* New York: Colliers
Books.

Education of the Handicapped Act Amendments of 1986,
PL 99-457, 20 U.S.C. §§ 1400 *et seq.*

Geik, I., Gilkerson, L., & Sponseller, D. (1982). An early inter-
vention training model. *Journal for the Division of Early Child-
hood, 5,* 42–52.

Guralnick, M.J. (Ed.). (1997). Second-generation research in
the field of early intervention. In M.J. Guralnick (Ed.), *The ef-
fectiveness of early intervention* (pp. 3–20). Baltimore: Paul H.
Brookes Publishing Co.

Johnson, B., McGonigel, M., & Kaufmann, R. (1989). *Guidelines and recommended practices for the individualized family service plan.* Chapel Hill, NC: National Early Childhood Technical Assistance System.

Jones, H., & Warren, S. (1991). Enhancing engagement in early language teaching. *Teaching Exceptional Children, 23*(4), 48–50.

Klein, N., & Campbell, P. (1990). Preparing personnel to serve at-risk and disabled infants, toddlers, and preschoolers. In S. Meisels & J. Shonkoff (Eds.), *Handbook of early childhood intervention* (pp. 679–699). New York: Cambridge University Press.

McCollum, J., & Catlett, C. (1997). Designing effective personnel preparation for early intervention: Theoretical frameworks. In P.J. Winton, J.A. McCollum, & C. Catlett (Eds.), *Reforming personnel preparation in early intervention: Issues, models, and practical strategies* (pp. 105–125). Baltimore: Paul H. Brookes Publishing Co.

McCollum, J., & Hughes, M. (1988). Staffing patterns and team models in infancy programs. In J. Jordan, J. Gallagher, P. Hutinger, & M. Karnes (Eds.), *Early childhood special education: Birth to three* (pp. 129–146). Reston, VA: Council for Exceptional Children.

Peck, C. (1989). Assessment of social communicative competence: Evaluating environments. *Seminars in Speech and Language, 10*(1), 1–15.

Piper, M., Darrah, J., Byrne, P., & Watt, M. (1990). Effect of early environmental experience on the motor development of the preterm infant. *Infants and Young Children, 3*(1), 9–21.

Sameroff, A., & Fiese, B. (1990). Transactional regulation and early intervention. In S. Meisels & J. Shonkoff (Eds.), *Handbook of early childhood intervention* (pp. 119–149). New York: Cambridge University Press.

Warren, S. (1991). Enhancing communication and language development with milieu teaching procedures. In E. Cipani (Ed.), *A guide for developing language competence in preschool children with severe and moderate handicaps* (pp. 68–93). Springfield, IL: Charles C Thomas.

Woodruff, G., & McGonigel, M. (1988). Early intervention team approaches: The transdisciplinary model. In J. Jordan, J. Gallagher, P. Hutinger, & M. Karnes (Eds.), *Early childhood special education: Birth to three* (pp. 163–181). Reston, VA: Council for Exceptional Children.

第五章

活動本位介入法應用於個別幼兒

　　前面幾章的內容詳細描述有關活動本位介入法之要素、基本架構，本章和第六章將分別介紹活動本位介入法應用在個別幼兒、團體幼兒之程序。這二章的內容可幫助讀者在幼兒的家裡和幼兒中心，實際地應用活動本位介入法。

　　運用活動本位介入法之要點在於將幼兒的教育目標與治療目標，融入於計畫性、以幼兒為引導以及例行性的活動中。這些日常活動成為使用活動本位介入法時之主要媒介，以使幼兒所需之介入目標被達成。此外，必須透過仔細、謹慎的選擇、平衡地安排活動，方能成功地運用活動本位介入法。

　　為了保證幼兒所學之進步，介入活動須包括二項標準：(1)幼兒的長期目標和短期目標須在活動中被強調。(2)在不同類型

的活動中提供幼兒多元化的練習機會，以達成目標。課程計畫、活動計畫和時間的安排，成為指引專業團隊人員回應幼兒行為，以及選擇例行性與計畫性活動的架構。

正如第一章和第四章所述，參與擬訂幼兒的個別化教育計畫，或是個別化家庭服務計畫之成員，會因幼兒所需或教育計畫的不同而不一樣，團隊中可能包括父母親、其他照顧者、早期療育工作者、老師、諮詢者、物理治療師、職能治療師、語言治療師、心理學專家、護士、相關專業人員和志願工作者。重要的是，團隊中的人員須具備有關幼兒的專業知識和資訊，因此可以互相分享關於幼兒之行為表現，而能全面地了解幼兒。單一的專業領域或個別的專業人員參與介入計畫，是不可能有效地運用活動本位介入法。

活動本位介入法必須和計畫的四大要素相結合：評量、發展目標、介入以及評鑑（詳見第三章）。首先，我們對幼兒的興趣、動機與能力須詳加評量，事後摘要評量結果。此評量結果成為發展幼兒個別化教育計畫或個別化家庭服務計畫中長期和短期目標的基礎，以幫助幼兒在不同的環境中學習獨立。當個別化教育計畫或個別化家庭服務計畫執行時，各專業人員將成為有利的資源來支持目標的達成。而評鑑在介入的過程中絕不可少，評鑑的結果可使專業人員掌握幼兒和家庭的進步狀況，以及個別化教育計畫或個別化家庭服務計畫之長期目標是否達成。

「活動本位介入法」之名稱喻含了雙重的意義：「活動」與「主動」。「活動」一詞意指，融入幼兒之個別化教育計畫或個別化家庭服務計畫中的長期、短期目標之各種練習機會。

對大多數的幼兒而言，介入計畫中應涵蓋以幼兒爲引導、例行性和計畫性的活動。不容諱言的，有些專業人員仍習慣或偏好以單一型態的活動作爲介入的主要活動；但是活動本位介入法之特色即強調多樣化的活動對幼兒的重要性。幼兒在多樣化的活動中練習長期和短期目標的技能，專業團隊人員亦可由不同的活動中觀察、回應幼兒不同的能力表現和需求。譬如，某些幼兒在以幼兒爲引導的活動中，學習得比較快；而某些幼兒卻從計畫性活動中獲益較多。對有些幼兒來說，可能必須先從計畫性活動中學會他們發展階段中的重要技能；進而利用以幼兒爲引導的活動或遊戲，繼續練習和類化所學的技能。

「主動」則意指幼兒在他們的物理性與社會性環境中，被期待參與活動的態度。不論是幼兒教育或是特殊幼兒教育的領域中，主動地與環境互動都被認爲是幼兒有效學習的基石（Carta, 1995）。爲幼兒營造一個互動的學習環境，是建立在不同的情境中觀察幼兒的行動、主動性、興趣、動機與能力之上。同時，完整的評量資訊協助專業人員計畫、設計以及組織環境，以促進幼兒主動的學習。在可能的限度下，幼兒參與活動最好是出於他們自己的選擇和好奇心，而不是出於成人的指導。活動本位介入法即在幫助幼兒從主動參與活動中，學習和練習新技能。

再來談談實行活動本位介入法之基本要領：將幼兒的長期目標和短期目標融入活動中。所謂「融入」是指將包括個別化長期目標和短期目標的活動或事件，加以延伸、修改或調整，以使其成爲對幼兒有意義又有趣的練習機會。

融入幼兒的長期與短期目標，以及幼兒的主動性均非常重

要，如此方能提供幼兒在不同的機會中有意義地練習所需的技能。若是少了持續性的練習，幼兒則不可能有進步，或者是進步緩慢。此外，若是長期目標或短期目標為發展不合宜的目標——太籠統或太狹隘，也可能造成幼兒無法有理想的進步狀況。如果為幼兒所擬訂的長期和短期目標具功能性，並對他具有意義，而將這些目標融入幼兒所參與的活動中，則能使這些活動成為練習的機會。

融入長期目標之範例

二歲的蒂娜因為基因性的疾病而被診斷為發展遲緩。蒂娜的專業團隊為她做了詳細的評量，並且為她決定了個別化家庭服務計畫之長期目標與短期目標。在社交溝通的領域方面，蒂娜的長期目標是「能夠指出或找出不同的物品和事件」。於是，專業團隊人員必須盡量找出讓蒂娜練習目標的機會，這些機會包括了早晨與祖父母在一起的時間，下午和媽媽在一起的時間，還有每星期三傍晚在教會參與遊戲團體的時間。

先就在祖父母家中的一些例行性活動來舉例。當蒂娜吃早餐時，祖父母可以利用食品包裝上的標籤或圖案，要求蒂娜指出她喜歡的食物，如，拿不同的果汁問她喜歡哪一種，或是拿不同的乾果、水果問她要加哪些東西在喜瑞兒中。而當蒂娜要求還要果汁或食物時，可以用同樣的方法，讓蒂娜有機會再練習一次這項目標技能。又如，餐桌旁的一扇大窗子可以看見走

廊上掛著的餵鳥器，小鳥、蜜蜂和蝴蝶會受玫瑰花的吸引，在廊中飛來飛去。飛舞的鳥蟲、經常引起蒂娜的注意，偶來的訪客經過窗前也吸引蒂娜的目光。此時，祖父母即可利用蒂娜的興趣，鼓勵她指認物品或事件，這也是練習目標技能的好機會。

　　在家裡的時候，午睡前和晚上就寢前，蒂娜的媽媽或爸爸會讀故事書給她聽。蒂娜是看故事書的封面來選擇她想聽的故事。不論是選書或聽故事都能增進蒂娜社交溝通的目標學習。再者，爸爸或媽媽讀故事時，可以中途停下來問蒂娜一些問題或是說一些提示的話；如：「他在做什麼呢？」「你喜歡哪一個？」「啊！你看！」這樣可以提示蒂娜看著書中的圖畫，而指認或說出物品或事件。

　　此外，蒂娜參與教會的遊戲團體也是很好的練習機會。在遊戲團體中，幼兒的年齡從二歲到六歲，因此幼兒的語言技能含括了從只會說單字到說出完整句子。蒂娜很喜歡和同伴一起玩說動物名稱的遊戲，從遊戲中蒂娜有機會模仿其他幼兒所說的動物名稱，也有機會說出自己知道的動物名稱。老師可以將動物名稱改成用品、玩具名稱等，讓幼兒從變化中說出更多的物品和事件；也可以變化成用動作比出東西，讓幼兒玩猜謎的遊戲。

　　當蒂娜的照顧者（祖父母、父母、老師）了解如何利用不同時段、不同情境的例行性活動，融入蒂娜社交溝通學習目標後，相信日後對其他學習目標融入活動的技巧和內涵就更能掌握了，而活動本位介入法之主要精神也必能發揮無遺。

基本架構：個別化課程計畫與活動作息

即使活動對幼兒而言具有吸引力，但是活動的本身並不能保證幼兒的進步。專業團隊人員必須發展足以讓幼兒充分練習的活動，幼兒從活動中練習必要的技能。同時，專業人員必須有系統並且持續地監督幼兒的學習。活動本位介入法之基本架構即在協助專業人員將幼兒的興趣、長處以及需求等相關資訊，加以整合後納入介入計畫，以提供幼兒在有意義的學習經驗中，達成長期與短期目標之學習成果。對個別幼兒之計畫架構包括：(1)個別化課程計畫，(2)個別化活動作息。

個別化課程計畫

個別化課程計畫之功能有二：(1)系統化地指引介入計畫；(2)記錄介入的過程。在有效地計畫或利用例行性或以幼兒為引導的活動之前，專業團隊人員須共同發展和擬訂個別化課程計畫。個別化課程計畫中提供了主要目標的教學指引與標準，並且提供了幼兒進步狀況之評鑑。

幼兒的個別化教育計畫或個別化家庭服務計畫中的每一項長期目標和其相關的短期目標，都應是日後設計介入計畫的必要指引。對於重度障礙的幼兒，專業團隊人員還應將課程之實施步驟加以規畫，以保證完全地執行教育計畫。所謂實施的步

驟即是將技能細分成先備技能，以更簡單、更小的步驟來進行。
譬如，「抓」動作之課程實施步驟可分為「伸展手臂」、「打
開手掌心」的動作。總而言之，課程計畫是應用活動本位介入
法之核心，因為它協助專業人員計畫符合幼兒所需之例行性、
計畫性、以幼兒引導的活動，並且計畫合宜的支持和回饋，以
鼓勵幼兒練習所需之技能。圖 5-1 為個別化課程計畫之範例，
其中包括以下的資訊：

第一部分：基本資料

(1)幼兒姓名。
(2)計畫開始日期。
(3)計畫結束日期。
(4)專業團隊人員姓名。

第二部分：個別化教育計畫（個別化家庭服務計畫）之長期、短期目標

(5)長期目標、短期目標，實施步驟——陳述個別化教育計畫（個別化家庭服務計畫）中之主要目標。
(6)內容描述——在可能的情況下，對長期、短期目標或實施步驟加以詳細地描述。
(7)通過標準——針對幼兒之行為表現所訂出之通過標準。

第三部分：教學考慮

(8)前提事件——對於提示或激發幼兒回應之情境、條件或協助程度（如，線索或示範），加以明確地敘述。

(9)行為反應——詳細地描述幼兒之長期、短期目標或實施步驟中之行為反應。

(10)行為後果——明確地陳述跟著幼兒反應之後的邏輯行為後果。

(11)課程調整——根據幼兒的需求，陳述調整課程或教學之內容。

第四部分：評鑑程序

(12)評鑑者——何者為蒐集資料者？

(13)評鑑地點——在何處蒐集資料（如，用餐地點、團體活動地點）？

(14)評鑑時間——何時蒐集資料（每日、每週、每月）？

(15)評鑑方法——使用何種方法蒐集資料？

(16)教學決定——陳述若是幼兒之學習沒有達到標準時，該採取之行動為何？

個別化課程計畫

第一部分：基本資料

1. 幼兒姓名：_____

2. 計畫開始日期：_____　3. 計畫結束日期：_____

4. 專業團隊人員姓名：_____

_____

_____

_____

第二部分：個別化教育計畫（個別化家庭服務計畫）之
長期、短期目標
（勾選其一）

5. 長期目標：_____　短期目標：_____　實施步驟：_____

6. 內容描述：_____

_____

_____

7. 通過標準：_____

_____

_____

_____

（承下圖）

（續上圖）

第三部分：教學考慮

8.前提事件	9.行為反應	10.行為後果

11.課程調整：_____

_____

_____

_____

（承下圖）

（續上圖）

第四部分：評鑑程序

12.評鑑者　　　　　13.評鑑地點　　　　14.評鑑時間（圈選其一）

_____　_____　每日　　每週　　每月

_____　_____　每日　　每週　　每月

_____　_____　每日　　每週　　每月

15.評鑑方法（勾選其一）

描述性摘要_____　　檔案評量_____　　行為觀察_____

16.教學決定

如果在_____（填寫明確的時間）之內沒有明顯的進步，則：

____調整介入策略

____調整課程內容（如，長期目標、短期目標、實施步驟）

____其他（請描述）_____

_____

_____

圖 5-1　個別化課程計畫

個別化課程計畫包括了來自個別化教育計畫或個別化家庭

服務計畫的資料——幼兒姓名、專業團隊人員姓名、計畫開始日期、計畫結束日期、長期目標、短期目標以及評鑑程序。個別化課程計畫與個別化教育計畫、個別化家庭服務計畫之不同處在於：一、個別化課程計畫是在個別化教育計畫或個別化家庭服務計畫之後，才設計發展出來的。因此，專業團隊人員能有足夠的基礎資料和時間，來設計發展符合幼兒所需之介入計畫。個別化課程計畫不僅能促使個別化教育計畫、個別化家庭服務計畫之落實，並可使專業團隊人員在合作之下，發揮其專長。二、個別化課程計畫不似個別化教育計畫、個別化家庭服務計畫之另一點是，它不是一份法定規定的書面文件。個別化課程計畫可隨幼兒的興趣和需求，隨時做調整和修改，以更有效地達成在幼兒的個別化教育計畫或個別化家庭服務計畫中之長期、短期目標。

　　圖 5-2 的個別化課程計畫範例，是為四歲的哈金所設計，計畫中主要是以社交溝通之長期目標來發展課程計畫。哈金患有腦性麻痺，不會獨立行走，他剛剛開始學習用單字表達，臉部的表情和聲音是哈金的主要溝通方式。哈金輪椅上的開關可以做為他尋求協助的傳達訊號。哈金滿喜歡音樂，對會發出聲音的玩具也很喜歡。早上的時間，哈金上啓蒙方案（Head Start）幼兒園，下午則參加安親托育班到五點。早上由哈金的媽媽送他上學，由啓蒙方案的助理帶他去下午的托育班，哈金的爸爸負責接他回家。

個別化課程計畫

第一部分：基本資料

1. 幼兒姓名：哈金‧阿拉罕多爾

2. 計畫開始日期：9-12-97　　3. 計畫結束日期：視進步情況而定

4. 專業團隊人員姓名：阿拉罕多爾夫婦、強生小姐（啓蒙方案老師）

　　、金小姐（托育班老師）、阿西多先生（語言治療師）、莫爾菲太

　　太（物理治療師）

第二部分：個別化教育計畫（個別化家庭服務計畫）之
長期、短期目標
（勾選其一）

5. 長期目標：＿＿√＿＿　　短期目標：＿＿＿＿＿＿　　實施步驟：＿＿＿＿＿

6. 內容描述：AEPS 社交溝通長期目標 2.0

　　哈金將會用十個字（詞）來描述物品、人物和（或）事件

7. 通過標準：在二星期當中每天做到十次

（承下圖）

（續上圖）

第三部分：教學考慮

8.前提事件	9.行為反應	10.行為後果
• 呈現物品 • 示範字或短句 • 停止示範，並用眼神鼓勵 • 問問題 • 指人物	• 哈金會用大約十個恰當的字（詞）描述物品、人物、事件（＋） • 哈金還沒有學會使用字（詞）（－） • 哈金使用不恰當的字（詞）（－）	• 給哈金描述正確的物品（＋） • 表示高興（＋） • 開始行動（＋） • 模仿哈金的行為反應（＋） • 注意他（＋） • 保留物品、人、行動（－） • 示範字（詞）（－）

（＋＝正確的行為反應；－＝不正確或沒有行為反應；
＋＝正確行為反應的回饋；－＝不正確行為反應的回饋）

11.課程調整：確定哈金在輪椅上的坐姿正確，所以他可以較無困難地
說出字（詞）來

（承下圖）

（續上圖）

第四部分：評鑑程序

12.評鑑者　　　　　13.評鑑地點　　　　14.評鑑時間（圈選其一）

　<u>阿西多先生</u>　　　<u>點心時間或團體時間</u>　　每日　　每週　　每月

　＿＿＿＿＿　　　＿＿＿＿＿＿＿＿　　每日　　每週　　每月

　＿＿＿＿＿　　　＿＿＿＿＿＿＿＿　　每日　　每週　　每月

15.評鑑方法（勾選其一）

　描述性摘要＿＿＿＿＿　　檔案評量＿＿＿＿　　行為觀察　＿√＿

　　　　　　　　　　　　　　　　　（計算哈金說出的字或詞）

16.教學決定

　如果在＿<u>一個月</u>＿（填寫明確的時間）之內沒有明顯的進步，則：

　＿√＿調整介入策略

　＿＿＿調整課程內容（如，長期目標、短期目標、實施步驟）

　＿＿＿其他（請描述）＿＿＿＿＿＿＿＿＿＿＿＿＿＿＿＿＿＿＿

　　　　　　　　　＿＿＿＿＿＿＿＿＿＿＿＿＿＿＿＿＿＿＿＿

　　　　　　　　　＿＿＿＿＿＿＿＿＿＿＿＿＿＿＿＿＿＿＿＿

圖 5-2　哈金的個別化課程計畫

　　一週中有一個晚上，哈金的父母帶他去伊斯特斯中心的溫水游泳池，他們稱這個晚上爲「家庭夜」。物理治療師和二位助理負責指導哈金的父母，如何在水池中爲哈金做治療。哈金喜歡在溫水中的感覺，藉此機會哈金的父母也可以和其他有障礙兒的家庭互相認識。

　　在爲哈金發展個別化課程計畫之前，專業團隊人員──啓蒙方案的老師、物理治療師、語言治療師、托育班的老師、父母親，必須先完成 AEPS 測驗、AEPS 家庭報告、AEPS 家庭興趣調查。這些與課程相關之評量測驗工具的內容，將成爲提供發展長期目標的基礎資料。接著，專業團隊人員摘要評量結果、安排長期目標的優先順序，以及發展個別化教育計畫。專業團隊人員從個別化教育計畫長期目標的優先順序中，選擇出二項優先考慮的長期目標成爲發展課程計畫的指引。

　　在發展個別化課程之前，必須明確地敘述哈金的二項個別化教育計畫中的長期目標：(1)哈金會使用十個字（詞）來指認人、物和（或）事件。(2)哈金會捉握如手大小的物品。圖 5-2 顯示爲哈金所設計的個別化課程計畫，其中的社交溝通領域之長期目標，是直接從 AEPS 測驗中的題項而來。亦即專業團隊人員評量哈金的表現後，爲他選擇通過題項的下一項發展技能，而此技能是哈金還不會的，在測驗結果的分數是「0」或「1」。

　　一旦長期和短期目標確定後，專業團隊人員即可著手進行有關個別化教育計畫中的教學部分。此部分可直接參考〈出生到三歲的 AEPS 課程〉（Cripe, Slentz, & Bricker, 1993），或類似 AEPS 課程的其他課程。從這些課程中可獲得教學指引之相

關資訊（如，環境的安排、教學策略），以及調整課程的建議。

　　圖 5-2 中的評鑑程序部分，專業團隊人員陳述了評鑑者、評鑑地點、評鑑時間和評鑑方法。同時決定如果哈金在一個月內沒有明顯的進步，則用什麼其他介入策略來促使他進步。

　　當專業團隊人員完成了個別化課程計畫之後，真正的介入即可開始執行了。而執行計畫必須在有組織的情況下進行，因此活動作息須詳加安排，以使計畫能有效地達成。

個別化活動作息

　　活動本位介入法中的第二部分，即是個別化活動作息的安排，作息的安排呈現了對個別幼兒介入計畫的全貌。在此個別化活動的安排須強調專業團隊人員利用幼兒例行性的日常活動成為多樣化的學習情境，將幼兒的長期、短期目標或課程內容融入其中。專業團隊人員必須考慮幼兒的家庭、幼兒園和社區生活的日常作息，才能將介入計畫有效地與幼兒的生活結合。利用這樣的方式，幼兒的學習與其環境和生活可以自然地連結，比利用一些與幼兒生活脫節的訓練活動，更能達到學習之效果。再則，家庭成員和專業人員在資源和材料的取得和利用上，也必須以幼兒生活中常見與常用的材料為活動資源。

　　個別化的活動是針對一位幼兒來安排。透過與幼兒的主要照顧者非正式訪談來蒐集資料，是為幼兒發展個別化活動作息的先前步驟。我們建議以家庭訪問的方式來蒐集安排活動作息的資訊。圖 5-3 是為哈金設計個別化活動作息的必要資訊，其

活動作息表

家庭例行活動	例行活動的時間和次數	例行活動的順序	幼兒參與例行活動的情況	是否適用於 IEP／IFSP 之長期／短期目標
穿脫衣物	早上 6：30（一天一次）	脫掉睡衣。拿要穿的衣服和鞋子。穿衣服和鞋子。洗臉。	當媽媽幫他穿衣和鞋時，哈金配合伸頭、手和腳；有時候他會不願意換衣服；有時候要一面和他玩遊戲（「你來抓我」），一面換衣服。在直接協助下他會梳頭和刷牙。	是
早餐	早上 7：00（一天一次）	媽媽為全家準備早餐。媽媽幫哈金洗手和坐好在椅子上。爸爸準備餐具。全家一起用早餐。	在姊姊的幫忙下，哈金會攪動瓶裡的果汁。在直接引導下，他會用餐具將食物送進嘴。通常哈金的姊姊會幫忙他食用早餐。	否——哈金的父母親不認為這項例行性活動可以融入長期目標。

（承下圖）

（續上圖）

活動	時間	步驟	觀察	
搭車	早上8:00（一天一次）	媽媽整理餐後（如：洗手、幫哈金到客廳的地板上、清理餐桌、洗餐具）。 媽媽把哈金安坐在車中。 媽媽把哈金和姊姊送到學校。 媽媽把哈金從車裡抱出來。 媽媽把哈金放在輪椅上。 媽媽推哈金進教室。	哈金抓或放附安全帶。 姊姊給哈金玩具和書。 哈金跟姊姊搖手再見。 哈金會試著幫媽媽操作輪椅。	是
洗澡	傍晚（一天一次）	在澡盆中準備好洗澡水。 脫掉哈金的衣服。 把玩具放進澡盆。 用肥皂洗頭髮和身體，然後沖洗乾淨。 用毛巾擦乾後，幫哈金穿上衣服。	哈金把給他的玩具拿進澡盆。	是

圖5-3　哈金的活動作息表（根據Project Facets in Parsons，KS.之資料）

中訪談的綱要包括：(1)家庭日常的例行性作息，(2)例行性作息的時間與頻率，(3)例行性作息中事件發生的順序，(4)幼兒參與例行性作息的描述，(5)例行性作息是否可融入幼兒的長期或短期目標。

從哈金的家庭訪談資料中，我們發現用餐時間並不適合成為介入活動，因為用餐時的情境是忙碌而嘈雜的。如專業團隊人員沒有訪問到有關家庭用餐情況的問題，很可能會將社交溝通領域的長期目標融入用餐活動中，反而成為對幼兒不恰當的介入活動了。個別化活動作息安排之成功與否，決定於專業團隊人員和家庭成員的合作，在合作之下來討論哪些活動適合融入幼兒個別化教育計畫、個別化家庭服務計畫之目標，並且應考慮家庭成員的能力和意願，使那些例行性活動真正成為幼兒的學習機會。

圖 5-4 呈現了根據蒐集的資料，設計完成的一份個別化活動作息。個別化活動作息的安排是以日常例行性活動為基礎，譬如用餐、換穿尿布、穿脫衣服、吃點心、清潔收拾、照顧寵物、往返固定的地點（如，學校、超級市場），諸如此類的日常例行活動，可以提供幼兒學習或練習新技能的機會。

圖 5-4 的範例說明了以哈金的社交溝通領域和精細動作領域之長期目標為主，發展出哈金的個別化活動作息安排。專業團隊人員以此活動作息為藍圖，將哈金的介入目標與他的生活相結合。

個別活動作息

幼兒姓名：_____ 日期：_____

例行性活動	時間和次數	融入長期或短期目標之策略	
		會使用字（詞）表達	會抓握住手掌大小的東西
穿脫衣服	早上6：30（一天一次）	• 示範用字（詞）表達喜歡的衣服 • 指出家人 • 模仿哈金的字（詞）	• 給哈金可以抓握的物品（如，牙刷、梳子、杯子、衣服）
乘車	早上8：00（一天一次）	• 播放收音機或錄音帶 • 示範用字（詞）指出熟悉的地點	• 讓哈金抓握安全帶，或是從置物袋中拿出書或玩具
沐浴	傍晚（一天一次）	• 看書時示範用字（詞）表達日常用品	• 把東西藏起來，包括肥皂、洗髮精、瓶子、毛巾、玩具、浴巾、浴袍

圖 5-4 哈金的個別活動作息

　　除了利用日常例行性活動為訓練機會之外，以幼兒為引導的活動和遊戲亦是提供幼兒學習的機會。接下來的內容即是討論專業團隊人員如何將幼兒的長期、短期目標與幼兒的主動行為以及遊戲結合。

以幼兒為引導的活動與遊戲

　　許多研究者提出以幼兒為引導的活動和遊戲，是幼兒重要的學習機會（Linder, 1993; Noonan & McCormick, 1993; Widerstrom, 1995）。然而在活動本位介入法中，必須考慮以下的問題：「專業團隊人員如何利用以幼兒為引導的活動和遊戲，以鼓勵並維持幼兒參與互動？並且該如何提供幼兒多樣性的、經常性的機會來練習他的學習目標？」對專業人員而言，要達到幼兒參與和融入目標於活動和遊戲中之平衡，是一項具有挑戰性的工作。我們從多年的觀察中發現，能夠成功地做到跟隨幼兒來反應和互動，又能延伸幼兒的引導和遊戲，並且提供多樣化練習機會的早期療育工作者，具備了三項特質：(1)了解幼兒的個別化教育計畫或個別化家庭服務計畫中之長期、短期目標。(2)了解幼兒的興趣和能力。(3)運用創造性和動態的方式和幼兒互動。圖 5-5 呈現出如何將以幼兒為引導的水窪遊戲，轉化成讓幼兒練習不同技能的學習機會。

　　轉化以幼兒為引導的活動與遊戲為學習機會之步驟如下：
- 列出幼兒的長期或短期目標（如圖 5-5）。
- 觀察幼兒在他的環境中所表現的興趣（如，水窪遊戲）。
- 確定活動的哪些部分能夠增強和鼓勵幼兒參與（如，用腳

踐踏水花、用手指擠捏泥土、用棒子攪動水、向水裡丟小石子、觀察並發表被小石子激起的水花大小）。

- 經營幼兒能夠和他的環境互動的機會，並從中讓他練習長期和短期目標。譬如，幼兒的其中一項目標是手指捉握能力的練習，則在玩丟小石子到池塘的遊戲時，給他小石頭，而不用大塊石頭來丟。

- 同時安排物理性環境和社會性環境，讓幼兒能夠有充分的練習機會。譬如，如果幼兒有一項長期目標是能夠獨立行走，則可將手推車、手拉車等玩具包括在活動中。大人可鼓勵幼兒把所挖的土用手推車運去填坑洞。來來回回地搬運泥土正好提供幼兒自己走路的機會。而在社會性環境安排方面，可考慮讓二位幼兒或一小組幼兒一起挖土、搬運、填坑洞，以使幼兒有機會練習與人合作。

　　本書第二部分的第八章，會有對以幼兒為引導的活動和遊戲更詳盡的描述。關於如何吸引幼兒的注意和興趣，以達到有效的介入，在本章中已有很清楚地描述，讀者可在第八章中尋思為何要以幼兒為引導的原因，以及如何看待以幼兒為引導的活動。

發展領域	幼兒的長期或短期目標	融入目標之機會
精細動作	會伸手、抓握以及放開從手掌大小到如豌豆大小的物品	鼓勵或增強丟小石子、枝棍和其他東西到水窪裡的動作。
粗大動作	交換步跳五呎、跑十五呎、單腳跳三次	介紹或跟著幼兒玩跳過水窪、跑過水窪的遊戲。
適應能力	洗臉、洗手並擦乾會脫外套、褲子、襯衫、襪子、鞋子	藉著幼兒談論弄濕的衣服之話題，建議他們到浴室的水槽洗手或洗臉，並且擦乾手和臉。玩水窪遊戲後，讓幼兒練習脫下濕的、沾有泥漿的衣物。
認知	會指認或表達了解以下的概念—— • 形狀 • 尺寸 • 空間關係	讓幼兒找找看不同形狀的水窪（圓的、橢圓的、心形的、長的、小的、大的）；也可讓幼兒討論撥動水紋的枝棍長度。和幼兒玩丟小石子到水窪裡的遊戲，並問幼兒：「你可以把石頭丟在我的石頭旁邊嗎？」描述石頭的落點（如，前面、旁邊、後面、上面）。
社交溝通	會使用描述性的字詞	用提問的方式提示幼兒描述水窪、枝棍、小石子。示範描述性的字詞——冷的、咖啡色的、大的、小的、深的、淺的、長的、短的、輕的、重的、多雲的、暗的。

（承下圖）

（續上圖）

| 社會能力 | 會和同伴一起解決衝突 | 如果小水花濺濕了幼兒，則可藉此機會問幼兒如何避免在玩丟東西到水窪裡時，濺濕其他人。如果水窪的範圍不大，則可建議幼兒想想如何進行遊戲，例如，輪流，或一次幾位幼兒玩遊戲。 |

圖 5-5　融入幼兒的長期或短期目標於水窪遊戲活動之範例

摘要

　　能夠成功施行活動本位介入法，有賴於清楚而具凝聚性的架構，在此架構之下提供了選擇和利用多樣性活動成為訓練動力的必要基礎。本章以應用活動本位介入法在個別幼兒的架構，來說明個別化課程計畫和個別化活動作息。這二部分架構，提供了實施活動的指引──利用例行性、以幼兒為引導與遊戲活動，來成為幼兒練習個別化教育計畫，或個別化家庭服務計畫中目標的機會。

　　我們也已強調所選用的活動必須是對幼兒有意義又有興趣的。有趣又有意義的活動通常能激發幼兒較強的學習動機，同時成為幼兒重複練習技能的增強和鼓勵。

參考書目

Carta, J.J. (1995). Developmentally appropriate practice: A critical analysis as applied to young children with disabilities. *Focus on Exceptional Children, 27*(8), 2–14.

Bricker, D. (Ed.). (1993). *Assessment, evaluation, and programming system for infants and children: Vol. 1. AEPS measurement for birth to three years.* Baltimore: Paul H. Brookes Publishing Co.

Cripe, J., Slentz, K., & Bricker, D. (Eds.). (1993). *Assessment, evaluation, and programming system for infants and children: Vol. 2. AEPS curriculum for birth to three years.* Baltimore: Paul H. Brookes Publishing Co.

Linder, T. (1993). *Transdisciplinary play-based assessment: A functional approach to working with young children* (Rev. ed.). Baltimore: Paul H. Brookes Publishing Co.

Noonan, M.J., & McCormick, L. (1993). *Early intervention in natural environments.* Pacific Grove, CA: Brooks/Cole Publishing.

Widerstrom, A. (1995). *Achieving learning goals through play.* Tucson, AZ: Communication Skill Builders.

第六章

活動本位介入法應用於團體幼兒

　　第五章討論了如何將活動本位介入法應用在個別幼兒的身上，而本章之重點則是詳述如何利用三部分的架構——個別化課程計畫、團體活動作息、團體活動計畫，將活動本位介入法應用在團體幼兒中。此外，介入策略也會在本章中加以介紹。這些策略將使幼兒們在不同的活動中，更有意義地學習他們的個別化長期目標和短期目標。

　　如同活動本位介入法應用在個別幼兒時一般，要能成功地將活動本位介入法應用在團體幼兒，必須藉由連結評量、目標、介入和評鑑等要素和步驟，方有可能達成。而驅使、指引介入方向和計畫之動力，則在於具有品質的長期目標和短期目標。因此利用課程本位評量（評鑑）工具，如 AEPS（Bricker,

1993），即是能夠讓專業團隊人員發展出有意義又具功能性與生產性的長期、短期目標之關鍵。由不同幼兒所組成的團體，也必須經由可靠的測驗，將每一位幼兒的長處、需求與興趣找出來。

專業團隊人員在面對團體幼兒時，可能需要利用有效率的方法來蒐集幼兒的行為表現資料，以及其他相關的資料。AEPS測驗（Bricker, 1993; Bricker & Pretti-Frontczak, 1996）提供專業人員一些策略，使專業團隊人員能同時觀察和記錄一些幼兒的反應。如果團體中包括了普通幼兒，則可以利用 AEPS 家庭報告（Bricker, 1993; Bricker & Pretti-Frontczak, 1996）來評量發展正常的幼兒，這個方法既有效率又可靠。

與在家庭中接受服務的個別幼兒相同的是，接受中心本位（center-based）服務的幼兒們一樣需要為他們撰寫具有品質的個別化教育計畫（或個別化家庭服務計畫）。不同的是，專業團隊人員須在團體情境中，蒐集幼兒們的資料，以做為設計介入計畫實施的基礎。

團體幼兒之長期目標優先順序

為團體幼兒擬訂介入計畫的關鍵，在於如何決定幼兒們個別化教育計畫、個別化家庭服務計畫中長期目標之優先順序。根據我們的經驗，能夠達到介入效果的計畫，通常會有十至二十項的長期目標含括在個別化教育計畫或個別化家庭服務計畫

中。因此，如要發展出兼顧團體幼兒中每一位幼兒的長期目標之介入計畫，勢必成為中心本位課程設計之難題。由此可見，為每一位幼兒找出長期目標的優先順序，是規畫介入計畫的首要工作（McLean, Bailey, & Wolery, 1996）。

　　一旦幼兒的長期目標優先順序決定後，則必須將這些目標加以組織。我們建議利用如圖 6-1 的表格來組織目標，表格的左邊列出幼兒的名字，表格的上方是各發展領域的名稱。使用這樣的表格來組織目標，可幫助專業團隊人員一目了然地看出，在團體情境中每一位幼兒於不同發展領域中所須學習的技能。我們建議專業團隊人員彈性地運用這個表格，亦即配合幼兒長期目標和短期目標，隨時更換表格中的內容。專業團隊人員可將表格（圖 6-2）畫在黑板或白板上，或是釘貼在布告欄上，以方便隨時調整表格中的內容。

三部分架構：個別化課程計畫、團體活動作息、團體活動計畫

　　當上述的目標表格確定後，專業團隊人員即可準備發展以下三部分的架構內容，成為應用活動本位介入法於團體幼兒之基礎。

幼兒	精細動作	粗大動作	適應能力	社交溝通	認知	社會能力
			發 展 領 域			
凱	描畫簡單的圖形（狀）		流鼻涕時主動取得衛生紙		能聽從包含兩個步驟的指令	
未奇		騎腳踏類玩具車	用刀叉進食	會用短句溝通（約五至十字）		
凱弗	同時操作兩件小的物品	上下樓梯			會使用各種問題解決技巧	
凱莉		沒有支撐時保持平衡的坐姿	會使用馬桶			
康娜	寫自己的名字			會說出自己或別人的情緒	能回想並說出剛發生的事件	會在同儕附近玩

圖6-1　長、短期目標矩陣的範例

幼兒	精細動作	粗大動作	適應能力	社交溝通	認知	社會能力

發 展 領 域

圖 6-2　長、短期目標矩陣之空白表格

第一部分：個別化課程計畫

不論是為一位幼兒或一群幼兒發展個別化課程計畫，其過程都是一樣的。個別化課程計畫包括四項主要內容——蒐集鑑定資料、確定個別化教育計畫（或個別化家庭服務計畫）的長期、短期目標、教學的考量、評鑑的程序。有了這四項必要內容，才能夠提供幼兒有效的個別化介入。

為一群幼兒完成個別化課程計畫，專業人員必須有足夠的時間和資源才能做到。如果少了完整的個別化課程計畫做為介入的指引，其介入成效很可能流於零碎片段、模糊不明的結果。此外，少了為個別幼兒所擬的計畫，團體活動也可能成為不符合發展程度的無意義活動。事實上，為團體幼兒所發展的個別化課程計畫，兼具達成下列四項目標的功能。第一，個別化課程計畫是根據評量結果而提出的介入計畫，因此它與評量密切結合。第二，個別化課程計畫成為增加專業人員介入方向一致性之工具；第三，個別化課程計畫促使發展合宜活動的設計和期望。第四，個別化課程計畫成為日後記錄幼兒進步狀況的先前計畫。

當專業團隊人員為一群幼兒發展個別化課程計畫時，必須運用一些策略以使發展的過程更有效率。縱然「個別化」是必然的要素，但是有些幼兒可能會有同樣的或相似的目標；在這種情況之下，根據某一項長期目標所發展出來的個別化課程計畫，即可成為一位以上幼兒的課程計畫。此外，如果幼兒之間

有些微或部分需求的不同,專業團隊人員則須掌握個別化課程
計畫中的「要素」,才能反映出不同的需求。舉例而言,如果
二位幼兒有相同的長期目標,但是他們所要達到的結果程度卻
不相同。另外,即使幼兒們的長期目標一樣,對每一位幼兒的
評鑑程度卻不盡相同。有些時候仍須分別為團體中的每一位幼
兒發展個別化課程計畫,此時專業團隊人員最好能分工負責,
以達到較有效率的過程。

第二部分　團體活動作息

　　團體活動的計畫安排幫助專業團隊人員辨別判斷是否有將
幼兒的長期、短期目標合適地融入於活動中。通常為障礙幼兒
(或高危險群幼兒)所提供的保育、教育性課程,都有一定的
作息順序安排(如,團體活動、自由活動、美勞活動、戶外遊
戲、點心時間、故事時間、結束活動)。團體活動的作息安排
可清楚地呈現,有什麼活動可將幼兒的目標融入其中。圖 6-3
即是說明如何將五位幼兒的個別化目標與學前班作息結合的例
子。例子中的作息平衡地安排了例行性和計畫性活動,以使幼
兒的個別化長期目標與短期目標,有更多的機會融入於活動中。
作息表的左邊填寫幼兒的姓名;幼兒的重要目標敘寫在名字旁
邊的欄位裡;每日活動則列述在作息表的上端欄位。而關於教
學方面的計畫,如前提事件、行為後果或課程的調整,則敘寫
在幼兒的目標與活動之交叉欄位。

　　然而,團體活動的作息安排不應排除所發生的偶發事件和

團體活動時間表

每日課程活動

幼兒	長、短期目標	到校	角落活動	早餐	故事／書籍	唱遊
凱	拿畫簡單的圖形（狀）		• 在書寫角使用鉛筆寫或原子筆 • 美勞活動時會使用彩色筆、粉筆或蠟筆 • 在扮演角遊戲時，會列出出購物單 • 在紙上描繪形狀		拿畫書中的圖形	
	流鼻涕時主動取得衛生紙	當需要時	當需要時	當需要時	當需要時	當需要時
	能聽從包含兩個個步驟的指令	• 下校車並和同儕牽手走到教室		• 將手洗乾淨並擦乾 • 玩「老師說」		• 去拿小方墊並把它放在地板上

（承下圖）

（續上圖）

未來				
		將書包放進置物櫃並脫下外套；將外套掛好並自己選一個角落去玩	把自己的早餐準備好並把食物傳給下一位小朋友；把剩下的食物倒進垃圾桶並把餐盤沖乾淨	在歌曲中加入一些簡單的動作指令
未來	騎腳踏類玩具車	下校車後騎三輪車回教室		
	用刀叉進食	在扮演角假裝到餐廳用餐	用叉子／湯匙吃煎餅、法國土司、蘋果泥、乳果及穀類的早餐食品	
	會用短句溝通	回答：「你昨晚做了些什麼事呢？」；在扮演角選擇一個角色並告訴同儕	從兩本書中選擇一本；從書裡的圖片中看圖說故事	選要唱的歌並敘述歌裡的故事

（承下圖）

（續上圖）

姓名						
凱佛	同時操作兩件小的物品	解開外套上的鈕子	蓋好彩色筆的蓋子	將塑膠容器的蓋子打開及蓋上		
	上、下樓梯	• 走下校車 • 走上教室的階梯	上、下室內攀爬架	洗手時，上、下洗手台前的墊腳凳（台階）		• 參與踏腳拍手的遊戲（Snicker & Hoots game） • 玩「搶椅子」遊戲
	會使用各種問題解決技巧		指出同儕所遇到之問題的解決方法		回應大人所提出的故事中所發生之問題	
	沒有支撐時保持平衡的坐姿	在校車上時，坐在椅子上		在餐桌前時，坐在椅子上	在圖書角時，坐在懶人椅上	在圓圈團體中坐在固定的小方墊上
凱莉	會使用馬桶	和大人一起去上廁所		和大人一起去上廁所		

（承下圖）

（續上圖）

	在校車上和同儕一起坐	和同儕一起選擇學習角	坐在同儕附近的餐桌旁		在園團體中坐在同儕附近；參與音樂遊戲（如：倫敦鐵橋）
會在同儕附近玩					
寫自己的名字	在點名表上寫自己的名字	在完成作品上寫下自己的名字；在書寫角時，運用描寫板（或描寫簿）			
康鄉　會說出自己或別人的情緒	回答：「你今天早上心情怎麼樣呢？」			說出書中角色的情緒／感受	和大家一起唱「如果你很快樂」
能回想並說出剛發生的事件	回想並說出校車上的東西／事件	回想並說出在學習角所做的事		回想並說出此故事中的某些事件	

圖6-3　為五位幼兒安排的團體活動作息表範例

註：長期目標和短期目標取材AEPS測驗；Snickers & Hoots的遊戲取材自Krull & Don, 1986

改變。舉例來說，如果幼兒引發了不在計畫之內的事件或改變了活動的進行方向，而如此的突發事件或改變也可以增強幼兒的目標學習，那麼專業團隊人員就不須堅持幼兒按原計畫的活動來進行學習。專業團隊人員須具備相當的專業知識，才能在計畫性活動中，跟隨幼兒的引導和興趣來增加更多樣化的學習機會。事實上，當專業人員實施活動本位介入法時，可以隨時彈性地調整活動作息的安排，本章提供的範例和做法並非唯一的策略。

圖 6-4 是以啓蒙方案班級的幼兒爲例，來說明當有多數幼兒共同需要類似的目標時，如何來安排目標與活動。如前例所示，幼兒的姓名和重要目標分敘在作息表的左邊，每日活動列述在表格的上方；而各發展領域的名稱則寫在橫向欄位的第三欄。不同的活動提供幼兒們充足的時間來練習各樣的技能，而不同發展功能水準的幼兒，也有機會在多樣的活動中練習他們個別需求的技能。

完成後的團體活動作息表，張貼在易見之處，可提醒專業團隊人員在活動中幼兒們必須增強的目標，同時幫助專業團隊人員隨時留意是否有機會，讓幼兒可以在原先計畫的活動之外，有更多其他的事件與活動來增加幼兒的學習和練習。團體活動的作息安排應在一年的開始時，即發展計畫就緒；並且依照幼兒達成目標的狀況，或是某些情況（如，情境的改變、人員的變動）的改變，而做機動性的調整。專業團隊人員可直接利用本章中的空白表格（圖 6-2 和 6-5）來計畫活動。

團體活動時間表

每日課程活動

幼兒	長、短期目標	到校	午餐	戶外活動	團體活動	探索活動
精細動作						
傑摩 金卓拉 亞倫 布理安 米凱	描寫自己的名字	寫自己的名字在名字卡上，然後把卡片貼在出席板上	把自己的名字描寫在名字卡上，並把卡片放在座位上	• 用粉筆在走道上寫名字 • 用枝棍在沙上寫名字 • 用畫的方式寫名字		• 在自己的作品上寫名字 • 在美勞角或書寫角用描寫板寫名字 • 用手指畫的方式寫名字
泰莎 喬治士 亞歷士 布理安 妲莉亞 寇蒂 山姆	用剪刀剪直線及曲線					• 用剪刀剪長條形的紙黏土 • 在美勞區剪紙 • 在玩具郵局以剪刀剪下玩具郵票

（承下圖）

（續上圖）

領域／幼兒					
莎莉 詹姆 妲琳 瑪麗莎 關特	拉開／拉上拉鍊	拉下拉鍊並脫下外套	拉開／拉上球袋的拉鍊，將球取出	拉開／拉上有袋書的口袋	拉開／拉上扮演用的衣服，旅行箱或洋娃娃的衣服
粗大動作 蔻蒂 妲莉亞	騎乘並駕駛腳踏類玩具		• 在障礙物周圍騎三輪車 • 在收拾時間把三輪車騎回置物間		
適應能力 瑪麗莎 關特 妲莉亞 亞倫	在用餐時用餐巾紙把臉和手擦乾淨	在午餐前、後及用餐時，用餐巾紙或毛巾把臉和手擦乾淨			在扮演角用餐後使用餐巾

（承下圖）

（續上圖）

				在扮演角色所假裝表達食各種不同的食物
莎莉 傑歷士 亞歷山 泰莎	吃各種不同的食物	將外套或帽子的繫繩綁上或鬆開	在每一種所提供的食物種類中選擇一項進食		
關特 金卓拉	用繩束西或將之解開			• 將裝沙泥玩具的袋子之繫繩綁上或鬆開 • 將鬆開的鞋帶綁好	• 在「請你跟我這樣做」一類的活動中，鬆開或綁好自己及扮演用的鞋子

認知

| 詹姆 | 根據指示做出正確的回應 | • 下校車後和同儕牽手夫回教室
• 將書包放置物櫃並自己選一個角落去玩 | • 和同儕一起在餐桌上進餐
• 進餐後將餐盤和餐具清洗乾淨 | 參加有遊戲規則之小組活動，如「牆壁鬼」、「降落傘」、「警察抓小偷」 | 從頭到尾參與大人所設計的學習活動 |

（承下圖）

（續上圖）

姓名	目標					在探索活動時
金卓拉布理安米凱	表現出對於六種主要顏色的認識	回答問題:「你今天穿什麼顏色的鞋子、褲子、襯衫、洋裝?」	回答餐盤中食物顏色	・在戶外玩「紅綠燈」 ・在沙坑裡玩的時候,按要求傳遞不同顏色的玩具	對於「找一個身上有黑色的小朋友去」的指示,做出回應	在探索活動時,說出使用物品的名稱(如:顏料、扮演用衣物、積木)
喬治莎莉妲珠	表現出對時間概念的了解	回答問題:「你昨晚和爸爸、媽媽做了些什麼事?」	回答問題:「你上次吃某種食物是什麼時候?」			
傑摩	說出某事件發生的原因	說出同儕或大人缺席的原因	對某樣食物沒有包括在午餐中的原因提出可能的解釋		回應大人所提出之故事中的問題	
泰莎詹姆	數物品的數量(1～10)	・數衣服上口袋/鈕扣的數量 ・數桌上杯子、	・數餐盤中食物的樣數 ・數桌上杯子	・玩「捉迷藏」時從一數到十、數沙坑中玩具	在唱歌或玩手指遊戲時數數字	數在某角落玩之小朋友的人數

（承下圖）

（續上圖）

社交溝通 亞歷士	問「什麼」及 「何地」類型 的問題	開一間廚房中正 在準備的午餐並 問:「我們午餐 要吃什麼?」	盤子、餐具的 數量		
		注意到同儕或大 人的缺席,並問 某人在哪裡	玩「捉 迷 藏」 時,問某人在哪 裡	的數量、花／ 菜園中花／菜 的數量、數所 找到的小石頭 或樹枝之數量	・對於在「分 享日」所帶 來的物品提 出「什麼」 及「何地」 之問題 ・在玩「動物 猜一猜」時 ,問:「你 住在哪裡啊 ?」及「你 吃什麼啊?	・當某角落的物品 數量很少時,問 這些東西在什麼 地方

（承下圖）

（續上圖）

	用形容詞來做比較	描述自己和別人衣服的觸感及顏色	描述食物的觸感及顏色	描述神秘袋裡的物品	描述及比較自己和同儕所完成的作品
喬治 坦莉亞 蔻帝					
坦琳 山姆 凱西 亞倫	分享或交換物品	從校車回教室時，和同儕共用一把雨傘	和同儕交換食物	當所需要的物品不夠時，和同儕分享或交換使用	• 和同儕共用水彩盤 • 在指定的角落和同儕分享 • 和同儕共用一張大紙畫圖或寫字 • 和同儕分享大積木 • 交換布偶
山姆	知道自己和別人的性別	• 和男生一起從校車回教室 • 在公布欄上將自己的點名卡		回應歌曲中針對男生的指令	在扮演角玩「看醫生」並向醫生練習詢問姓名、地址、性別

（承下圖）

（續上圖）

	正確地說出自己的感受與情緒	放在一位男生（或女生）的點名卡旁邊	回答問題：「你今天心情怎麼樣呢？」「你覺得今天感覺怎麼樣呢？」	指出喜歡或不喜歡	當同儕正在衝突中或受傷時，指出他們的感受與情緒	說出書中人物的感受和情緒	等基本資料
傑摩 瑪麗莎 蔻蒂							

圖 6-4　在啟蒙方案中的團體活動作息之範例

團體活動時間表

每日課程活動

幼兒	長、短期目標	每日課程活動			

圖 6-5　團體活動作息之空白表格

第三部分：團體活動計畫

　　將焦點從個別幼兒轉移至團體幼兒時，計畫性活動成為增強幼兒達成目標的重要方法。計畫性活動的完備有賴於成人的計畫、準備和引導。準備點心、戶外教學、科學活動、藝術活動，或是準備團體時間的前提事件，都可謂是計畫性活動的實例。規畫計畫性團體活動的過程，與實際和幼兒一起參與活動，其重要性是相等的。經由計畫的團體活動，對專業團隊人員而言，至少具有二方面的優勢：第一，從設計團體活動的過程中，專業團隊人員很可能會發現之前未被注意或不明顯的機會，這些機會反而成為與幼兒的長期、短期目標結合的練習機會。第二，專業團隊人員在計畫團體活動的討論過程中，無形地增加了彼此的合作，並且互相諮詢和善用有限的資源。下列項目是團體活動計畫中的九項要素：

(1)活動名稱。

(2)材料——說明進行活動的必要材料。

(3)環境的安排——說明進行活動時，物理性環境和（或）社會情境的改變建議。

(4)活動的描述：

　①開始——描述如何吸引幼兒的注意力，並為正式進行的活動鋪路。

　②過程——描述活動的進行順序、步驟。

③結束——描述如何結束活動，以及摘要回顧進行過的
　活動。

(5)融入幼兒長期、短期目標的機會——描述經由計畫，而
　使幼兒可以練習其長期和短期目標之機會。

(6)計畫性的變化活動——說明在活動中可能有的變化性活
　動。

(7)語彙——列出在活動中可能用到，或是需要特別練習的
　語詞字彙或手勢、符號。

(8)同儕互動策略——描述鼓勵同儕互動的方法。

(9)父母親或照顧者的參與——列敘父母親的建議或關心的
　議題。

以下就分段地詳細介紹要素中的第二項到第九項。

材料與環境的安排

在正式開始進行活動之前，必須先考慮材料和環境安排是
否必要調整。材料與環境安排之重要性有四：(1)有些活動所需
的材料，必須事先蒐集和購買（如，感官知覺活動中須用到多
量的刮鬍膏）。(2)有些活動必須調整原有空間才能進行（如，
穿越障礙物遊戲需要較大的空間來擺設障礙物）。(3)活動前須
考慮材料數量是否足夠讓參與活動的幼兒使用（如，玩裝扮遊
戲時，最好有足夠的衣物給每一位幼兒來裝扮）。(4)有些幼兒
可能需要特別的器材，才能順利地參與活動（如，溝通板、輔
助椅）。充分地準備材料和環境不僅使專業團隊人員能夠更成

功地引導活動，其實也同時考慮了幼兒的個別需要，並且減少幼兒在活動中過多的等待和銜接時間。

活動的描述──開始、過程與結束

　　活動的開始、過程與結束是實施活動的必要順序。當早期療育工作者能將幼兒的興趣、動機和發展能力融入在開始的活動中（暖身活動）時，方可促使開始的活動有效、順利地進行。在盡可能的情況下，提供幼兒參與準備活動進行中各種事務的機會。譬如，正式進行計畫性野餐活動之前，早期療育工作者可在一開始的活動中問幼兒：「誰想和我在外面的樹下一起野餐呀？」一旦幼兒的興趣被激發，早期療育工作者即請幼兒按著物品單上所列的東西，一起幫忙蒐集，或是幼兒也可以共同想想野餐需要什麼東西，列成單子後再動手蒐集。單子中可列出如盤子、杯子、叉子、牛奶、餅乾、蘋果等野餐用品和食物。在各項名稱的旁邊，可貼上該物的圖片，以幫助還不認識字的幼兒來辨認。早期療育工作者可事先準備一個大籃子，讓大家把蒐集到的東西放進籃中。一切就緒後，野餐就可開始了。

　　開始的活動中就可包括讓幼兒練習精細動作、粗大動作、社交溝通以及認知領域的各種目標。回到以上的例子，野餐所需用品和食物的單子，即提供了至少三次機會讓幼兒練習說或仿說字詞（語言的目標）：(1)介紹野餐活動時；(2)所蒐集的東西放進籃內時；(3)早期療育工作者為幼兒複習籃子裡有什麼東西時。另外，籃子放在教室中不同的地方，則可成為幼兒練習粗大動作的機會，例如：(1)放東西於籃內的往返過程，可讓幼

兒練習走路。(2)由坐或蹲而站，將東西放進桌邊的籃子裡。(3)能不須支持或協助地坐在地毯上，和早期療育工作者一起看看籃子裡放了些什麼野餐用品和食物。關於認知領域的技能，在開始的活動中也有練習的機會，例如：(1)指出熟悉的東西（水果、蔬菜、麵包、乳酪、飲料等）之放置地點；(2)野餐單子上所列物品的圖卡配對；(3)模仿有關野餐的語詞和動作（進食、把毯子鋪在地上、玩遊戲）等。早期療育工作者也可以做其他的變化，以使野餐的開始活動中，有更多幼兒練習目標的機會。

團體活動計畫中必須包含一些主要的發生事件，而這些事件的形成仍是以幼兒的興趣爲主，但也有可能在進行中隨情況而改變。事實上，專業團隊人員可藉由幼兒的引導，以及不在計畫之內的機會來介入幼兒的學習。活動計畫中的計畫性事件（活動）之主要目的，在於專業團隊人員能根據參與活動幼兒的發展能力範圍，來設計活動過程中的主要事件（活動）。以下的問題或可幫助專業團隊人員，檢核所設計的主要事件，是否能讓所有的幼兒參與，並且感到有興趣參與。

(1)計畫性事件是否含括全部幼兒的興趣、能力、需求？

(2)活動中的事件是否可被修改或調整，以適應某一幼兒或全體幼兒？

(3)主要事件中是否具有足夠的變化，以使幼兒從活動中得到回饋，並且維持他們的參與？

(4)主要事件中是否提供多樣化的機會，使幼兒的個別化教育計畫或個別化家庭服務計畫有融入活動中的機會？

　　我們回到圖 6-1 的表格內容，即可看出團體幼兒中幼兒發展能力的差異，以及每一個幼兒須介入的重要目標。譬如在表格中，某些幼兒的遊戲技能發展之差異範圍，包括從平行遊戲到合作遊戲的階段；而他們精細動作發展之差異範圍，包括從抓握物品到用書寫工具描寫字母的階段。了解幼兒發展目標的差異範圍，可幫助專業團隊人員設計活動中事件發生的順序，以使幼兒所參與的活動具有發展合宜與個別化的特質和功能。以種植活動中的事件順序安排爲例，可包括：挖土或耙土；用鏟子舀土裝進容器；打開裝種子的袋子；把種子分別埋入土中；拍拍種子周圍的土壤；用噴水壺或水罐澆水在種子上；在種子上覆蓋泥土促進種子發芽。無論幼兒的目標是傾倒或澆灌動作的練習，或是能按照步驟從頭到尾地參與活動，他們都可選擇參與活動的程度和時間，因此早期療育工作者須視情況而做某些環境安排的調整。假如其中一位幼兒只想挖土和舀土，而其他的幼兒都想參與整個種植的活動，那麼早期療育工作者就必須安排一塊區域讓那一位幼兒挖土和舀土，而安排另一塊區域給參與整個種植活動的幼兒使用。

　　正如同開始的活動，經由計畫的結束活動也是提供幼兒練習不同發展領域目標的機會。譬如以下的各樣技能在收拾活動時，即是幼兒練習的時機：(1)認知技能──如解決問題、分類、數算、比較物品。(2)社會能力──如與同儕合作、輪流、遵守常規、解決衝突。(3)社交溝通──如命名以及指明熟悉的物品、認字和名字。(4)粗大動作與精細動作──如爬、站、走、蹲、繞行障礙物、用雙手和手指抓握物品。

　　結束活動應包括收拾、回顧或概述整個活動。我們再以用餐後的收拾活動爲例，來說明如何有計畫地利用收拾活動，使幼兒練習各種的學習目標。通常在用餐後，幼兒只須將使用過的碗盤和餐巾紙放進洗碗槽和垃圾筒，而專業團隊人員爲了更有效地利用餐後收拾活動，所以安排了一塊清潔區域。這塊區域在清潔區的桌面上，並在桌子旁邊放一個垃圾筒。幼兒按下列四項步驟完成餐後的收拾工作：(1)刮下盤中的剩餘食物，倒進垃圾筒。(2)在洗滌盆中洗盤子。(3)在沖洗盆中把盤子清洗乾淨。(4)將盤子排在碗盤架上晾乾。另外也可爲幼兒準備適合他們使用的拖把、畚箕、掃把、海綿等清掃工具，使膳後收拾的工作更完善。像這樣計畫性的收拾活動，必能增進幼兒學習目標中的各種重要技能。

　　回顧或概述在結束活動中，和收拾活動一樣的重要。回顧或概述活動主要是和幼兒一起討論整個活動所發生的事，或是在活動中學到了什麼。譬如說，早期療育工作者可以問問幼兒，種植種子的步驟；或是拿出一張花園的照片，問問幼兒照片中的花園和學校的花園，有什麼不一樣的地方。類似這樣的回顧活動，是幼兒練習社交溝通和認知技能的佳機。

長期目標與短期目標之融入時機

　　在活動計畫中還須針對個別幼兒的重要目標，計畫可能融入目標的各種機會。圖 6-6 即示範了如何將圖 6-1 中所列的目標，融入在「加油站」的活動中。對障礙幼兒而言，在多樣化情境中練習技能是非常重要的，因此專業團隊人員必須盡量在

有意義的例行性活動、計畫性活動以及以幼兒為引導的活動情境中，提供充足的練習機會與時間。

計畫性的變化活動

　　如果幼兒對原先計畫的活動不是很有興趣，或是從原先計畫的活動中做了有意義的延伸，那麼相關的變化活動，即可適時地加入運用。一天當中，總有一些因素可能影響幼兒的興趣，以至於原來計畫周詳或幼兒喜歡的活動，成為不能吸引幼兒參與的活動。舉例來說，如果在「加油站」的活動過程中，突然有二位幼兒發現了一堆石頭，於是他們決定用拖車來載運石頭，其他幼兒也群起效之，玩起搬運石頭的遊戲。類似這樣的活動變化，提供了額外的機會融入幼兒的長期和短期目標。

字彙語詞

　　與幼兒互動時，大多數的專業團隊人員都會特別注意，使用符合幼兒發展年齡的語言，來和幼兒交談溝通。然而，專業人員可能會忽略某些字彙、語詞可融入在活動中，讓幼兒練習和使用。另一方面，專業人員也可能忽略了在活動中常用的語詞和字彙，其實亦是幼兒學習的內容。語詞字彙的選擇必須考慮包含下列範圍的字詞或符號：思考性、需求性、要求性、描述性。同時，專業人員必須以幼兒的評量結果為依據，來為幼兒選擇已知和新的字詞或符號，成為活動中的學習語彙。溝通

團體活動計畫
加油站

教學資源

玩具汽油抽油機、各種雙人座的乘騎玩具、三輪車、手推車、有拉鍊的
工作服、打氣筒、裝工作服的拉鍊袋子、空的噴水瓶、抹布、乾淨的空
油瓶、幾個塑膠置物箱、草稿紙（便條紙）、鉛筆、笑臉貼紙、子母氈
（魔鬼氈）

環境安排

在靠近玩乘騎類玩具的走道旁，安排加油站的情境。利用塑膠置物箱和
汽油抽油機來布置場地。一位成人在此遊戲區引導和監督幼兒的遊戲活
動。

活動內容

活動介紹

• 大人和幼兒一起布置加油站。
• 幼兒把乘騎玩具騎出置物間。
• 大人和幼兒把加油站的布置材料（塑膠置物箱、抹布、空的油瓶、噴
  水瓶等）準備好，大家一起動手布置安排加油站。

活動過程

• 幼兒選擇乘騎玩具，繞著加油站騎車。
• 安排確定角色（如，顧客、加油站工作人員）。
• 幼兒騎車到加油站加油、打氣、清洗車子玻璃。

- 扮演加油站員工的幼兒問：「請問是要加油嗎？輪胎需要打氣嗎？需要洗車窗嗎？檢查機油嗎？」等問題。
- 扮演顧客的幼兒提出需要的服務。
- 幼兒用拍手幾下來表示付出的價錢。
- 向顧客道別，並為下一位顧客服務。

結束活動
- 活動結束的鈴聲響前五分鐘，提醒幼兒準備收拾。
- 老師提醒幼兒做最後一次的加油。
- 幼兒將玩具車騎回置物間，並一起收拾其他玩具和器材。
- 集合幼兒回教室。

融入長期目標之機會*
- 選擇三輪車類的玩具（米凱）。
- 鼓勵騎三輪車到加油站（泰莎）。
- 建議選擇雙人座的乘騎玩具，或和同伴一起乘騎（金卓拉）。
- 提問：「你騎的是什麼車？」（米凱）。
- 提問：「你在加油站做些什麼事？」（金卓拉）。
- 傳遞拉鍊袋中的工作服（泰莎）。
- 鼓勵布理安幫其他幼兒拉工作服的拉鍊（布理安）。
- 表達到加油站時的感受（如，快樂的、興奮的、疲倦的）（蔻蒂）。
- 付錢後，米凱給顧客笑臉貼紙（米凱）。
- 聽從指示——加滿油、洗車窗、打招呼（說「嗨」）、詢問「請問要加多少油？」、檢查是否要加油到油箱、騎回三輪車、脫工作服（金卓拉）。
- 把三輪車騎回置物間（米凱）。
- 提示蔻蒂去幫忙需要協助搬東西或三輪車的同伴（蔻蒂）。

・問米凱在等待回教室時,他在三輪車上做什麼(米凱)。

* 此部分由專業團隊人員根據幼兒的個別化長期和短期目標而填寫。

活動變化

1. 加入紙錢、皮包、皮夾、收銀機等材料和玩具。
2. 道路旁可擺設路標和號誌。

字彙語詞

- 嗨、再見
- 請、謝謝
- 一至二十(數字、數量)
- 窗子
- 汽油、油
- 洗
- 同伴的名字
- 輪胎
- 元

同儕互動策略

1. 二位以上的幼兒一起經營加油站。
2. 幼兒共乘雙人座的乘騎玩具,或是一起拉或乘手推車。
3. 幼兒合力把沒有油的車子推去加油站。
4. 在加油站時,向同伴要求所需的服務。

父母親或照顧者的參與

1. 幼兒參觀父母工作的加油站。
2. 父母提供舊布、噴水瓶、乾淨的空油瓶。
3. 幼兒帶自己家的車子照片來介紹。

圖 6-6　團體活動計畫「加油站」之範例

訓練專家可協助為幼兒選擇某些需要練習發音的語彙，專業團隊人員可將所選擇的語彙與活動的材料互相結合考慮，並增加幼兒在活動中學習語彙與活動的材料，以增進幼兒在活動中學習語彙的機會。譬如幼兒喜歡玩積木的話，早期療育工作者則在積木角放置各式不同大小、顏色和材料的積木，讓幼兒從玩積木中來練習相關的字詞和聲音。

同儕互動策略

隨著特殊教育領域中社區本位課程的發展趨勢，許多專業人員需要面對融合教育中的挑戰之一，即是設計與維持一個能夠鼓勵和建立不同能力幼兒彼此互動的環境。而唯有透過仔細的計畫和成人的引導，方有可能創造、保持一個不同發展程度、技能與興趣的幼兒，在一起彼此正向互動的環境。

為了建立正向又具建設性的幼兒互動，專業團隊人員必須具備以下的知識和資料：一、有關幼兒認知、語言和社會能力發展的知識。二、幼兒在個別化教育計畫或個別化家庭服務計畫中，有關社會能力之長期、短期目標的內容。專業人員透過評量和測驗，了解幼兒的發展程度，並為幼兒選擇訂定合適的社會能力目標。獲得有關幼兒發展狀況和社會能力目標的資料後，才能進一步設計增進幼兒互動的活動。本章附錄的團體活動設計中，提供了同儕互動的策略範例。

父母親或照顧者的參與

當需要利用家庭的優勢和資源時，來自於父母親（或照顧

者）的意見和建議，可幫助專業團隊人員將家庭的優先順序和關心層面，一併納入活動計畫中。尋求父母親的意見不僅使計畫性活動對幼兒產生意義，也同時提供家庭與專業人員合作共事的機會。

那麼如何蒐集來自家庭的意見呢？方法一，利用家庭聯絡簿和家庭做書面溝通。方法二，利用家庭訪問或會議時，和家庭正式溝通。方法三，利用上學、放學的接送時間，和家庭做些非正式的溝通。另外一種方法就是利用開家長會時，蒐集幼兒家庭所提的意見。家長會中可針對下一個月份的計畫性活動加以討論。專業團隊人員可利用圖6-7的範例（Perrone, 1994），和家庭一起討論、計畫有關「恐龍」這個主題的活動。

利用如圖 6-7 的圖示方法，專業人員和家庭一起分享幼兒在家中或社區中感興趣的材料和活動，因此專業人員將這些幼兒有興趣的材料和活動應用在課室活動中時，可確知活動是以幼兒目前的興趣和長處為基礎，再加上學習新技能的各種活動。結合家庭和專業人員的意見資料，使幼兒在家裡和課室裡的學習，都可獲得專業團隊的支持。

選擇活動與材料之指引

以下的內容是為協助專業團隊人員選擇合適的活動和材料，以使活動本位介入法能成功地實施。

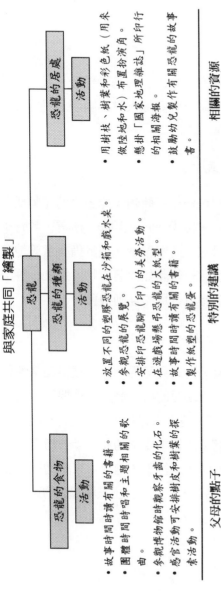

恐龍的食物 活動
- 故事時間時讀有關的書籍。
- 團體時間時唱和主題相關的歌曲。
- 參觀博物館時親察牙齒的化石。
- 感官活動可安排樹皮和樹葉的探索活動。

恐龍的種類 活動
- 放置不同的塑膠恐龍在沙箱和戲水桌。
- 參觀恐龍的展覽。
- 安排印恐龍腳（印）的美勞活動。
- 在逆戲場懸掛恐龍的大紙型。
- 故事時間時讀有關的書籍。
- 製作紙塑的恐龍蛋。

恐龍的居處 活動
- 用樹枝、樹葉和彩色紙（用來做陸地和水）布置扮演角。
- 懸掛「國家地理雜誌」所印行的相關海報。
- 鼓勵幼兒製作有關恐龍的故事書。

父母的點子
- 參觀有化石展覽的博物館。
- 讀有關恐龍的書籍。
- 製作紙塑的恐龍蛋。
- 布置扮演角成為恐龍居所的景致。
- 分享恐龍的蒐集。

特別的建議
- 確定有足夠的家長人數能參加博物館的戶外教學活動。

相關的資源
- 傑克的父親在博物館工作，可做導覽。
- 父母可提供報紙做恐龍蛋。
- 蘇的母親是雕塑家，請她分享她的作品。
- 幾個家庭一起去送恐龍卡片的速食餐廳用餐。
- 凱有恐龍歌曲的錄音帶。

圖6-7　與家庭共同計畫書團體活動時之「繪製」程序範例（資料來源：Perrone, 1994）

選擇活動之指引

因為計畫性活動是活動本位介入法的基礎部分，我們認為有必要提供一些指引，來幫助專業團隊人員為團體幼兒選擇合適的活動。

一、活動應對幼兒有意義

對幼兒有意義的活動即是幼兒感興趣，能激發幼兒動機，並且和他們有關係的活動。誠如 Dewey（1959）所言，教育應該是不斷重建兒童經驗的過程。而學習者必須具備有意義地參與活動的行為能力。日常生活經驗諸如穿著衣物、進食、解決問題等，提供了幼兒運用功能性行為的互動機會。

二、活動應具有行動的要素

當活動中有了行動要素，則幼兒可從活動中獲得經常性和有用的練習機會。動作發展對幼兒的整體發展是重要的，它與其他技能的學習有著密切關係；專業人員利用幼兒的行動能力，可幫助幼兒學習其他的技能，例如，要求幼兒跑步去指定的地點，找出被藏起來的東西。即是以行動（跑步）來讓幼兒練習有關溝通（聽清楚指定的地點）、認知（找出被藏起來的東西）的技能。

三、活動應增強幼兒的獨立性

　　幼兒需要愈多幫助才能完成的活動，愈不能培養幼兒的獨立性。活動進行時，專業團隊人員必須常常鼓勵幼兒自己完成活動，而不是爲了完成活動，替幼兒做了大部分的工作。假如幼兒在做事或參與活動中產生挫折感，成人最好和幼兒一起想辦法解決問題，而非幫幼兒完成所該做的事。

四、活動應具平衡性

　　爲幼兒選擇活動時，應注意是否平衡地包括以幼兒爲引導的活動、例行性活動和計畫性活動。幼兒的作息並非完全由計畫性活動串連而成，因此必須考慮爲幼兒均衡地安排不同類型的活動。

五、活動應與例行性活動結合

　　幼兒的例行性活動提供許多讓幼兒練習重要技能的機會，因此爲幼兒所選擇的介入活動，最好與例行性活動結合，才不至於讓介入活動成爲幼兒生活的「干擾」。舉例而言，點心時間是幼兒練習溝通、社會能力和動作技能的好時機，諸如這般在例行性活動中進行的訓練，並不會影響幼兒食用點心而獲取營養的活動目的。

六、活動應視幼兒的學習結果而調整

　　當幼兒已學會某項技能時，則專業團隊人員須隨時注意將

新的目標加入活動中。經由在活動中隨時的監督和評量，專業人員可掌握幼兒的學習狀況，一旦發現幼兒已達成某項目標時，下一階段的目標才繼而融入活動中，成為幼兒新的學習目標。譬如說，幼兒已會用單字表達要求，那麼在點心時間時，讓幼兒學習「用詞來表達要求」即成為幼兒新的學習目標。如果幼兒洗澡時，已表現出知道身體各部分的名稱，那麼在這個例行性活動中，幼兒新的學習目標可能是「能聽簡單的指令做事（如：洗洗你的臉）」。

七、活動應具重複性

不論是計畫性或自發性地重複進行活動，以及（或）在活動中幼兒的回應，都是幫助幼兒練習長期和短期目標的機會。通常幼兒會喜歡不同形式的重複性活動，下面三種方法可用於創造活動中的重複性：(1)重複進行同樣的活動（如，在連續幾天中進行諸如餐廳、郵局或馬戲團的活動）。(2)在不同活動中重複相同的行為（如，在團體活動、郵局的扮演活動或參觀博物館的活動中，讓幼兒練習指認物品）。(3)在一項活動中重複不同的學習要項（如，讓幼兒重複地玩釣紙魚的遊戲，可提供幼兒練習手眼協調、輪流和數數的技能）。

八、活動應包括模仿和角色扮演

模仿是幼兒角色扮演的先前技能；當幼兒會模仿一個人的行為後，才會進一步扮演其他的角色。角色扮演的活動中，幼兒有機會同時練習不同的發展領域的技能——和同儕輪流、開

始和維持互動的遊戲、和同儕溝通、解決問題，按順序進行活動。此外，許多解決問題的技能可在角色扮演中學習和練習，如：和同儕協商角色的分配、使用象徵性的行動和物品來扮演，在複雜事件時增加情節和行動來完成扮演。幼兒的生活經驗是幼兒模仿和角色扮演的合適題材。在計畫性活動中安排簡單劇情的角色扮演活動，可幫助尚未能參與扮演活動的幼兒加入活動。幼兒在活動中通常會自發性地發展出一些情節；此時，早期療育工作者須留心聆聽和觀察，一旦覺察可加入幼兒扮演活動的恰當時機時，則利用在遊戲中，讓幼兒的點子和想像力來幫助他們練習長期和短期的目標。

選擇材料之指引

選用活動本位介入法時還必須考慮另一項重要的因素——即是如何選擇合適的介入材料。活動中所使用的材料，最重要的是為幫助幼兒達到學習的目標。換言之，即使對成人或幼兒本身來說，某些玩具和材料非常具有吸引力，但不見得具有提升幼兒成長和發展的真正價值。此外，經過慎重選擇的玩具和材料，可能更容易激發幼兒的主動性和行動力，相對地減少照顧者和專業人員的直接介入，也因而製造更多回應幼兒主動性的機會。以下的內容即介紹選擇介入材料的原則。

一、材料應與日常活動有關

選擇材料時不能只是簡單地考慮包裝是否精美，或是單純

地選擇市售玩具。花了大筆金錢所購買的商業產品,對幼兒學
習效果的增進,很可能反不及使用幼兒日常生活環境中的材料
來得好。譬如利用裝蛋的盒子、瓶蓋或豆子,讓幼兒練習數數,
比買來的塑膠蛋和裝蛋盒,更切合真實生活中的經驗。而在玩
下午茶的扮演活動時,以餅乾和水果代替塑膠製的水果和蔬菜,
是更合適的選擇。從幼兒的生活環境中所選出的材料,當然必
須是有趣的,但是卻不須是昂貴與精美的;而使用與幼兒生活
經驗相關的材料之另一個好處,是可在活動中結合幼兒的不同
家庭背景和文化價值觀的生活經驗。

二、材料應具多重性質

只有單一性質的材料較不能引發幼兒主動地產生新活動;
反之,具有多重性質的材料,較可能促使以幼兒為引導的活動
發生。譬如嬰幼兒的玩具中有一種打開盒蓋就跳出一個小丑的
玩具,它只是具有跳起來和讓幼兒驚喜(或驚嚇)的功能,如
果和球類與積木比較起來,後二者就具備了多重性質的功能,
使幼兒在活動中有較多主動性的參與。多重性質的材料(如積
木)提供幼兒自己去發現探索材料性質的機會,同時建立了實
際物品和發生事件之間的關係。

三、材料應具發展合宜性

幼兒的興趣和技能,隨著發展階段的不同而改變。例如,
幼兒從堆疊積木開始玩積木,然後他們會用較小的相同形狀積
木來搭建,進而發展出用各種形狀、大小的積木造成拱門和洞

穴。又如幼兒剛開始的烹飪活動，只是簡單地塗花生醬在吐司麵包或餅乾上，漸漸地幼兒學會用各種不同的材料來做披薩。幼兒都是從物品的具體性開始探索（如玩救火車滅火的遊戲時，用玩具救火車配合鈴聲來玩扮演遊戲），隨著發展年齡的進步，幼兒才會探索發現材料的潛在性質（如拖拉積木當成救火隊在滅火時用的水桶）。

四、材料應提供訓練的機會和類化的功能

為幼兒選擇在環境中常見、常用的材料，可幫助幼兒在面對不同情境、條件和人的情況下，發展功能性和類化的反應與技能。

非直接介入之策略

活動本位介入法之設計，主要是與非直接介入的策略配合運用，而不強調機械式的練習和嘗試。非直接介入的策略側重於早期療育工作者和照顧者，在盡可能的限度內去回應幼兒的主動行為，而幼兒所引導的活動與日常例行活動，有意義的計畫性活動同被視為非直接介入策略的應用範疇。

在有關語言介入的文獻中，許多非直接介入的策略被賦予不同的名稱，例如：自然取向（naturalistic approaches）（Duchan & Weitzner-Lin, 1987）；連結行動之例行活動（joint action routines）（Snyder-McLean, Solomonson, McLean, & Sack,

1984）；社會環境教學（milieu teaching）（Kaiser, Hendrickson,
& Alpert, 1991）。Fey（1986）爲這些非直接介入的策略定義爲
「自然的程序」（naturalistic procedures），其目的在增進功能
性技能的發展。這些混合策略如果與維持幼兒興趣的活動結合
的話，就可謂與活動本位取向不相違背的做法。我們在下面的
內容中介紹幾種非直接介入策略讓讀者認識。

遺忘策略

　　早期療育工作者和照顧者可運用遺忘策略，鼓勵幼兒採取
行動和解決問題。運用此策略的同時，亦可觀察發現幼兒知道
了些什麼，會做了些什麼。使用此策略時，成人可以故意忘記
提供活動中需要的器材或材料，或是忽略活動中一項熟悉或重
要的素材。實例包括在點心時間時不即時提供食物；水彩活動
中缺少了水彩筆刷；或是故事時間卻少了圖畫書。遺忘策略的
目標是希望幼兒能觀察出缺失的要素，繼而能夠提出問題，尋
索材料或採取合適的解決問題行動。

新奇策略

　　幼兒通常會被新的玩具或活動所吸引，適當的使用新奇策
略確實可以激發幼兒的反應。在例行性或熟悉的活動中加入新
奇策略，對於重度障礙的嬰幼兒和幼兒可能產生較有效的結果。
譬如，在熟悉的兒歌或童謠中，加入新的動作來配合著唸或唱。

而對年齡較大或能力較強的幼兒，新奇策略可加在較複雜的情境中使用，譬如選擇一條從遊戲場進教室的新路線，或是在水的遊戲中加入不同的玩具。此外，運用新奇策略時，必須考慮不要和（嬰）幼兒的期望差距太大，否則會造成反效果。譬如在復活節的活動中，突然出現一隻很大的白兔，不僅沒有讓幼兒有驚喜的感覺，還可能讓幼兒害怕地哭鬧或跑掉。

見而不即策略

將物品放在環境中幼兒可看見，但卻拿不到的位置，即是此策略的基本原則。見而不即策略重在增進幼兒的社會能力、溝通能力和解決問題能力。除非幼兒的學習目標是獨立地解決問題，否則運用這個策略時，除了考慮將物品放在幼兒可見而不可即的位置之外，須注意是否在幼兒的身邊有成人或同儕可以幫助幼兒拿到看見的物品，以避免幼兒因拿不到東西而挫折。幼兒喜歡的食物或物品可成為運用此策略時的材料，如此可促使幼兒學習用溝通的方式來得到想要的東西。

違反期望策略

違反期望策略的做法是，遺漏或改變一項幼兒已熟練，或例行性活動中的要素或步驟。違反期望對幼兒來說很可能是有趣的事情。舉例而言，早期療育工作者故意用鉛筆另一端的橡皮擦來畫畫或寫字；或是故意用湯匙梳頭髮；或是在幼兒的盤

子上放一塊積木當點心。違反期望策略具有雙重目的：(1)幼兒
指認出改變的內容，提供早期療育工作者有關幼兒辨認和記憶
的能力。(2)違反期望的情境可引起不同的溝通和問題解決形式
（如，幼兒用口語表達抗議；或是幼兒將早期療育工作者手中
的鉛筆反過來，所以不再是用橡皮擦寫字了）。即使是重度障
礙的幼兒也能做某些程度的辨認，例如，將手套穿在腳上的違
反期望策略，就可運用在和重度障礙幼兒的溝通練習中，又可
和功能性行爲的練習結合。

漸進策略

當活動中所用的材料是很多塊（或很多片）時，就可使用
這個策略。早期療育工作者可將材料分成幾部分，幼兒必須提
出要求才得到部分的材料。實例如：當幼兒提出要求時，才給
他一部分（或幾塊）拼圖。活動中如果有紙張、顏料、蘋果切
片等材料，也是使用此策略的好機會。

早期療育工作者須注意，漸進策略的使用不應造成太多干
擾幼兒活動的情況產生。譬如一次只給一片拼圖，反會破壞幼
兒玩拼圖的連續性。漸進策略的使用應是在提供幼兒練習技能
的機會，以及和幼兒真正地主動參與活動之間取得一個平衡。

協助策略

協助策略包括成人協助和同儕協助。幼兒進行活動時，很

可能需要某些程度的成人協助來完成活動。這個策略可運用在幼兒練習各種技能的活動中——適應行為、精細動作、粗大動作、溝通能力。實例如，把點心放在一個緊蓋蓋子的容器裡，幼兒必須尋求協助才能打開容器，拿出點心來食用。這樣的情況使幼兒有機會提出要求，練習用手指拿點心，也練習了手腕旋轉的動作，打開扭鬆了的容器蓋子。當給幼兒發條玩具的時候，協助策略也可以適時加以利用。

中斷或延宕策略

中斷策略即是打斷幼兒繼續進行一連串的行為。譬如，在刷牙的例行性活動中，照顧者不讓幼兒去拿牙膏，而問他：「你需要什麼東西呢？」幼兒必須指出他要的東西，而繼續完成後續的行為。Goetz、Gee和Sailor（1985）發現中斷策略對重度障礙幼兒也是有效策略之一。

在活動中暫停或延宕的策略，其目的在於提示幼兒應表現的回應。延宕策略被認為有助於學齡前幼兒主動提出要求的方法（Halle, Baer, & Spradlin, 1981）。

有關前述的介入策略，有二項重點須加以強調。第一，策略的使用在於幫助幼兒達到他們的長期和短期目標，因此任何策略都必須和幼兒的整體介入計畫相結合，否則策略的運用可能導致反效果。第二，運用策略時必須配合審慎的思考和敏銳的態度。過度使用其中任何一種策略，都會導致令人不滿意的

結果。譬如過多地使用中斷或延宕策略，可能讓幼兒產生挫折感，而引起情緒的反彈。活動本位介入法中運用的非直接介入策略，是在敏感和謹慎的態度條件下使用，才可能產生成功的結果。

摘要

本章的主要內容包括活動本位介入法應用於團體幼兒之三部分架構——個別化課程計畫、團體活動作息安排、團體活動計畫。此外，對於活動和材料選擇之指引，非直接介入之策略內容，也在本章中加以介紹。

如果在團體情境中，缺少了強調幼兒個別化目標的架構，很可能發生以下的不良結果：(1)早期療育工作者和照顧者可能會遺漏幼兒練習長期和短期目標的許多機會。(2)所設計的活動與幼兒的發展程度不符合，而造成幼兒學習的失敗。(3)活動和課程的計畫會因缺少組織而零散不統整。(4)專業團隊人員可能在促進幼兒的進步方面產生困難。

參考書目

Bricker, D. (Ed.). (1993). *Assessment, evaluation, and programming system for infants and children: Vol. 1. AEPS measurement for birth to three years.* Baltimore: Paul H. Brookes Publishing Co.

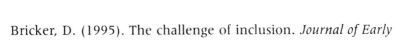

Bricker, D. (1995). The challenge of inclusion. *Journal of Early Intervention, 19*(3), 179–194.

Bricker, D., & Pretti-Frontczak, K. (Eds.). (1996). *Assessment, evaluation, and programming system for infants and children: Vol. 3. AEPS measurement for three to six years.* Baltimore: Paul H. Brookes Publishing Co.

Dewey, J. (1959). *Dewey on education.* New York: Columbia University, Teachers College, Bureau of Publications.

Duchan, J., & Weitzner-Lin, B. (1987). Nurturant-naturalistic intervention for language-impaired children. *Asha, 29*(7), 45–49.

Fey, M. (1986). *Language intervention with young children.* San Diego: College-Hill Press.

Goetz, L., Gee, K., & Sailor, W. (1985). Using a behavior chain interruption strategy to teach communication skills to students with severe disabilities. *Journal of The Association for Persons with Severe Handicaps, 10,* 21–30.

Halle, J., Baer, D., & Spradlin, J. (1981). Teachers' use of delay as a stimulus control procedure to increase language use in handicapped children. *Journal of Applied Behavior Analysis, 14,* 389–409.

Kaiser, A., Hendrickson, J., & Alpert, K. (1991). Milieu language teaching: A second look. In R. Gable (Ed.), *Advances in mental retardation and developmental disabilities* (Vol. IV, pp. 63–92). London: Jessica Kingsley Publishers.

Krull, S.W., & Don, N. (1986). *Play power games and activities for young children.* Orinda, CA: Play Power Publishing.

McLean, M., Bailey, D., & Wolery, M. (1996). *Assessing infants and preschoolers with special needs* (pp. 491–518). Columbus, OH: Charles E. Merrill.

Odom, S.L., & Brown, W.H. (1993). Social interaction skills interventions for young children with disabilities in integrated settings. In C.A. Peck, S.L Odom, & D. Bricker (Eds.), *Integrating young children with disabilities in community programs: Ecological perspectives on research and implementation* (pp. 39–64). Baltimore: Paul H. Brookes Publishing Co.

Perrone, V. (1994, February). How to engage students in learning. *Educational Leadership,* 11–13.

Snyder-McLean, L., Solomonson, B., McLean, J., & Sack, S. (1984). Structuring joint action routines. *Seminars in Speech and Language, 5,* 213–228.

Turnbull, A., & Turbiville, V. (1995). Why must inclusion be such a challenge? *Journal of Early Intervention, 19*(3), 200–202.

第六章

附錄

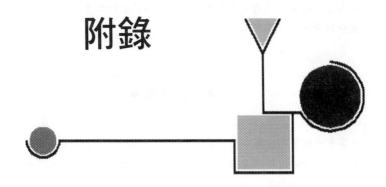

團體活動計畫
點心時間

教學資源

水果、蔬菜、飲料、穀類食品、乳酪或其他塗抹在麵包上的食品、杯子、碗、幼兒使用的有柄水壺、餐巾紙、塑膠餐桌墊、洗滌容器、滴水用的器具、毛巾、海綿、幼兒用的掃帚和拖把、畚箕、貼紙、二至三張橢圓形桌子、十五至二十張幼兒用的椅子、一張幼兒用的長方形桌子、兩個大型置物箱放置點心時間的教學資源

環境安排

當點心時間時，一位早期療育工作者協助幼兒洗手，而另一位則坐在點心區，等幼兒走到桌邊時，歡迎他們來用點心。二位早期療育工作者分別和幼兒圍坐在橢圓形桌旁。所有的食物和教學資源都準備妥善，並放在有蓋子的置物箱內。早期療育工作者擺置食物和其他用點心的用品，並和幼兒一起享用點心。

活動內容

活動介紹

- 其中一位早期療育工作者歡迎幼兒來用點心，並發給幼兒餐桌墊。
- 先就座的幼兒可以選擇不同的貼紙來裝飾他們的餐桌墊，並一面等其他還在洗手的幼兒。
- 二位被指定當小幫手的幼兒，幫忙發杯子、餐具和餐巾紙。

活動過程

- 早期療育工作者在傳送點心給幼兒之前，先讓幼兒看一看，同時告訴幼兒點心的名稱。傳送點心時最好是讓幼兒自己拿點心。
- 每位幼兒都拿了點心後，早期療育工作者將所剩的點心放在桌子中間。
- 幼兒享用點心，也可以要求多吃一些。
- 早期療育工作者和幼兒一面享用點心，一面談談點心時間之前的活動情形，或是幼兒有興趣的話題。

結束活動

- 用完點心後，幼兒將垃圾丟進垃圾筒，並且在清洗桌上洗杯子、碗和

餐具。

• 清理收拾之後，幼兒自由選擇角落活動。

融入長期目標之機會*

*此部分由專業團隊人員根據幼兒的個別化長期和短期目標而填寫。

活動變化

1. 用點心之前，幼兒幫忙準備點心。

2. 在不同的地方用點心（如，戶外、野餐）。

3. 將幼兒的點心裝在寫有他們名字的紙袋內，把紙袋藏在戶外遊戲場，幼兒找到自己的點心袋後再享用點心。

4. 幼兒的餐桌墊可用紙製品，並用蠟筆畫圖來裝飾墊子。

字彙語詞

• 同儕的名字

• 早期療育工作者的名字

• 食物的顏色（如，綠色、咖啡色、黃色、橘色）

• 食物的口感（如，軟的、QQ的、脆的、硬的、粗的、滑滑的）

• 數字一至十

• 問題（如，「今天誰沒有來？」「你吃了（　）個（　　）？」「有（　　）樣東西在碗裡？」）

• 描述的句子（如，「我要用夾子夾（　　）了」）

同儕互動策略

1. 每星期選二位幼兒當點心時間的小幫手。
2. 當幼兒拿取點心時，鼓勵他們互相幫忙。

父母親或照顧者的參與

1. 在特別的日子（如，生日、節日），參與點心時間的活動。
2. 將家裡喜歡的點心，帶到學校和全班一起分享。
3. 贈送工作場所中販售的食物給班級當點心（如，猶太麵包、乳果、比薩）。

團體活動計畫
大卡車

教學資源

裝大卡車的塑膠箱子，大小不同的卡車，裝碎石子的塑膠容器，十至二十磅碎石子，可以在上面畫道路的防水布、塑膠房子和卡車、塑膠小人娃娃、有關卡車的書或圖片、幼兒用的掃帚和畚箕

環境安排

早期療育工作者和幼兒一起坐在地毯上，閱讀有關卡車的書做為暖身活動。接下來的活動在戶外進行。鋪好防水布，擺上房子，並在防水布旁邊放置碎石子。

❀活動內容❀

活動介紹

- 早期療育工作者對幼兒說：「我們班有一位小朋友的爸爸是大卡車司機喔，我們今天一起來看一本大卡車的書」。
- 閱讀大卡車的書時，可以鼓勵幼兒發表想法。
- 早期療育工作者問：「今天誰想玩大卡車和小石子啊？」
- 早期療育工作者呈現裝大卡車的箱子給幼兒看，並讓幼兒選擇想玩的大卡車。

活動過程

- 幼兒在地板上玩卡車，也觀察所玩的卡車。
- 幼兒把卡車拿到已擺設好房子的防水布區域，在戶外玩卡車和碎石

子。
- 幼兒用卡車裝盛和傾卸碎石子。
- 幼兒在防水布上畫的路面推動卡車。
- 幼兒利用卡車、房子和小人娃娃玩想像遊戲。

結束活動

- 早期療育工作者請一位幼兒搖鈴,提醒幼兒收拾玩具。
- 幼兒把碎石子鏟進卡車裡,再倒入裝碎石子的塑膠容器內。幼兒將卡車收拾入箱,用掃帚和畚箕清理散落的碎石子,用手撿太小而不容易掃的碎石子。

融入長期目標之機會*

*此部分由專業團隊人員根據幼兒的個別化長期和短期目標而填寫。

活動變化

1. 如果不用碎石子,也可以用沙來取代。
2. 除了卡車之外,再加上拖曳車,讓幼兒可以用來拖大卡車。
3. 允許幼兒在遊戲場鋪碎石子的道路。
4. 提供中型卡車和火車,以及其他可以裝盛和傾卸的材料。
5. 加上木製的道路和橋梁玩具。

字彙語詞

• 尺寸（如，大、小）
• 容量（如，滿的、空的、半滿的）
• 方位（如，裡面、下面、後面、最前面）
• 質量（如，重的、輕的、粗的）

同儕互動策略

1. 只給幼兒很大的卡車，而且讓二、三位幼兒一起玩一輛大型卡車。
2. 鼓勵幼兒玩角色扮演遊戲（如，有些人當卡車司機、有些人裝貨、有些人用碎石子鋪路）。
3. 提示幼兒交換卡車玩。
4. 提示幼兒互相觀察和模仿。

父母親或照顧者的參與

1. 當大卡車司機的家長安排時間把大卡車開來展示給幼兒看，也讓幼兒坐進卡車、按按喇叭。
2. 提供用水果、蔬菜和牙籤創造卡車的方法。
3. 讓幼兒帶家裡的卡車照片，雜誌剪下的卡車圖片（照片），成為布置布告欄的材料。

團體活動計畫
刷牙

教學資源

牙刷架（有洞的牙刷放置杯）、寫有幼兒名字的貼紙或膠帶（貼在幼兒放置牙刷的洞前）、牙膏、貼有幼兒名字的漱口杯、刷牙步驟的海報（貼在水槽旁）、鏡子（置於水槽上方）、踩腳凳、毛巾、垃圾筒、洗手皂乳、紙巾

環境安排

所有的用品放在靠近水槽的地方。踩腳凳放在水槽前。二位幼兒一起刷牙。

✧活動內容✧

活動介紹

早餐活動之後的自由選擇活動時，早期療育工作者一次請二位幼兒來刷牙。

活動過程

- 讓幼兒在牙刷放置杯上找自己的名字，然後拿牙刷。
- 早期療育工作者在必要時提供線索，幫助幼兒找自己的名字。
- 早期療育工作者把牙膏擠在幼兒的塑膠杯底部，幼兒用牙刷把牙膏刮到牙刷上。
- 幼兒刷牙十至二十秒。

- 幼兒把倒放的漱口杯翻過來接水。
- 幼兒漱口，然後沖洗牙刷。
- 幼兒將牙刷按自己的名字位置放回原處。

結束活動

- 早期療育工作者請幼兒露齒微笑，並稱讚幼兒牙齒刷得乾淨。
- 幼兒返回教室參與活動。

融入長期目標之機會*

*此部分由專業團隊人員根據幼兒的個別化長期和短期目標而填寫。

活動變化

1. 早期療育工作者可更換水槽旁有關刷牙的海報，引起幼兒刷牙的興趣。
2. 每三個月為幼兒換新的牙刷，並趁此機會提供幼兒選擇新的牙刷顏色。

字彙語詞

- 刷牙、漱口、微笑、刮起來
- 牙齒的名稱　　幼兒的名字
- 杯子、牙膏、牙刷
- 牙刷的顏色

同儕互動策略

1. 二位幼兒一起刷牙。
2. 鼓勵幼兒互相看看刷乾淨的牙齒，並且稱讚對方乾淨的牙齒。
3. 提供幼兒放置牙刷的同儕協助。

父母親或照顧者的參與

1. 安排參觀拜訪牙科的活動，或是邀請牙科醫師來班上，爲幼兒解說牙齒衛生保健的常識，以及牙科醫師的工作內容。
2. 故事時間時爲幼兒讀有關牙齒衛生保健的書籍。
3. 讓幼兒帶有關健康食品的點心食譜回家分享。

團體活動計畫
清洗乘騎玩具

教學資源

三輪車、迷你汽車、手推車、有輔助輪的腳踏車、其他雙人座的乘騎玩具、水桶、裝有肥皂水的噴水瓶、海綿、毛巾、橡皮水管、塑膠置物箱、清洗玩具步驟的海報、掃帚、拖把、畚箕

環境安排

活動的區域安排在靠近水龍頭而避免走道的地方。讓幼兒選擇負責的工作（如，使用橡皮水管沖洗、用海綿洗車、用毛巾擦乾車子）。把活動所需的物品準備好，放在置物箱內。用品從置物箱中取出後，可把箱子倒放，讓幼兒坐在空箱上工作。早期療育工作者引導幼兒參與活動。

活動內容

活動介紹

- 早期療育工作者告訴幼兒在戶外有一個特別區，是為清洗三輪車和其他乘騎玩具所準備的。
- 早期療育工作者展示海報，說明清洗三輪車的步驟。
- 早期療育工作者一一介紹清洗用品和用具（橡皮水管、海綿、水桶、噴水瓶、毛巾等）。
- 讓幼兒選擇自己想負責的工作。

活動過程

- 幼兒選擇負責的工作，然後拿所需用品，準備清洗三輪車的活動。

- 幼兒各自拿著用品到戶外的清洗區域。
- 幼兒把三輪車騎到清洗區,也將其他的乘騎玩具或騎、或推、或拉到清洗區。
- 把所有的玩具都刷洗和擦乾。
- 活動過程中,早期療育工作者向幼兒介紹乘騎玩具的每一部分名稱 (如,輪子、座位、喇叭、輪胎)。
- 幼兒將洗乾淨的玩具騎回原處。

結束活動

- 請一位幼兒搖鈴提醒活動結束,開始收拾和清理。
- 清洗擦乾腳踏車和其他玩具之後,讓幼兒物歸原處 (如,清洗用品放回置物箱,腳踏車騎回置物間)。
- 幼兒排隊進教室之前,早期療育工作者藉由問問題來和幼兒一起回顧活動。例如:「剛才是誰洗腳踏車?」「你們想想看洗了幾輛腳踏車啊?」「想想看你覺得最好玩的是什麼?」。

融入長期目標之機會*

*此部分由專業團隊人員根據幼兒的個別化長期和短期目標而填寫。

活動變化

1. 幼兒一起合作清洗早期療育工作者的車子或娃娃車。
2. 安排幼兒清洗其他的戶外玩具 (如,玩沙的玩具、球類玩具)。

3.天氣不佳時，安排幼兒在室內清洗玩具（如，洋娃娃、操作類玩具）。

4.讓幼兒用掃帚、拖把、畚箕、抹布、吸塵器、噴水瓶等用具，扮演打掃娃娃家的遊戲。

字彙語詞

• 腳踏車的各部分名稱（如，輪子、手把、輪輻、座位、喇叭、踏板）
• 描述詞（如：快的、慢的、停止、開始）
• 動詞（如，扭擰、滴、噴、沖洗、清洗、擦乾）
• 同伴的名字
• 交通工具的名稱（如，手推車、腳踏車、三輪車）

同儕互動策略

1.安排幼兒二人一組一起做清洗的工作。
2.讓幼兒交換工作和共用用品。
3.讓幼兒以共乘騎的方式把乘騎玩具騎出、騎回置物間。

父母親或照顧者的參與

1.父母或照顧者可提供清洗用品（如，空的、乾淨的噴水瓶、抹布、水桶、海綿等）。

2.計畫在「一家一菜」的家庭聚餐前，幼兒們的家庭共同參與「洗車募款」的活動，為中心或幼兒園募款，並以餐會做為工作結束後的慶祝活動。

團體活動計畫
馬鈴薯朋友

教學資源

「馬鈴薯朋友」組合玩具二套、毯子、大骰子、塑膠置物箱

環境安排

把毯子鋪在地毯區，讓幼兒席地而坐，在毯子上進行遊戲。

活動內容

活動介紹

• 早期療育工作者問幼兒：「誰想玩馬鈴薯朋友的遊戲啊？」
• 早期療育工作者請幼兒幫忙鋪毯子，然後把玩具展示給幼兒看（如，馬鈴薯朋友的頭、身體部分、輪盤）。
• 早期療育工作者說明遊戲規則。

活動過程

• 幼兒丟骰子決定由誰開始玩遊戲。
• 幼兒輪流轉輪盤，根據輪盤上所指的身體部位，逐一組合出馬鈴薯朋友。
• 照上面輪流的方式，將二組馬鈴薯朋友組合完成。
• 重複玩這個遊戲。

結束活動

• 請一位幼兒搖鈴提醒結束活動。

- 幼兒一起收拾玩具，放回置物箱。
- 早期療育工作者請幼兒回憶剛才他們完成的馬鈴薯朋友的樣子。

融入長期目標之機會*

*此部分由專業團隊人員根據幼兒的個別化長期和短期目標而填寫。

活動變化

1. 除了馬鈴薯朋友組合玩具外，再加上野餐的玩具，讓幼兒玩和馬鈴薯朋友一起野餐的扮演遊戲。
2. 提供幼兒不同材質的（如，軟的），或不同尺寸的（如，大型的）馬鈴薯朋友組合玩具。
3. 添加玩具房子，讓幼兒玩扮演遊戲。
4. 準備一些娃娃衣服，讓幼兒為馬鈴薯朋友換穿衣服。

字彙語詞

- 方位詞（如，上面、裡面）
- 身體部位的名稱（如，手臂、腿、眼睛、鼻子、嘴巴、耳朵）
- 衣物名稱（如，鞋子、帽子、領帶、領結）
- 順序詞（如，第一、第二、第三、第四、第五、最後）
- 輪流用語（如，輪到我、輪到他、輪到你）

同儕互動策略

1. 提供少於幼兒人數的組合玩具，讓幼兒必須一起合作來組合馬鈴薯朋友。
2. 讓幼兒互相傳遞身體部分的玩具來組合馬鈴薯朋友。
3. 讓幼兒展示完成的馬鈴薯朋友給同伴看。
4. 早期療育工作者提示幼兒給馬鈴薯朋友取名字，然後再向同伴介紹。

父母親或照顧者的參與

1. 成立玩具圖書館讓幼兒可以借玩具回家玩。
2. 向家庭介紹適合幼兒發展程度的玩具。

團體活動計畫
用餐時間（早餐或午餐）

教學資源

餐桌墊、碗、杯子、餐巾紙、餐具、食物、飲料、海綿、垃圾筒、洗滌盆、碗盤瀝水籃、二張Ｕ字形桌子、十二至十五張幼兒用的椅子、一張長方形桌子（放置清洗用具和瀝水籃）

環境安排

早期療育工作者坐在Ｕ字形桌的內圍，方便照顧到所有的幼兒。長方形的桌子放在距離Ｕ字形桌六呎遠的地方，桌子不要緊靠牆放，讓幼兒在桌子的二邊都有站著清洗餐具的空間。

～活動內容～

活動介紹

- 每一張桌子由一位幼兒負責分發餐墊、碗、杯子、餐巾紙、餐具。可以每天或每星期輪換小幫手。
- 早期療育工作者徵詢幼兒的意見，選擇兒歌或手指謠在餐前吟唱。

活動過程

- 早期療育工作者向幼兒介紹食物，並問幼兒每一種食物屬於哪一類。
- 早期療育工作者傳遞食物，由幼兒自己取用食物。
- 幼兒照所要求的數量取用食物，例如拿五粒葡萄。
- 幼兒倒牛奶或果汁或水到自己的杯子中。
- 大家一起享用食物，有些幼兒會要求再多吃一些。

- 用餐時，早期療育工作者打開話題，和幼兒談談當天進行過的活動；或是加入幼兒的對話。

結束活動

- 用餐後，幼兒將餐具、碗盤、杯子、餐巾紙等拿到長方形桌子的清洗區。
- 把垃圾丟進垃圾筒。
- 幼兒清洗餐具後，將其放在瀝水藍中。
- 收拾後準備進行下一個活動。

融入長期目標之機會*

*此部分由專業團隊人員根據幼兒的個別化長期和短期目標而填寫。

活動變化

1. 用餐前，早期療育工作者帶幼兒做呼吸練習遊戲。
2. 讓幼兒烹飪當天的餐點。

字彙語詞

- 食物的名稱（如，煎餅、草莓、糖漿、牛奶、果汁）
- 數量一至十
- 同伴的名字

- 與食物有關的描述詞（如，口感、溫度、顏色、尺寸等）
- 食物類別（如，穀物、肉類、奶類、水果、蔬菜）

同儕互動策略

1. 幼兒互相幫忙拿取食物和飲料，例如，一位幼兒拿杯子，另一位幼兒倒牛奶。
2. 如果有衝突發生時，早期療育工作者引導幼兒一起想辦法解決。
3. 早期療育工作者事先安排座位，鼓勵幼兒互相交談。
4. 安排幼兒倆倆鄰座。

父母親或照顧者的參與

1. 嘗試不同民族風味的食物。
2. 邀請父母或照顧者來參加點心或午餐活動，和幼兒一起用餐。
3. 父母或照顧者和早期療育工作者分享幼兒喜愛的餐點食譜。

團體活動計畫
好玩的黏土（生日宴會）

教學資源

不同顏色的黏土、生日蠟燭、小塑膠盤、抹奶油刀、生日宴會用的皇冠、大而圓的餅乾模型、裝工具的容器、塑膠餐墊（每位幼兒一個）、布偶、長方形桌子、擀麵棍、幾塊濕海綿（放在籃子裡）、掃帚、畚箕

環境安排

在桌上擺好塑膠餐墊讓幼兒玩黏土，並把幼兒的名牌放在桌上，安排好每位幼兒的座位。早期療育工作者的座位安排在幼兒的座位之間。活動的情境最好安排在和其他活動區域距離稍遠的地方，好讓幼兒自在地唱歌和交談。準備一個幼兒喜歡，或是和週（或月）主題有關的布偶。

～活動內容～

活動介紹

- 早期療育工作者先有一段開場白：「我有一個朋友（布偶），今天過四歲的生日，誰想為他辦生日宴會啊？生日宴會中要準備什麼吃的呢？」
- 接著可以問幼兒喜歡吃什麼口味的蛋糕。
- 早期療育工作者告訴幼兒在桌上已經準備了黏土和工具，大家可以為布偶朋友做生日蛋糕。

活動過程

- 幼兒自己選擇不同顏色的黏土來做蛋糕。

- 幼兒向早期療育工作者或其他幼兒借用不同的工具。
- 幼兒在蛋糕上插蠟燭。
- 大家一起唱「生日快樂」歌爲布偶朋友慶生。
- 可重複進行活動。

結束活動

- 早期療育工作者在活動結束前五分鐘提醒幼兒準備收拾。
- 正式結束前,早期療育工作者建議幼兒還可以做什麼(如,還沒有插蠟燭的幼兒,可提醒他把蠟燭插好)。
- 幼兒把黏土工具放回置物容器裡。
- 幼兒用濕海綿把桌墊和桌子擦乾淨。
- 準備進行下一個活動。

融入長期目標之機會*

*此部分由專業團隊人員根據幼兒的個別化長期和短期目標而填寫。

活動變化

1. 活動可以改成爲餅乾怪獸(芝麻街的布偶)做餅乾,烤餅乾盤取代桌墊的使用。
2. 讓幼兒自製麵糰帶回家玩。
3. 玩黏土時可加進不同材質的材料一起玩,如,玉米粉、粗鹽、五彩碎紙片。

字彙語詞

- 顏色名稱（如，黃色、紅色、綠色、橘色、粉紅色、咖啡色）
- 布偶的名字
- 生日快樂歌歌詞
- 方位名稱（如，旁邊、上面）
- 工具和材料名稱（如，刀子、擀麵棍、海綿、盤子、桌墊、餅乾模型）
- 數量一至四
- 指示語（如，切下去、吹熄、分享）
- 同伴的名字
- 口味（如，草莓、巧克力、檸檬、橘子、香草）

同儕互動策略

1. 早期療育工作者事先放好名牌安排座位，確定需要增進社交溝通的幼兒，有機會和同伴交談、互動。
2. 鼓勵幼兒把自己做的蛋糕，切給其他幼兒分享。

父母親或照顧者的參與

1. 舉辦慶生會，並請父母或照顧者提供特別的點心。
2. 參觀麵包店，讓幼兒觀察烘焙師如何裝飾蛋糕。

團體活動計畫
恐龍

教學資源

室內用沙池、濕的沙、塑膠蛋、小盆子、大小不同的玩具恐龍、塑膠的玩具樹、植物、葉子、蘚苔、樹皮、恐龍吊飾、防水布

環境安排

防水布用防水膠帶固定在地板上，再擺放室內用沙池。把濕沙填滿沙池，然後把塑膠蛋和小恐龍藏在沙裡，沙池上方懸掛恐龍的吊飾。

活動內容

活動介紹

- 先展示放在盆子裡的各種恐龍給幼兒看。請一位幼兒負責傳遞恐龍，大家一起討論恐龍的名稱。
- 早期療育工作者請幼兒幫忙把蓋在沙池上的布掀開。

活動過程

- 幼兒玩恐龍的想像遊戲。
- 幼兒想像恐龍的叫聲並試著發出恐龍的叫聲。
- 從沙子裡找出恐龍蛋和小恐龍。
- 用塑膠樹、葉子、蘚苔、樹皮來建構恐龍的居所。

結束活動

- 活動結束前五分鐘，提醒幼兒準備收拾。

- 幼兒把恐龍放回盆子裡，把布蓋回沙池上。
- 早期療育工作者和幼兒一起回顧剛才活動的內容。

融入長期目標之機會*

*此部分由專業團隊人員根據幼兒的個別化長期和短期目標而填寫。

活動變化

1. 可以準備發條恐龍讓幼兒玩。
2. 早期療育工作者把沙池布置成「恐龍尋寶」的活動。把小骨頭和石頭埋在沙子裡。為幼兒準備鏟子、刷子、放大鏡，並在靠近沙池的牆上掛一張不同骨頭的海報，讓幼兒觀察比較。

字彙語詞

- 恐龍的叫聲
- 自然素材的名稱（如，葉子、樹皮、蘚苔、樹、沙）
- 恐龍的名稱（如，蛇頸龍、暴龍、劍龍、鴨嘴龍）

同儕互動策略

1. 請一位幼兒分發和收回恐龍。
2. 一次安排四位幼兒來玩，沙池二邊各安排二位幼兒玩恐龍遊戲。
3. 鼓勵幼兒互相模仿遊戲行為。

父母親或照顧者的參與

1. 安排參觀自然歷史博物館。
2. 邀請相關的專家或修地理課程的學生，到班級中為幼兒講解考古的工具和工作，以及何處發現恐龍的化石。
3. 故事時間時為幼兒唸讀有關恐龍的書籍。

團體活動計畫
交通工具

教學資源

各種玩具小汽車（如，轎車、卡車、巴士、旅行車、摩托車）、不同形狀和大小的木製積木、二至四根長形的木條（做斜坡用）、幼兒用的長方形桌子、數個貼有交通工具圖片的桶子、各式路標

環境安排

在積木角擺放幼兒用的長方形桌子，幼兒用積木在桌上搭建道路或停車庫。利用長木條靠桌沿擺放的傾斜角度，建構出斜坡。

❀活動內容❀

活動介紹

- 早期療育工作者先介紹每個桶子裡裝的交通工具。
- 幼兒舉出他們喜歡的交通工具後，從桶子裡把玩具拿出來。
- 早期療育工作者展示和引導如何用積木和路標來搭建道路和車庫。

活動過程

- 幼兒利用積木和長條板搭建道路、車庫和斜坡。
- 利用各式各樣的交通工具玩駕駛汽車的遊戲。
- 幼兒在道路上放置路標。

結束活動

- 活動結束前五分鐘，提醒幼兒準備收拾。

- 幼兒根據桶子上的汽車圖片，分類收拾小汽車。
- 幼兒把積木放回積木架上。
- 幼兒幫早期療育工作者把長條板放回置物間。
- 收拾後，大家圍坐在地毯上，回顧活動進行的內容。
- 早期療育工作者將幼兒發表的意見記錄下來。

融入長期目標之機會*

*此部分由專業團隊人員根據幼兒的個別化長期和短期目標而填寫。

活動變化

1. 增加大型交通工具的玩具讓幼兒玩。
2. 增加其他路上可能出現的房屋、加油站等玩具。
3. 積木的素材改成大張的紙，黏貼紙張在桌面讓幼兒畫道路。
4. 在沙坑進行活動。
5. 提供各式的帽子讓幼兒戴，配合交通工具的性質扮演駕駛（如，救火隊員帽、警察帽、巴士司機帽）。

字彙語詞

- 顏色名稱（如，藍色、黃色、紅色、黑色、綠色、橘色）
- 尺寸（如，大的、小的、長的、短的、寬的、窄的）
- 車子（交通工具）的名稱
- 速度（如，快、慢）

- 位置（如，上面、下面、周圍、外面、裡面、旁邊）
- 標誌（如，停、禁止、彎路、鐵路平交道）

同儕互動策略

1. 讓幼兒合作搬運長條板。
2. 引導幼兒注意其他同伴的行為。
3. 提示幼兒模仿其他同伴的遊戲行為。
4. 讓幼兒討論如何搭建道路。

父母親或照顧者的參與

1. 家長可提供不同類型的積木。
2. 安排參觀家長的工作場所，家長的工作是需要駕駛特別的交通工具的
   （如，郵務車、大卡車、救火車、警車、校車）。

團體活動計畫
活動名稱

教學資源

環境安排

▃活動內容▃

活動介紹

活動過程

結束活動

融入長期目標之機會*

*此部份由專業團隊人員根據幼兒的個別化長期和短期目標而填寫。

活動變化

字彙語詞

同儕互動策略

父母親或照顧者的參與

第七章

監督與評鑑
幼兒的進步

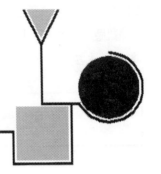

　　我們曾經在活動本位介入法的研習會中，詢問參加者是如何監督和評鑑幼兒的進步狀況。大多數的參加者表示，他們並沒有使用任何方法來評鑑介入的效果。少數參加者表示，在一年的開始和結束時，他們使用標準化測驗來評定幼兒的學習。而較前述更少數的參加者表示，他們是有系統地監督幼兒的改變（如，蒐集幼兒每日或每星期的進步資料）。能夠蒐集課程對幼兒學習影響的資料和系統化的幼兒進步資料者，更是參加者中「少數中的少數」。

　　從這些非正式調查的結果來看，監督和評鑑介入的效果，並沒有在早期療育（或特殊幼兒教育）中落實，這種現象頗令我們感到擔憂。因為有系統的監督、評量和評鑑是維持介入品

質的途徑；若是缺少了這一部分，早期療育工作者、諮商人員和照顧者都無法有效地評鑑幼兒的進步以及介入的效果。再則，若無建立與使用可靠的資料蒐集程序，早期療育工作者和照顧者會面臨資料不足，而不能判斷是否幼兒在不同類型的活動參與中，可以真的產生學習效果。當然，少了系統而客觀的幼兒學習狀況資料，早期療育工作者就不能說他們所使用的是活動本位介入法了。

監督與評鑑之目的

　　本書中之「監督」（monitoring）一詞，意指有系統地蒐集資料，這些連續性的資料呈現了幼兒在某一段時間內的行為表現。監督的工作使專業團隊人員能追蹤介入計畫的效果，與幼兒個別化目標、課程目標和整體發展的相關性。本書中之「評鑑」（evaluation）一詞，意指有系統地蒐集可比較的資料，以決定介入計畫對個別幼兒或團體幼兒的成效或影響。評鑑的工作促使專業團隊人員判斷和決定介入計畫的效果和價值。

　　監督和評鑑都是連結系統（本書第三章所述）的一部分，亦是成功地實施活動本位介入法的要素。不論是正式或非正式的監督和評鑑都具有下列四項的必要性：(1)確定幼兒的服務需求。(2)確定幼兒個別化教育計畫，或個別化家庭服務計畫之重要長期與短期目標。(3)將介入程序和活動個別化。(4)評量幼兒的進步狀況。除了這些基本目的之外，監督和評鑑的資料還可

在下列的範疇裡發揮重要的潛在功用：

- 決定幼兒在某段時間內的發展狀況，以及經過一段時間的進步和改變
- 獲取有關幼兒的優勢、興趣和需求的資訊
- 確定教學策略之有效性
- 發現幼兒的學習趨向
- 決定有關課程之實施與個別化
- 辨認家庭的優先順序和關心層面
- 應用於合作和溝通
- 評鑑專業團隊人員行為的效果
- 獲得有關團隊人員專業發展的資訊
- 決定課程的有效性
- 符合聯邦政府的指引

　　除了上述的潛在用途之外，大部分的專業團隊人員所著重的仍是將蒐集到的資料，用於評鑑幼兒的起初功能以及年終時的改變。造成資料窄用的情形，很可能是因為專業團隊人員進行系統化地監督和評鑑幼兒時，面臨許多障礙和挑戰。事實上，當介入融入在多樣化的活動中時，要測量幼兒的進步，的確增加了其難度和障礙。不似傳統以教師為引導、多重試探取向的資料蒐集方法，活動本位取向的資料蒐集方法，需要做有關測量幼兒學習目標的合適策略之複雜決定。

　　雖然會面臨難題和挑戰，但是活動本位介入法仍要求做到

有系統地監督和評鑑幼兒在個別化教育計畫、個別化家庭服務計畫中長期、短期目標的進步情形。本章之目的即在幫助專業團隊人員，發展和使用與活動本位介入法互相配合的系統化監督與評鑑。不可否認地，其他有關因素如父母親的影響、專業人員的訓練背景，也都可能左右課程的效果，但是本書並不著墨在這些因素的探討。讀者可從 Bricker（1989,1996a,1996b）、Dunst 和 Trivette（1990）、Krauss 和 Jacobs（1990），以及 Snyder 和 Wolfe（1997）等學者的研究中，尋得評鑑相關課程因素的資料。

　　本章共分爲五個主要部分。第一部分描述測量的整體架構，以及監督和評鑑幼兒進步情形之指引與討論。第二部分介紹決定本位模式（decision-based model）在監督和評鑑的應用。第三部分則介紹與活動本位介入法配合的三種資料蒐集系統之範例。第四部分說明如何摘要整理資料。最後一部分則說明如何詮釋與應用資料。

測量之整體架構

　　一個能夠監督和評鑑幼兒進步的整體架構是很重要的，因爲它可以提供實施和了解不同測量策略的結構性。如圖 7-1 所示，此章中的測量架構，是由三個互相關聯的層次階段組合而成。這個架構主要是用於設計和處理有關幼兒行爲改變的資料，而非用於評鑑與課程有關的其他要素；譬如，此架構並不適用

於評鑑家庭介入的結果和團隊人員的功能。

第一階層的活動——以週為單位
目的：監督和評鑑幼兒之 IEP 或 IFSP
之長期和短期目標達成情況。
步驟：每週蒐集資料。

第二階層的活動——以季為單位
目的：監督和評鑑幼兒之 IEP 或 IFSP
之長期和短期目標、課程目標以
及整體發展的進步情況。
步驟：每季進行，利用效標參照的測驗
為工具蒐集資料。

第三階層的活動——以年度為單位
目的：評鑑整體的課程成效。
步驟：利用標準化測驗，或效標參照測
驗為工具，蒐集前測和後測的資
料。

圖 7-1 三階層測量架構

（取材自 Bricker, 1989 和 Bricke & Gumerlock, 1985）

　　圖 7-1 中連結三個階層的箭頭符號，表示在每一個階層中資訊蒐集與程序進行的連結性關係。亦即，在一個設計良好的系統當中，第一階層所蒐集的資料，可用於補充和支持在第二階層所蒐集的資料；而第二階層的資料，同樣可補充和支持在第三階層蒐集到的資料。

　　第一階層的活動主要是監督和評鑑幼兒在一週中的進步情況，並和其個別化教育計畫（或個別化家庭服務計畫）中的重要目標相互對照，以檢視幼兒的進步是否朝著目標前進；而且階層一的活動也可用來檢視是否需要為幼兒設計更精細的課程步驟。對許多嬰幼兒和幼兒來說，學習一項長期或短期目標，必須經過學習一系列從簡而難的技能，才能夠達成。在第一階層中蒐集資料的程序，必須具有以下三種功能──(1)監督幼兒個別化教育計畫（或個別化家庭服務計畫）中長期、短期目標的達成。(2)符合家庭、早期療育工作者與課程的需要。(3)估計一週的介入成效。在季評鑑和年度評鑑中，每一週的監督和評鑑活動資料，可說明幼兒的進步情形以及課程的功效；同時這些連續的資料，也可幫助早期療育工作者發現和補救較無成效的課程目標和策略，以免造成阻礙幼兒進步的負面情形產生。

　　第二階層的活動是使用與課程相關、效標參照的測量工具，來連續蒐集系統化和可比較的幼兒成長與發展資料。這些測量工具如，AEPS（Bricker, 1993），〈卡羅萊納特殊嬰兒與嬰幼兒課程（第二版）〉（The Carolina Curriculum for Infants and Toddlers with Special Needs, Second Edition）（Johnson-Martin, Jens, Attermeier, & Hacker, 1991），〈亞歷桑納基本評量與課程

使用系統〉（Arizona Basic Assessment and Curriculum Utilization System, ABACUS）（McCarthy, Lund, & Bos, 1986），都可以在每三至四個月時用來測量個別和團體幼兒的介入效果。舉例來說，如果幼兒在 AEPS 測驗的粗大動作領域目標沒有達成，或是在社會能力領域的某些技能表現有困難；這樣的結果很可能表示早期療育工作者或照顧者，沒有提供足夠的練習機會給幼兒，或是教學策略使用不合宜，而造成幼兒在這些領域的學習效果不佳。無論如何，從季評鑑的結果來看，課程必須有所調整才能進一步促進幼兒的學習效果。總之，季評鑑可提供有關幼兒發展進步的資訊，從此資訊中可幫助早期療育工作者澄清何處必須加以調整與修訂。

　　第三階層的活動主要是利用標準化測驗，如，〈貝氏嬰幼兒發展量表II〉（Bayley, 1993），或是效標參照測驗，如，〈夏威夷早期學習簡述〉（VORT Corp., 1995）來評鑑，此類工具通常用於年初和年終。從此類測驗工具得到的結果，是用來評鑑整個課程對團體幼兒的效果如何，並不適合用於測量個別幼兒，或監督幼兒的學習是否朝其個別化的目標進步。

　　除了以上三階層的測量架構之外，還有一系列的指引可幫助早期療育工作者系統化地監督和評鑑幼兒的進步。表 7-1 呈現的是這些指引的摘要整理。

表 7-1　監督和評鑑幼兒進步情況之指引

指引	內　　　容
1.	蒐集資料之系統應強調專業團隊的目的。
2.	幼兒的 IEP 或 IFSP 應是資料蒐集方向的指引。
3.	蒐集資料之系統應具彈性（如，能依年齡、發展程度、重要性而調整），並且可應用於跨情境、事件和人物。
4.	蒐集資料之系統應蒐集具信度和效度的資料。
5.	專業團隊人員共同分擔蒐集資料的責任（如，早期療育工作者、諮商人員、照顧者）。
6.	蒐集資料應與現有資源相配合（如，時間、技能、材料）。

決定本位（decision-based）模式

　　事實上並非只有一種方法來蒐集幼兒進步情況的資料；而且也沒有一種資料蒐集系統，能夠適用於所有的幼兒，或是能夠含括跨領域的目標或課程。因此，專業團隊人員若能利用決定本位模式，成爲他們活動的指引，似可提高團隊功能的效率。如同 McAfee 和 Leong（1997）提出的決定本位模式，提供了一個有效的架構來強調與資料蒐集系統有關的重要問題。諸如此

類的決定本位模式，具有以下的共同點：(1)強調監督和評鑑的循環過程。(2)自始至終都有監督幼兒進步狀況之目的或理由。而決定本位模式使早期療育工作者不僅可以蒐集連續的回饋性資料（如，週評鑑和季評鑑資料），同時也可以蒐集總結性的資料（如，年度評鑑資料）。

監督與評鑑之理由

專業團隊人員首先面對的議題，即是為什麼幼兒的進步情況需要被監督和評鑑？至少以下七項理由，可說明為何須進行系統化的監督與評鑑：(1)做為調整或改變介入策略和活動的依據。(2)提供幼兒學習的附加支持。(3)做為專業人員之間溝通的資訊。(4)做為決定幼兒是否學習下一個長期（或短期）目標的參考資料。(5)做為計畫下一階段教育環境的資訊（如，用於擬訂從早期療育服務至學前教育之轉銜計畫）。(6)用於決定幼兒何時、何處表現目標行為。(7)用於檢測行為的實際表現（如，行為發生的頻率、品質、維持時間）。一旦確定了為何需要蒐集資料的理由，即可繼而產生明確的決定，而此決定必連帶地增加了資料的使用性和有效性。

監督與評鑑之內容

在測量架構中之階層一和階層二中，監督和評鑑的內容，主要得自於幼兒的個別化教育計畫（或個別化家庭服務計畫）

中，已經選擇出來並按優先順序排列的長期和短期目標。這些書寫在計畫中的目標，不只是描述行為，也說明了評鑑行為的標準。而第三階層的監督和評鑑內容，則是取決自教室或課程的目標。舉例來說，增進幼兒遊戲技巧和遵循規則的技能，是幼兒整體發展中的重要技能；諸如此類的目標即是第三階層監督和評鑑的內容了。

監督與評鑑之人員

　　第三項決定議題是，由誰來蒐集資料呢？專業團隊人員彼此分工、負責蒐集資料，是有其必要性的。若無明確的分工，就不可能發生系統化的監督和評鑑。資料蒐集的工作可根據團隊中人員的時間、可利用的資源而分工。分工的做法至少有三方面的好處：(1)分工蒐集的資訊是跨領域和跨情境的。(2)分工多少代表著責任平等的意義，也無形中擴增了蒐集資料的機會。(3)分工可增進每一位團隊人員（特別是家庭成員）參與監督和評鑑幼兒的進步。

監督與評鑑之地點

　　決定在何處監督、評鑑幼兒的進步情況之基礎，是建立於在何種情境之下，幼兒需要表現出預定的回應。舉例而言，如果幼兒的學習目標是「使用短句來要求物品」，那麼在幼兒確實需要用口語要求時，就是蒐集資料的恰當時機。幼兒在吃點

心的時候，要求多一點果汁或餅乾，即是決定他的口語要求技能進步情況的好時機。早期療育工作者或照顧者可能需要事前的計畫，才能在持續進行活動的點心時間內蒐集資料。我們建議將資料記錄表格事前用膠帶黏貼在用點心的桌面上，當幼兒表現口語要求的行為時，就可以立即在表格上畫記記錄。

　　雖然在一個安靜的、一對一的情境中蒐集幼兒的資料，對早期療育工作者而言是比較簡單的；然而，在此種情境中幼兒卻不一定能真實地表現出平常的行為。我們曾經有過這樣的經驗，幼兒在隔離性的測驗情境中，指認圖片中物品的行為表現並不一致，但是當他們想要某樣東西來玩時，卻可以用正確的字詞表達要求。另外一個例子或許更能說明情境和行為的關係。一位早期療育工作者評量幼兒的書寫技能時，要求他描寫或仿寫自己的名字，但是幼兒不論仿寫或描寫他的名字時都有困難。有一次在一個圖書館的活動中，這位幼兒辦理借書手續時，必須簽名。令人驚訝的是，他在一個對他有意義的活動——借書活動中，居然能夠獨立地寫出自己的名字。

監督與評鑑之時間

　　通常來說，必須在確定的日期裡，有系統地蒐集有關幼兒個別化目標的進步資料。然而，要確定時間做系統化的資料蒐集，卻非一件易事。事實上，團隊人員應依據課程、幼兒的學習目標、幼兒的情況，以及和其他人員配合的條件，而選擇合適的日期、時間與機會，進行監督和評鑑的工作。此外，蒐集

資料時，應在幼兒感到舒適又能引起動機的情境中進行。

監督與評鑑之次數

　　在決定監督和評鑑幼兒進步狀況之前，專業團隊人員必須考慮三件事：(1)所評鑑的目標層面為何（如，行為發生的次數頻率、維持時間、反應時間）。(2)專業團隊人員的資源如何（如，訓練時間、可用之人力資源）。(3)監督和評鑑的階層為何（如，階層一、二或階層三）。此外，專業團隊人員應確定監督和評鑑所蒐集的資料，必須足以提供幼兒在不同的重要環境中（如，家裡、學校），其行為表現功能水準的正確性。我們仍要強調，針對幼兒個別化目標的學習情況，最好是每週蒐集資料；而關於整體的課程技能或發展技能，則可減少蒐集資料次數，如每三至四個月進行一次。而蒐集比較性的資料以評鑑幼兒的改變，可以在年初和年終各進行一次。

監督與評鑑之方法

　　專業團隊人員根據前面所做的各項決定，而選擇合適的方法蒐集資料。譬如專業團隊人員如果想了解幼兒在自由遊戲活動時，和同儕分享材料的行為發生次數，他們可選擇採用簡單的畫記方法來統計次數，而不必為幼兒做檔案評量或使用評量（或評鑑）工具。下面三種方法都可用於蒐集幼兒的進步狀況：

- 描述性記錄摘要：軼事記錄法、連續記錄法、樣本描述法
- 檔案評量：幼兒作品的樣本、長久性的記錄、指示系統（indicator systems）
- 行爲觀察：行爲取樣（如，行爲分類、事件記錄、時間取樣）、評量表、試探記錄系統（probe recording systems）、協助的程度、工作分析評量。

讀者可從Alberto和Troutman（1995），以及McLean、Bailey和Wolery（1996）的文獻資料中，了解有關上述方法的詳盡實例。

決定本位模式的評鑑過程，主要是激發專業團隊人員思考爲什麼需要蒐集資料，需要蒐集資料的內容爲何，以及何時、何處、多久、如何蒐集資料。專業團隊人員進行季評鑑時，可參考第三章的內容而選擇合適的評量或評鑑工具。若是要評鑑幼兒的進步情況，再進一步探討課程的效果，則可採用標準化或效標參照的評量或評鑑工具，比較前測和後測的結果。

當然，專業團隊人員應適當地調整資料蒐集的系統和程序，以使其與課程、資源相配合，而產生足以幫助專業人員做決定的有效資料。McComas 和 Olson（1996）鼓勵專業團隊人員簡化評鑑的工作，以達評鑑的效率，他們提出了四項原則：(1)使資料蒐集系統成爲方便使用的程序。(2)避免在資料蒐集的表格上出現太多的資訊；避免太多的資料記錄紙張。(3)維持最少量的書寫工作。(4)能了解記錄的用語和記號。

監督與評鑑之範例

史黛西患有唐氏症，目前三十二個月大。她星期一至星期五的早上，參加一個遊戲團體，下午則去托兒中心。遊戲團體的老師們想監督和評鑑下列的三個項目：(1)史黛西在個別化家庭服務計畫中長期、短期目標的學習進步情形。(2)史黛西在各發展領域的成長和技能發展進步的狀況。(3)遊戲團體對史黛西發展的影響。近來老師們開始實施從職能治療師所學得的介入策略。這些策略主要是為增進史黛西在個別化家庭服務計畫中的二項目標學習而設計的。史黛西的專業團隊人員以決定本位模式來進行監督和評鑑，以確定對史黛西的發展和學習有持續的監督和評鑑，另一方面則評量介入的效果如何，是否必要修改或調整介入的策略。

專業團隊人員決定以史黛西的個別化家庭服務計畫中之長期目標，做為主要的評鑑內容——(1)能參與團體活動。(2)能自己用杯子喝水。當然，專業團隊人員也決定根據發展階段的重要技能，來評量史黛西在各發展領域的成長。最後，專業團隊人員再評鑑遊戲團體對史黛西的影響。

接著專業團隊人員以分工的方式，以及在有限的資源而發揮最大效用的原則下，決定由誰來蒐集不同情境中的資料。於是，史黛西在遊戲團體中的進步情況，由老師們負責監督。職能治療師在每個月的家訪，或是在遊戲團體中，進行監督和評鑑。而史黛西的父母則負責監督史黛西每週在家裡的表現。

　　下一步驟即是決定史黛西在何處需要使用目標所述的技能。專業團隊人員決定選擇三種活動成爲蒐集資料的情境，即團體時間、戶外活動和點心時間。因爲專業團隊人員認爲，在這三種活動中，史黛西有許多練習目標技能的機會，同時提供專業團隊人員多種觀察機會，來監督和評鑑史黛西的行爲表現。

　　那麼應在何時監督和評鑑史黛西在這二項目標的進步情形呢？專業團隊人員發現團體活動和戶外活動時，都會同時有幾位成人在場，因此有足夠的人力來蒐集史黛西參與團體活動的表現。雖然點心時間的人力不如團體活動、戶外活動時充足，但是專業團隊人員仍決定要盡量蒐集史黛西在點心時間時，使用杯子喝水（或其他飲料）的行爲表現。

　　專業團隊人員必須做的下一個決定，是間隔多久進行監督和評鑑的工作？根據史黛西的目標通過標準，以及可用的資源，專業團隊人員決定以三週爲一階段，每星期至少評鑑二次史黛西參與團體活動的表現；以二週爲一階段，每天點心時間時至少評鑑一次史黛西用杯子喝水的行爲。

　　最後一步即是決定用什麼方法蒐集資料。描述性記錄摘要、檔案評量、行爲觀察法以及評量或評鑑工具，都是可選擇採用的方法。專業團隊人員決定用軼事記錄法來蒐集史黛西參與團體活動的表現，因爲這種記錄法描述史黛西是如何參與各種不同的團體活動，例如：史黛西是否在團體活動時，表現注視、聆聽或是分享的行爲？而蒐集史黛西用杯子喝水的行爲資料，專業團隊人員則決定設計一個簡單的記錄表格，用來記錄史黛西用杯子喝水，不會灑出水的行爲次數。這二種方法可做爲週

評鑑用。此外，評鑑史黛西的整體發展和遊戲團體的影響，專業團隊人員則決定用 AEPS 測驗爲季評鑑的工具，而用〈貝氏嬰幼兒發展評量表〉做爲年初和年終評鑑的工具。

　　史黛西的專業團隊人員採行決定本位模式，循序漸進地思考和決定爲什麼需要蒐集資料？蒐集什麼資料？誰負責蒐集資料？何處、何時、多久以及如何蒐集所需的資料？相信按其步驟加以討論和決定的結果，必能使專業團隊人員蒐集到有意義的資料，其資料必可反映幼兒的進步情形。反之，專業團隊人員若沒有花時間在每一步驟的討論和決定上，將會面對許多不確定情況的挑戰和困難。

資料蒐集系統與活動本位介入法

　　下列三種資料蒐集系統，特別適合用於活動本位介入法：(1)軼事記錄法、(2)檔案評量、(3)試探記錄系統。

軼事記錄法

　　軼事記錄法是一種描述性的記錄，它可用於個別幼兒、團體幼兒，或是特定的事件、活動的記錄（McLean et al., 1996）。這類型的記錄與針對獨立行爲的資料蒐集系統相較時，其資料性質往往呈現較少的客觀性、較多的詮釋性。譬如早期療育工作者可能用這個方法，描述幼兒每天早晨到幼兒園時的行爲，

或是描述幼兒在什麼地方、選擇和誰一起玩。我們建議軼事記錄法和其他較客觀的資料蒐集方法配合使用，以做為其他資料的補充。

軼事記錄法與活動本位介入法可配合使用，是因為以下的原因：(1)可在不同的例行性活動中進行觀察。(2)包括家庭成員在內，所有專業團隊人員都可用此方法觀察記錄。(3)透過簡短的互動，即可進行觀察記錄。以下是使用軼事記錄法的五項基本建議：(1)盡可能現場記錄，或是盡快於事後做回溯記錄。(2)描述主要的行為和情境出現的人物。(3)記錄時間、地點、事件發生的順序。(4)盡量避免在記錄中加入觀察者的推論和意見。(5)描述其他人對活動或事件的反應（McLean et al., 1996）。

檔案評量

根據 McAfee 和 Leong（1997, p.111）的定義，「所謂檔案即是一份有關幼兒在一段時間內之發展和學習的文件資料，並將資料有組織、有目的地整理編輯」。檔案提供了有關幼兒發展的形成性資料，同時包括了幼兒的代表性作品樣本，其中可囊括不同種類的資料，譬如筆記、測驗結果、美勞作品、檢核表。現今有二種方法用於組織資訊，而成一個檔案——指示系統（indicator systems）以及工作取樣系統（work sample systems）。McComas 和 Olson（1996）建議使用圖 7-2 中的表格，進行妥善的計畫來蒐集資料和建立檔案。

檔案評量計畫 _____ （幼兒姓名）_____

長期／短期目標之優先順序：_____

_____

_____

蒐集資料之種類（如，美勞作品、錄影帶）：_____

_____

_____

蒐集資料之情境：_____

_____

_____

蒐集資料之時間與方法：_____

_____

_____

其他注意事項與建議：_____

_____

_____

_____

圖 7-2 檔案評量計畫單

（取材自 McComas 和 Olson, 1996）

　　檔案評量能與活動本位介入法結合使用之原因包括：資訊的來源多元化且跨時間；主觀性和客觀性的文件資料皆有；允許彈性化地蒐集不同性質和數量的資料；可監督幼兒的改變；以及強調幼兒在真實情境中發展或改變的過程，而有別於測驗分數是對題目的反應結果。

試探記錄系統

　　在時間充足的條件下，我們建議專業團隊人員和照顧者，以試探記錄系統配合活動本位介入法來監督和評鑑。其原因有二：第一，試探記錄系統可設計為蒐集不同類型行為反應的客觀性資料（如，發生頻率、維持時間）。第二，可在幼兒參與日常環境的互動中蒐集資料，因此其資料應呈現幼兒是否表現功能性的反應。

　　試探記錄系統可比喻為「迷你測驗」，或是幼兒行為的快拍。在活動之前、活動進行中或活動結束時，都可以執行試探。早期療育工作者或照顧者給幼兒一個或二個測驗試驗（test trials）（試探），然後記錄其結果（幼兒的表現）。以史黛西的例子來看，她的主要長期目標是「能自己用杯子喝水」，那麼早期療育工作者在點心時間就可觀察她用杯子喝水的行為，或是鼓勵史黛西喝水。從觀察中即可記錄史黛西是否能不用協助，自己用杯子喝水；或是她仍需要幫助才能使用杯子喝水。圖 7-3 的範例呈現史黛西和另一位幼兒史提夫的試探記錄系統資料。

試探記錄系統資料蒐集表

情境：遊戲團體
觀察者：希爾女士
週別：10月7-11日

幼兒姓名	長期或短期目標	戶外活動 一	二	三	四	五	開始活動 一	二	三	四	五	自由遊戲 一	二	三	四	五	點心時間 一	二	三	四	五	自由選擇活動 一	二	三	四	五	結束活動 一	二	三	四	五
史蒙西	1. 用杯子喝水	N	W						C					W			I	W	W				C					C			
	2. 多與團體活動	W					C					W						W					C					C			
史提夫	1. 用口語要求	C						C						W																	
	2. 不須協助下行走	W						W									W														

図7-3　試探記錄系統蒐集表之範例
（I＝不正確，C＝正確，W＝協助下進行，N＝沒有嘗試）

　　試探記錄系統的蒐集資料表格並無一定的格式，但是應包括下列資訊：(1)情境資訊（如，地點、觀察者、測量的長期或短期目標、觀察時間——每週或每日的觀察時間。(2)行為表現的資訊（如，幼兒對試探的真實反應——正確或不正確）。圖7-4的空白試探記錄系統資料蒐集表格，可提供早期療育工作者參考。

　　試探記錄系統亦可應用於家庭的情境中。照顧者和早期療育工作者將第五章中的個別化活動作息加以調整，然後針對主要的長期和短期目標，追蹤記錄幼兒的進步狀況。在圖 7-5 中即呈現了一個範例，說明如何調整個別化活動作息，以監督和評鑑幼兒的進步。

　　相較之下，試探記錄系統比軼事記錄法以及檔案評量，多了一些優點，因為這類的記錄方法不須在事前有大量的訓練，而且不須花費大量的時間做記錄。此外，從所記錄的資料中，可得知有關被觀察者在重要反應的功能性表現。而在記錄過程中，幼兒可以持續地參與活動，不必因為資料的蒐集而打斷了活動的進行。當然記錄資料可以清楚地呈現幼兒出現了哪些行為；什麼行為尚未表現；而哪些行為須在協助下才會表現。

資料之摘要整理

　　監督與評鑑的資料整理後，可以用數字（如，次數、百分比）或文字描述加以摘要。摘要資料最重要的功用，在於使專

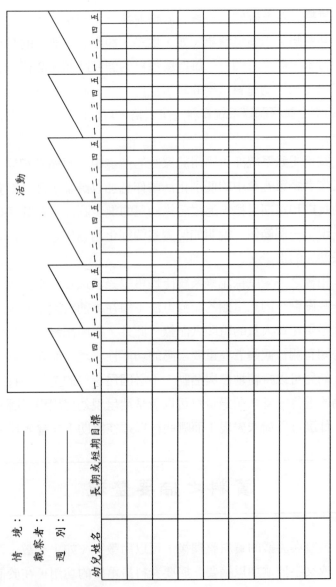

圖 7-4 試探記錄系統空白表格

個別活動作息

幼兒姓名：哈金　　　　　　　　　　日期：9-97

幼兒之長期或短期目標

例行性活動	時間和次數	會使用字詞表達	會用手抓握住手掌大小的東西
穿脫衣服	早上6：30 （一天一次）	• 使用字詞表達喜歡的衣服和回答問題　[C][C][C] • 使用字詞指出家人　[C][C][C] • 使用家人用過的字詞　[C][N][N] 備註：	• 抓握物品（如、牙刷、梳子、杯子、衣服） 　[W][W][□] • 抓握衣服 　[W][W][W][C] 備註：

（承下圖）

（續上圖）

乘車 早上 8：00 （一天一次）	・使用在車上收音機或錄音帶所聽到的字詞 □ □ C ・使用字詞指示熟悉的地點 □ □ 備註：使用口語提示	・抓握安全帶 □ W W ・從車子的置物袋中拿出書或玩具 □ □ C 備註：
沐浴 傍晚 （一天一次）	・使用字詞表達常用的物品 □ C C 備註：	・抓握以下的物品：肥皂、洗髮精、瓶子、毛巾、玩具、浴巾、浴袍 C W W 備註：

圖 7-5 為蒐集幼兒資料而修改之個別活動作息範例

（註：當幼兒表現行為技能時，在方格內畫記檢核，或是利用簡單的代碼記錄，如，C＝正確，W＝協助下進行，N＝沒有嘗試）

業團隊人員能從跨發展領域、跨情境和跨時間的觀點，來評量
幼兒的進步。當資料結果型態是數字時，可將一週的資料轉換
成百分比和圖形的資料呈現。譬如，幼兒在一週中花了多少比
率的時間和同儕遊戲；幼兒表現正確反應的百分比爲多少；或
是幼兒使用了多少比率的可理解字彙。以前述史黛西的例子來
看，我們可將試探記錄系統所蒐集的一週資料，轉換成史黛西
能正確用杯子喝水的正確反應百分比，然後以圖形摘要資料。
配合圖 7-3 的記錄，早期療育工作者在第一週結束時，摘要了
史黛西在三次點心時間的行爲表現。史黛西在星期一用杯子喝
水時，潑灑出了一些水（不正確的表現）；而在星期三和星期
五，是在協助下用杯子喝水。每一週的觀察資料，都可摘要成
如圖 7-6 的圖形資料。

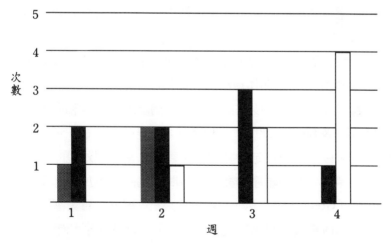

圖 7-6　**史黛西用杯子喝水行爲表現之四週摘要記錄**

（▧＝不正確，■＝協助下進行，□＝正確）

　　描述性的摘要當然也可以呈現幼兒在家裡或學校裡的實際表現，並成為專業團隊人員的溝通討論材料。以下是幾項建立描述性摘要的基本指引：

- 以發展領域或重要技能為蒐集與摘要資料的範疇。
- 在書寫時應避免專業術語，而力求客觀性和正面用語。
- 盡可能使用幼兒行為表現的實例。
- 資料中包括從不同的人物和地點所蒐集而來的評鑑資料。

資料之詮釋與使用

　　如果專業團隊人員不使用資料來做決定，特別是做有關介入內容的決定，那麼蒐集資料即成為沒有意義的舉動了。唯有透過評鑑的資料，我們才可能確定幼兒是否在結合了長期和短期目標的例行性活動中，表現出進步的情況。

　　專業團隊人員至少按照以下的六個步驟來詮釋和使用資料（McAfee & Leong, 1997）。步驟一：應避免摘要單一資料或片斷資料來做為任何決定的基礎。步驟二：當詮釋幼兒的行為表現時，應以發展的順序和發展的時間為基礎，再加以專業知識而判斷（Greenspan & Meisels, 1995）。步驟三：專業團隊人員應考慮如何蒐集資料，以連結幼兒不同層面的發展和學習。步驟四：資料的蒐集必須跨情境、跨時間，並來自不同的測驗與專業觀點；以力求達到「全人小孩」的輪廓。步驟五：幼兒獨

特的學習形態或方式，以及可能影響幼兒行為表現的環境因素，都必須在詮釋資料時加以考慮。步驟六：專業團隊人員必須決定幼兒是否在重要的發展領域上，有著如預期的進步表現。

摘要

執行介入模式時，必須藉由評鑑系統來觀察幼兒在例行性、計畫性和以幼兒為引導的活動中之實際表現，而從系統化評鑑所得的資料，亦是專業團隊人員和照顧者在設計合宜的課程時，所必須具備的重要訊息。若是沒有建立和使用健全的評鑑程序，專業團隊人員或照顧者將無法在堅固的基石上，判斷幼兒是否能從參與不同類型的活動中，達到令人滿意的進步結果。本章所介紹的決定本位模式，配合活動本位介入法的實施，應可為專業團隊人員和照顧者克服監督和評鑑的許多難題。

參考書目

Alberto, P., & Troutman, A. (1995). *Applied behavior analysis for teachers* (4th ed.). Upper Saddle River, NJ: Prentice-Hall.

Bayley, N. (1993). *Bayley Scales of Infant Development—Second Edition manual*. San Antonio, TX: The Psychological Corporation.

Bricker, D. (1989). *Early intervention for at-risk and handicapped infants, toddlers, and preschool children*. Palo Alto, CA: VORT Corp.

Bricker, D. (Ed.). (1993). *Assessment, evaluation, and programming system for infants and children: Vol. 1. AEPS measurement for birth to three years.* Baltimore: Paul H. Brookes Publishing Co.

Bricker, D. (1996a). Assessment for IFSP development and intervention planning. In S. Meisels & E. Fenichel (Eds.), *New visions for the developmental assessment of infants and toddlers* (pp. 169–192). Washington, DC: National Center for Clinical Infant Programs.

Bricker, D. (1996b). Using assessment outcomes for intervention planning: A necessary relationship. In M. Brambring, H. Rauh, & A. Beelmann (Eds.), *Early childhood intervention theory, evaluation, and practice* (pp. 305–328). Berlin/New York: Aldine de Gruyter.

Bricker, D., & Gumerlock, S. (1985). A three level strategy. In J. Danaher (Ed.), *Assessment of child progress* (pp. 7–17). Chapel Hill, NC: Technical Assistance Development System.

Dunst, C., & Trivette, C. (1990). Assessment of social support in early intervention programs. In S. Meisels & J. Shonkoff (Eds.), *Handbook of early childhood intervention* (pp. 326–349). New York: Cambridge University Press.

Greenspan, S., & Meisels, S. (1995). A new vision for the assessment of young children. *Exceptional Parent, 25*(2), 23–25.

Johnson-Martin, N.M., Jens, K.G., Attermeier, S.M., & Hacker, B.J. (1991). *The Carolina curriculum for infants and toddlers with special needs* (2nd ed.). Baltimore: Paul H. Brookes Publishing Co.

Krauss, M., & Jacobs, F. (1990). Family assessment: Purpose and techniques. In S. Meisels & J. Shonkoff (Eds.), *Handbook of early childhood intervention* (pp. 303–325). New York: Cambridge University Press.

McAfee, R., & Leong, D. (1997). *Assessing and guiding young children's development and learning.* Needham Heights, MA: Allyn & Bacon.

McCarthy, J., Lund, K., & Bos, C. (1986). *Arizona basic assessment and curriculum utilization system (ABACUS)*. Denver: Love Publishing Co.

McComas, N., & Olson, J. (1996). *Building effective successful teams series: Module 2—Activity-based approach to learning.* [Supported by U.S. Department of Education Grant #H024P50019; unpublished.] University of Idaho, Moscow.

McLean, M., Bailey, D., & Wolery, M. (1996). *Assessing infants and preschoolers with special needs.* Columbus, OH: Charles E. Merrill.

Snyder, P., & Wolfe, B.L. (1997). Needs assessment and evaluation in early intervention personnel preparation: Opportunities and challenges. In P.J. Winton, J.A. McCollum, & C. Catlett (Eds.), *Reforming personnel preparation in early intervention: Issues, models, and practical strategies* (pp. 127–171). Baltimore: Paul H. Brookes Publishing Co.

VORT Corp. (1995). *Hawaii Early Learning Profile (HELP): HELP for preschoolers* (pp. 3–6). Palo Alto, CA: Author.

第二篇

為何使用活動本位介入法

第八章

自然教學取向

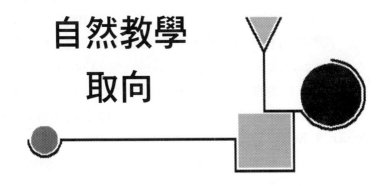

　　活動本位介入法被認為是自然教學取向的一種教學。從文獻資料中我們發現，討論和應用自然教學取向應用於障礙幼兒之文獻數量有增加的趨勢，而此取向被提及討論最多的是在語言和溝通二個領域。至少有四個理由可以解釋為何自然教學取向會日漸受到重視。第一，近年來障礙幼兒接受社區本位之融合教育已成趨勢，而自然教學取向較容易與社區本位課程的價值觀與教學策略結合（Atwater, Carta, Schwartz, & McConnell, 1994）。第二，許多父母親逐漸了解和喜歡使用能夠與他們家庭例行性活動結合的策略。第三，對有學習和發展障礙的幼兒來說，使用以成人為主導和高結構性的訓練方法，往往無法產生理想的類化反應（Warren & Horn, 1996）。第四，應用發展

合宜的教學（DAP），在障礙幼兒的學習中已蔚為潮流，這樣的趨勢助長了自然教學取向和發展合宜教學的結合（Novick, 1993；Wolery & Bredekamp, 1994）。

由於自然教學取向受到重視的趨勢，引起我們和其他學者（Hepting & Goldstein,1996）對其描述、定義和概念做了一些整理。我們發現自然教學取向被學者們歸類為簡單的（如，Noonan & McCormick, 1993）、普通一般性的（如，Cole, Dale, & Mills, 1991）、綜合性的（如，Barnett, Carey, & Hall, 1993），或是特別應用在某一領域的方法，例如應用在語言的領域（如，Kaiser, Yoder, & Keetz, 1992）。而本章的主要內容即是探討對於自然教學取向的定義問題，並且比較和自然教學取向相關的特質，以及提出結合活動本位介入法要素的教學建議。

自然教學法（Naturalistic Teaching）

自然教學法除了應用在語言介入的研究和教學（Hepting & Goldstein, 1996），也在其他早期療育的相關研究中，逐漸地受到重視（Noonan & McCormick, 1993）。然而在分析「自然的」（Naturalistic）一詞在早期療育中所代表的定義時，卻產生了難題。首先，我們發現許多文獻中，並沒有明確的區別情境（何處進行訓練）和教學策略的應用（如，是否利用日常例行性活動，以幼兒為引導的方式）。雖然有些學者做了自然環境與自然教學取向的區分（Noonan & McCormick, 1993），但是大多數

的研究中都沒有清楚地分別出自然情境與自然教學策略。以下我們即針對自然教學的定義相關議題，加以整理和討論。

定義

自從一九五〇到一九六〇年代以來，習慣以行為主義學派之訓練方法來教學，一直困擾著教學者該如何使學習者在訓練環境中，將所學習到的技能類化到非訓練的環境中。學習者將所習得之技能類化到自然環境的需求，已被特殊教育工作者所認同（Guess, Sailor, & Baer, 1974）。此外，許多自然環境中的活動可以用來成為訓練特殊需求者重要技能和行為反應的觀點，是另一個被眾所認同的概念（Bricker & Carlson, 1981, p.507）。Hart 和 Risley 兩位學者提出了有關上述概念的重要論點（1968）。Hart 和 Risley 曾設計與評鑑所謂的隨機教學策略，其目的在增進幼兒在學前教育機構的日常環境中，使用訓練過的結構性語言。二位學者認為當幼兒開始互動時，隨機教學則可在自然環境中進行。隨機教學包括以下的特質：

(1)隨機教學是在自然地使用語言的情境下進行。
(2)隨機教學是在每一天幼兒的生活中，於不同的時間和不同的情境中進行。
(3)隨機教學並不是一種嚴謹的教學（Stokes & Baer, 1997）。
(4)隨機教學情境中來自增強的真實偶發事件，比一對一訓練中所產生的行為，少了許多引人側目的程度。

(5)最重要的可能是隨機教學所建立的一系列行為和語言的使用，可以在不同的情境和條件中被類似的刺激，引發出類化的行為和語言。（1980, pp.409-410）

Hart 在一九八五年的書中，有一章名為「自然語言訓練技術」（Naturalistic Language Training Techniques），其重點在討論環境的介入。雖然她並沒有對「自然的」加以定義，但是她卻提出了三項自然的過程──隨機教學、模仿、延緩；而透過這三項自然的過程可以增進語言的使用。在這一章中，Hart 做了一個重要的結論，她認為事件的本身，或是模仿、提示、示範的頻率，並不能使訓練課程有成效，然而過程才是訓練成效的關鍵（1985, p.68）。

在訓練與日常活動結合的趨勢影響之下，多位學者提出了「社會環境語言訓練」（milieu language training）的取向，這個取向融合了不同的自然語言訓練策略（Kaczmarek, Hepting, & Dzubak, 1996；Kaiser et al., 1992；Warren, 1991；Warren & Kaiser, 1988）。我們以 Warren 和 Kaiser 對社會環境教學的定義為代表，來說明其定義：

社會環境教學取向之特質是利用分散的訓練試驗；即是當教學發生在平常的會話情境時，或是在平常使用語言的情境下，教幼兒語言的形成和內容時，試圖跟隨幼兒引人注意的引導。（1998, p.63）

　　Warren（1991）則進一步建議二個重要的社會環境語言教學的要素：其一是掌握明確的反應；另一要素是使用逐漸明確的提示。

　　Kaiser 等學者則提出，社會環境教學是一種教功能性語言技巧的自然策略（1992, p.9），並且進一步提出社會環境教學和自然的語言教學過程之共同點：(1)以幼兒的引導或興趣成為教學的指引。(2)利用多樣化且自然的範例。(3)藉由提示促使幼兒產生語言。(4)行為後果在教學情境中自然地發生。(5)教學是在連續的互動中進行。其他學者（Fox & Hanline, 1993）亦認同上述的特質是自然教學取向之指標。而 Hancock 和 Kaiser 根據以上的描述，歸納出這樣的看法：「社會環境教學結合了自然的、以會話為基礎的策略，以激發幼兒溝通的反應。」（1996, p.169）

　　雖然 Halle 和他的同事們並沒有直接提出社會環境教學，但是他們對於使用功能性語言訓練技巧，抱持著支持的態度（Drasgow, Halle, Ostrosky, & Harbers, 1996）。Oliver 和 Halle 在一九八二年時曾經表示，為達到功能性地使用語言的目標，而在自然的環境中進行訓練的方法，提供了令人耳目一新且有別於傳統的、結構化的教學情境（p.61）。而 Halle、Alpert 和 Anderson 則將自然環境語言訓練的步驟，分類成以下三項特質：

　　(1)簡單又正面的
　　(2)功能性語言教學自然地發生在自然的環境中
　　(3)訓練與幼兒感興趣的主題結合（1984, p.44）

　　雖然自然教學取向多用於語言教學方面，但是仍有學者將其擴大應用於其他領域的教學，或是將其描述成一種通用的介入方法。以 Noonan 和 McCormick 的定義為例（1993, p.22），他們闡述自然教學取向是具結構性的，是利用自然環境中的例行性活動和其他各種活動，成為教學的情境。而這二位學者所提出有關自然教學取向的特質，與 Warren 和 Kaiser（1988）的看法相同；但是 Noonan 和 McCormick 則對自然的環境，加以進一步的澄清。他們認為所謂自然的環境，應指在最大的可能範圍程度條件下的環境，所以自然的環境可包括所有統合的社區情境，亦即在此情境中非障礙者為大多數者（1993, p.238）。

　　從文獻中，當然我們也發現了有一些不同於以上內容的定義，可是其差異性並不大。表 8-1 所呈現的是有關自然教學取向的定義，而表 8-2 則包括了不同學者對自然教學取向所提出的特質描述。不可否認的，表 8-1 和 8-2 中的內容並非是包羅無遺的，但是它們可幫助讀者澄清「自然的」（natural）與「自然主義的」（naturalistic）之名詞概念。而從分析比較這些定義與特質的異同中，或許可以得出一個有用的結論，而此結論或可成為重新明確而有系統地陳述自然教學取向之基礎。

表 8-1　自然介入取向之定義示例

定　　義	資料來源
自然介入的方法包括可能結合了照顧者的日常例行活動；或是發生在對兒童而言的重要情境中之經驗，而這些經驗並不是特別突兀的延伸經驗，或是稍加改變的經驗。	Barnett, Carey, & Hall (1993)
自然介入的設計強調兒童和親近的人之間的自然互動，以及對此互動之了解與運用。（p. 473）	Barnett 等 (1997)
「自然的」一詞意指在自然的情況下所發現用來分析之單位（unit），而此並非建立於不自然的評量和測量基礎之上。（p.474）	
自然教學取向主要是以自然的例行性活動，以及以自然的環境為教學情境中所進行的活動為架構。	Noonan & McCormick (1993)
自然的課程模式之主要目標是，在自然的社會性和物理性環境中，增進嬰兒或幼兒的主控性、參與程度與互動。	
（自然取向的課程）具有一項明顯的特質，即是「遊戲是幼兒與生俱來的學習方法」之信念……，透過自發性的和具內在增強的活動，幼兒將內在與外在世界加以統整。（p. vii）	Sheridan, Foley, & Radlinkski (1995)

（承下表）

（續上表）

定　　義	資料來源
隨機的語言教學是指發生在自然的非結構性情境中，一位成人和一位兒童的互動；成人系統化地利用和兒童的互動機會，以做為傳遞新資訊的機會，或是成為讓兒童發展溝通技巧的練習機會。（p.291）	Warren & Kaiser (1986)
自然的教學策略包括兒童和成人之間的互動，提供兒童學習新技能或練習舊經驗的機會，以及引發自然的增強之方法。（p.13）	Wolery (1994)

表 8-2　自然介入取向之相關特質示例

名　稱	特　質	資料來源
隨機教學	1. 視情況而決定材料 2. 視情況的階層式指導（教師提示） 3. 在普通的幼兒活動中進行，利用玩具和其他幼兒一起參與 4. 「運作的」語言方式（"working" speech）	Hart & Risley (1974)
活潑的隨機教學	1. 在可自然地維持使用語言的情境中進行	Hart & Risley (1980)

（承下表）

（續上表）

名　　稱	特　　質	資料來源
	2.在兒童一天生活中的不同時間和情境中進行 3.非結構化的訓練 4.較不明顯的隨機增強 5.建立可類化的語言行為	
自然環境的語言訓練	1.積極正向但維持不長的 2.在自然的環境中進行功能性語言的教學 3.以兒童的興趣為主題	Halle, Alpert, & Anderson (1984)
自然主義的取向	1.在兒童的自然環境中進行 2.利用會話交談的情境 3.運用分散嘗試訓練的方法 4.強調以兒童所專注的事物為教學引導 5.以兒童的要求和所專注的事物成為功能性的增強	Warren & Kaiser (1986)
隨機教學	1.短暫而正向的互動 2.為溝通而設計 3.與母親和孩子的互動類似 4.有特定的目標	Warren & Kaiser (1988)

（承下表）

（續上表）

名　稱	特　質	資料來源
	5. 漸進地運用特定的提示	
社會環境教學	1. 分散式的嘗試訓練 2. 以兒童所注意的事物爲教學引導 3. 在日常活動中進行語言的形式或內容之教學	Warren & Kaiser (1988)
社會環境教學	1. 跟隨兒童的興趣或引導 2. 利用自然發生的多元化事件，成爲語言教學的範例 3. 引發兒童自己所產生的語言 4. 利用自然的行爲後果，包括和特定的語言形式相關的後果，以及在教學情境中所發生的自然後果 5. 將教學事件融入於連續的互動中	Kaiser, Yoder, & Keetz (1992)
自然主義的取向（父母訓練）	1. 強調親子互動 2. 以溝通爲主要方向，而非語言訓練 3. 利用在遊戲或日常例行活動中自然發生的事件	Tannock & Girolametto (1992)

（承下表）

（續上表）

名　稱	特　質	資料來源
自然主義的教學	1.在自然環境中進行教學 2.教學時段簡短並且分散在數天或數小時之內進行 3.以兒童的引導爲主 4.利用自然的行爲後果	Fox & Hanline (1993)（引自 Kaiser, Yoder, & Keetz, 1992）
自然主義的教學取向	1.在自然環境中進行教學 2.個別的教學互動是簡短而分散在數天或數小時之內進行 3.教學互動是以兒童爲引導 4.在教學中利用自然的行爲後果（所使用的物品和事件對兒童而言是重要而且喜歡的）（pp.238～239）	Noonan & McCormick (1993)（引自 Warren & Kaiser, 1988）
自然主義的（社會環境）策略	1.利用連續的活動與互動進行教學 2.利用成人和兒童之間重複而簡短的互動進行教學 3.回應兒童的行爲 4.提供回饋和自然發生的行爲後果給兒童 5.成人必須有目的地計畫教學	Wolery (1994)

（承下表）

（續上表）

名　稱	特　質	資料來源
自然主義的取向（如，社會環境教學）	1. 利用母親和孩子之間自然發生的互動形式來教學 2. 著重具即時性的功能性技能之教學 3. 提升語言獲得的技能	Kaiser, Hester, Alpert, & Whiteman (1995)
社會環境與回應的互動，自然主義的教學	1. 在非正式情境中之非為語言介入的活動中進行教學 2. 強調以兒童的興趣為主題 3. 使用的語言符合兒童的語言功能水準 4. 提供從溝通事件而來的行為後果 5. 利用不同的、特定的促進語言學習的技術	Yoder 等 (1995)
發展觀點的取向	1. 利用自然環境 2. 跟隨兒童的興趣 3. 促進技能的類化 4. 分散式的練習 5. 著重會話中的溝通意圖	Cole, Mills, Dale, & Jenkins (1996)

（承下表）

（續上表）

名　稱	特　質	資料來源
自然語言典範	1. 以兒童選擇的活動爲主 2. 利用自然環境中的多樣化例子 3. 清楚明確地激發語言 4. 利用直接的、自然的行爲後果 5. 增強兒童的嘗試 6. 增進自然的互動	Koegel (1996)
統整的治療	1. 將訓練融於日常例行活動和各種活動中 2. 以兒童所專注的事物引導教學 3. 選擇功能性和即時有用的技能來教兒童	Warren & Horn (1996)
自然的讀寫教學	1. 在成人或同儕的幫助之下，兒童建構知識 2. 主動與被動的學習兼具 3. 在有意義並多元化的情境中呈現範例和概念，其內涵並反映了兒童的興趣 4. 在活動中安排不同程度的參與 5. 活動須著重兒童的能力和延伸性的知識 6. 異質分組容許示範和多樣化的發生	Watkins & Bunce (1996)

自然教學取向之特質

　　在自然教學取向的相關文獻中，均可發現跟隨幼兒的引導和興趣是最明顯出現的特質。從表 8-1 和 8-2 的定義和特質分析資料中，幼兒的動機是被強調的重點內容。當介入直接和由幼兒興趣所引發的行動與活動結合時，介入的效果很受到肯定。而介入效果被質疑的關鍵，多是針對在介入過程中，成人角色的界定和功能。有些定義中提出只有當成人跟隨幼兒的引導時，才能稱之為自然的取向；因此成人的主要角色是回應者。然而在其他教學取向中（如，活動本位介入法），則對成人的角色有較具體的澄清，也就是說成人的角色不應是被動的回應者而已，其實應兼具引導者和回應者的雙重角色。另一方面，有些定義中建議，任何由成人所提供的教學架構，應該避免所謂的自然教學取向。值得注意的是，若從母親和孩子互動的自然過程來看，母親並非完全不控制和孩子之間的會話和互動行為。母親會引發孩子的注意，在必要時甚至直接導引孩子的注意。重要的是母親會根據情境的需求，而變化她和孩子的互動。同理而言，一位有效的早期療育工作者並不是一味地隨從幼兒的行動，而是依情境的不同，使用不同的且恰當的技巧。當然，經常由幼兒來引發行動和活動是非常重要的；但是某些時候也可能由成人來引導和指導幼兒的行動，視時機而行才是合適的做法。總而言之，成人必須有技巧地利用幼兒的動機，時而引

導，時而回應；並且在互動中協助幼兒習得和類化技能，以增加幼兒的行為能力和種類。

自然教學取向定義中的第二個特質，即是利用例行性和日常活動與遊戲成為訓練的情境。雖然遊戲和例行性、日常活動的性質並不完全一樣，但是它們提醒了我們一個重要的事實，就是在幼兒一天的生活中，存在著許多重複學習和練習的機會。

例行性和日常活動是指那些我們每一個人或多或少都必須參與的活動，以維持現實生活中某些秩序和需求，像是個人的生活自理、食物的準備、清潔工作等，都可謂是必要的例行性活動。諸如此類因為必要性而經常發生的活動，每個人會因為參與其中的程度不同，而影響其獨立生活的表現。對幼兒來說，如果忽略了例行性和日常活動的意義，必然會喪失許多訓練的機會。換言之，既然這些例行性和日常活動是必須參與的活動，那麼何不利用這些情境來提升幼兒的技能，更何況增進幼兒獨立性的技能，往往必須透過這些活動而習得。

雖然遊戲和例行性以及日常活動的性質不一樣，但幼兒在遊戲中同樣可以學習和類化技能。對大部分的幼兒而言，遊戲是經常發生的活動，而且是自己選擇的活動，因此遊戲中存有許多練習重要目標的機會。然而針對遊戲、例行性以及日常活動的看法，仍有一些重要觀念的差異性須被澄清。我們特別提出 Hart（1985）的看法來加以說明。Hart 並不將遊戲、例行性和日常性活動視為訓練的環境；而其他如活動本位介入法的觀念，則是將這些活動視為主要的訓練媒介。Hart 和一些學者認為，基本的訓練可以不在幼兒的日常活動中進行，而練習技能

的類化時，則可利用非訓練環境來進行，例如遊戲或是生活中的零星機會。相反地，活動本位介入法的主要觀念，卻是將遊戲、例行性和日常活動當成主要的訓練環境，而不是將它們視為不重要的或是非訓練的環境與機會。

　　自然教學取向的第三個特質是，結合（或增強）行為後果成為行動或是活動的一部分。譬如說，幼兒要求喝果汁的後果，應該是給他果汁喝，而不是稱讚他話說得很好。對許多幼兒來說，當他們表現的行動和後果有直接相關性存在時，確實可以促進他們的學習。因此，在可能的情況下，直接來自於行動或活動的後果，必須統合在教學中。以下的例子可說明這樣的教學原則：

- 幼兒把椅子推近櫃台，可以拿到想要的玩具。
- 幼兒要求食物或飲料時，可以吃到或喝到想要的東西。
- 回答媽媽的問題時，可讓幼兒學習注意聆聽和一來一往的回應。
- 問幼兒問題可使幼兒表達想做的事或想要的東西。
- 練習使用新的字彙，可增加幼兒的溝通能力。
- 使用手指抓物的技能，讓幼兒可以拿取小塊（小粒）的食物。
- 學習顏色的名稱使幼兒得到想要用的蠟筆。
- 直立地坐姿讓幼兒可以和鄰座的友伴遊戲。
- 說「嗨」和「拜拜」可引起幼兒的注意和微笑。
- 說「不」可讓幼兒阻止別人拿走他的玩具。
- 學習一腳前一腳後地平衡行走，可讓幼兒走到想去的地方。

　　在幼兒的生活世界裡，存在許多學習人類基本技能的重複機會。有效的介入在於善加利用這些多樣化的機會，將這些機會轉化成教學的媒介，而對幼兒的學習產生意義，並且從幼兒的行動中帶出正面的結果。

　　第四個定義的特質是有關跨條件（人、事、情境、時間）訓練的需求性。在不同的條件之下進行訓練，確實有助於幼兒類化所學的技能。我們用下面的例子來說明跨條件教學的重要。一位中度肢體障礙的幼兒，還不會獨立行走。早期療育工作者很努力地教他在教室裡行走。正如同教學原理而言，當幼兒可以跟蹌地穿越教室時，他們也逐漸減少支持的需要。而在一個溫暖的早春日子裡，幼兒走在草地上時卻摔倒了，他坐在草地上拒絕站起來步行。於是在春季的課程中，老師們調整了幼兒學習走路的課程，而幼兒在接近夏季時，可以在草地上行走了。如果幼兒在接受訓練的初期，就能夠有機會於不同的地面練習走路，那麼日後即能較有效地類化走路的技能，拒絕改變行為技能的情況也可能不會發生了。總而言之，生活中的條件是多樣化的，因此幼兒必須發展多種的技能，以有效地應付各種改變。

　　另外一些學者則將一天當中發生的短暫事件，視為自然教學取向的特質。雖然有些自然性的教學確實發生於短暫的互動過程中，但是並不代表其必要性；換言之，具有意義的、延伸性的互動，就一定是不自然的表現嗎？譬如一位幼兒必須學習在不同的情境中，使用字彙來表達。有一天他發現了一隻小蟲，指著小蟲給大人看；此時大人可能會說：「小蟲，這是一隻小蟲。」幼兒可能花幾分鐘觀察小蟲、摸摸動動小蟲，或是談談

小蟲的其他事件；大人都可以利用這些機會將幼兒學過的和新的語詞，帶進和幼兒的對話中，一方面讓他複習舊的學習內容，一方面增加新的學習材料。接著大人或許可以建議幼兒把看到的小蟲畫下來，或者把小蟲放進盒子裡，然後到戶外找找看有沒有其他的小蟲。一旦幼兒的興趣能夠維持，學習的機會就會隨之而來。其實能夠練習某些技能的機會只會在一天當中短暫地出現，並不會失去其意義和自然性。舉例說，幼兒脫外套、放好外套的機會，可能一天只發生一、二次，甚至不會發生，但是這樣的日常活動對幼兒練習生活自理的技能，仍是自然且具意義。

從表 8-1 和 8-2 的定義中，我們歸納出二種對自然教學取向基本架構的不同看法。其一是提出採用自然教學取向，並不需要正式的計畫，只要利用發生事件來類化所學技能，即符合自然教學的做法。另一種看法則建議，即使是自然教學，也需要有基本的架構來指引教學，以使例行性活動、遊戲和日常活動能夠系統化地成為教學機會。

提供教學架構的用意，並不是指要忽略或任意跟隨幼兒的引導和動機。一個合宜的架構能使教學者在過程中，對幼兒的引導保持系統性的注意，同時留意可用來發展教學的許多機會。至少有三種型態的活動（或行動）可歸納在所謂的「自然的活動」。第一種是以幼兒為引導的活動，介入者的角色主要是從跟隨幼兒的引導中，加強幼兒的技能。另一種較少被提及，但是同等重要的角色是介入者引導幼兒的主動性，進而成為學習或類化重要技能的媒介。不論教學介入者扮演的是哪一種角色，

基本架構的使用都可幫助介入者有效地運用幼兒主動性的引導。第二種和第三種自然的活動是指例行性活動與遊戲。這兩種活動的重要性和運用這些活動的意義，已於前面的章節中闡述，在此不再重複。然而，到底這些活動應讓它們成為偶發活動；或是應在一個基本架構之下有計畫地發生，以幫助介入者或照顧者成功地利用這些活動，至今仍是一項討論的議題。事實上，不論是在教室或家裡，許多介入者和父母確實會錯失許多可進行教學的機會。因此，一個清楚的架構對指引成人有效地將重要技能融入例行性活動、遊戲活動中，的確是有其必要性和效用性。當然，這些活動的進行方式並不是一板一眼的，而是在一種非正式的狀態中進行。再則，架構並不代表完全由成人指導、安排的訓練活動，其重點在於提供成人一個基本的結構，以使成人在利用一天中各樣活動來增進幼兒的學習時，能有一個清楚的方向，不至於失去教學的機會。

整體而言，自然教學取向的重點即是幼兒的日常生活環境就是教學的環境；每一天的日常生活經驗，都是幼兒學習重要技能的機會。可惜在表 8-1 的定義敘述中，並沒有發現對自然教學取向特質的一致性看法。或許有人會質疑架構的必要性，因為它可能限制了教學策略的彈性，而成為成人操弄的指導方式。我們必須澄清的是有效的介入含括了多樣化的策略，而這些策略的運用會因為幼兒需求的不同、情境的不同以及目標的不同，而必須經常修改、調整和互相結合。其實不論運用的策略是否真的符合所謂「自然的活動」，最重要的仍是介入者能掌握幼兒的功能性目標，並在幼兒每日生活中的有意義情境裡，

不斷地提供幼兒學習與發展的機會。

進一步的建議

首先我們必須提出早期療育（或特殊幼兒教育）的基本目標，是將物理性環境與社會性環境豐富化，以擴增幼兒的動機來學習和類化重要的概念與技能；而所學的概念和技能可讓幼兒在不同的情境和條件之下，增強他們的獨立性、解決問題的能力以及適應能力。爲達此目標，以下我們提出三項重要的假設，以做爲早期療育之教學建議的概念基礎。

幼兒的動機是有效學習與類化的關鍵

第一項假設——幼兒的動機是學習和類化主要反應的主力。當幼兒被激起學習的動機時，他才有可能真正地獲得與類化訊息和技能。如果幼兒是依賴外界的因素，或是學習結果並非直接由行動（活動）所產生，那麼很可能所表現的行爲不是幼兒真正自發性的行爲反應，而是出自成人的指導與誘發。透過和環境的互動，幼兒可產生他們想表現的行爲，而成人在介入的計畫中，其角色扮演的重點也從指導活動，轉換成對幼兒主動性與日常活動的觀察者，並且從觀察中發現介入的契機，而不是完全運用直接的訓練策略。

在此我們仍希望澄清一個重要的概念，即是幼兒的主動性

和日常例行活動，不是唯一的訓練選擇。跟隨幼兒的引導，以及看重他們動機的真正意義，不在於放棄成人引導的策略，也不是阻止早期療育工作者去指導和校正幼兒的行為。一位有效的教學者必須能夠運用多種策略，並能視幼兒的反應、情境和目標，調整所使用的各種策略。

重要技能與訊息是介入計畫之焦點

鬆散的計畫安排不可能達到有效果的學習結果，而且幼兒參與沒有規畫的活動，在其中所表現的行動（行為）往往不是他們優先需要學習的目標。如何有效地利用幼兒的引導、日常例行活動與遊戲，使之成為訓練的媒介，則應包含二項基礎，其一為成人必須熟悉並了解幼兒的長期目標與短期目標。其二是幼兒的長期目標必須具有個別需求的合宜性、功能性和時間性。早期療育工作者可藉由評量或評鑑工具來蒐集資料，擬訂符合這二個條件的目標（Bernheimer & Keogh, 1995；Bricker, 1993）。

利用多樣化的機會與跨情境的練習

第三項假設建議有效的學習必須透過在各種不同機會中的練習，以及在不同情境和條件之下，運用新的技能和訊息。事實上，運用幼兒的主動性、日常活動和遊戲的目的，即是希望擴展幼兒練習重要技能的機會。許多研究發現，教學活動的時

間不足夠，是老師們的困擾之一（Bricker & Pretti-Frontczak, 1997; Fleming, Wolery, Weinzierl, Venn, & Schroeder, 1991; Pretti-Frontczak, 1996；Schwartz, Carta, & Grant, 1996）。因此，對於有發展、學習障礙或適應困難的幼兒而言，跨情境和多元化的練習機會，確實有其必要性和重要的意義。生活中的情境和事件，不可能完全一樣，幼兒必須學習依照情況，調整或改變行為反應（Stokes & Baer, 1977）。譬如幼兒練習開門的技能，就可能學會開大小、輕重不同的門；也要學習下雨或颱風時開門的技巧；或是一面交談時、一手拿物時的開門技巧。諸如此類的生活實例，讓我們再次思考學習若發生在固定情境中的限制性。

教學之特質

從我們的文獻分析中發現，自然教學取向的定義並不明確，雖然有一些基本的理念一致，但仍呈現出各家學者分歧的看法。除非有分類說明的需要（Hobbs, 1975），否則在使用「自然教學」的名稱時，往往反而造成混淆。因此，重新定義和界定關鍵性的特質，以建立早期療育工作者在教學時可應用的指標，即成為當前的要務了。我們特別提出以下的五項教學特質：

- 提供多樣化的練習機會
- 鼓勵幼兒主動的引導
- 變化訓練的情境

- 強調功能性的反應
- 利用邏輯性的行為後果

在大部分的情況下，教學者都必須考慮這五項特質是否被詳實地運用，但是運用的次數頻率則會因為幼兒、目標、情境的不同，而有所調整。譬如說，有時候觀察幼兒和跟隨幼兒的引導比較重要時，早期療育工作者就須花較多的時間參與此類型的活動；而有時候也可能需要花較多的時間引導幼兒尚未發展出來的行為。

特質一：提供多樣化的練習機會

在前面的章節中已有許多篇幅討論多樣化的練習機會，對幼兒口語能力、解決問題能力、動作技能等的學習與發展之重要性。無論如何，多樣化的練習機會仍有其個別化的性質，每個幼兒會因他的目標和生活環境，而有各種不一樣的練習機會。除了個別化的性質之外，多樣化的練習機會也和其他的四項教學特質，有著密切的關係。舉例而言，如果教學活動全是教師引導的活動，或是活動發生在固定的情境，抑或幼兒的反應是非功能性，使用非真實的行為後果；那應多樣化的練習機會就無立足之地，也無法發揮其效用了。

特質二：鼓勵幼兒主動的引導

　　一位技巧熟練的早期療育工作者，不僅能回應幼兒的主動引導，也能夠不著痕跡地引導出幼兒的主動性，促使幼兒在主動引導的活動中，學習他的重要技能。雖然環境中的事件可能促發幼兒的行動，可是以幼兒為引導的活動應指在沒有任何直接的要求，以及提示的情形下，出自幼兒自己的行為（行動）。以下的例子描述了幼兒自發性的活動。如果幼兒在地板上推玩具車玩，成人可鼓勵他說出物品的名稱（如，車子、地板、路），也可以練習說一些重要的字詞（如，走、停止），同時也可以利用機會練習動作技能（如，把車子放進當成車庫的紙盒裡的動作，可以增進手眼協調）。當然成人不應鼓勵出自幼兒的不當行為（如，傷害其他幼兒），或是一些無意義的行為（如，呆坐過久，玩弄手指）；而當這種情形發生時，成人就不能讓幼兒一直扮演引導者，反而應適當地指引或指導幼兒合宜的行為。同理而言，鼓勵和回應幼兒主動性的引導，也必須考慮幼兒的個別化需求、目標與情境，再決定運用此策略的頻率多寡。

特質三：變化訓練的情境

　　當教幼兒新技能與練習生產性技能時，變化訓練的情境則無形中結合了前二項特質，一方面提供了多元化的練習機會，

一方面則鼓勵幼兒主動引導。如果在固定情境裡進行教學，幼兒難有彈性與功能性運用所學技能的機會。事實上，鬆散的介入技巧與缺乏類化的機會是相關的（Stokes & Baer, 1977）。我們建議訓練活動應盡可能地在各種可以引起合宜且功能性反應的情境裡進行。

有些學者將訓練和非訓練環境二分法（Hart, 1985），但是我們認為如此劃分並沒有絕對的必要性，因為幼兒每日生活的環境就是他的訓練環境，而環境中發生或計畫的事件，只要是合適又可利用的，都能成為訓練的機會。當然對某些幼兒或是某些學習目標來說，並不是每一種情境都適合成為訓練的情境。譬如有嚴重行為問題的幼兒，訓練最好在比較穩定的情境中進行。有明顯發展遲緩的幼兒，可能需要在沒有改變的情境裡，重複練習某項技能。在不同的日常活動中進行訓練，和在固定情境裡重複練習，並不互相影響；不論是分散的或重複的訓練機會，都是連續學習過程中的一部分。通常而言，不同情境的刺激的確可以增進類化，然而當幼兒的需求是在固定情境中學習時，仍應以個別化的原則來做教學的決定。

特質四：強調功能性的反應

從前面的教學建議中，可反映出為幼兒選擇目標時，必須考慮與日常生活經驗結合，如果缺乏功能性的目標，幼兒在學習過程中之獲益也會相對減少。在學前教育機構中，幼兒可能花不少時間玩一些有趣的活動，例如插洞板、套圈圈、黏貼手

工；但是這些活動並不具有功能性，尤其是有發展遲緩的幼兒，可能得花費比一般幼兒還要多的努力，才能夠玩類似的遊戲。因為發展遲緩幼兒的技能發展可能還不足以支持他們玩這類遊戲。普通班級中有發展遲緩或障礙幼兒，則可利用計畫性活動，將幼兒需要發展的技能融入在有趣的活動裡。

對於障礙幼兒或發展遲緩幼兒的學習經驗來說，運用日常例行活動、遊戲和幼兒為引導的活動，並不足以提供充分的練習機會給他們，還必須經常加入一些計畫性活動。計畫性活動不必完全是成人指導性的活動，成人往往只須介紹和引導活動；只要計畫性活動能吸引幼兒的注意，維持幼兒參與活動的興趣，計畫性活動對幼兒來說也是「自然的活動」。舉例來說，早期療育工作者可能計畫戶外散步的活動，促進幼兒動作技能和社會互動的發展。然而在散步的途中，幼兒們很可能自發地開始從事一些不在計畫內的活動，而並不影響原先計畫性活動的目標。計畫性活動的目的是特別設計給幼兒練習重要技能的多樣化活動之一，在活動中成人仍應保持敏銳度，以覺察出自幼兒主動引導的活動，並在計畫性活動中隨時調整活動的進行。

為幼兒選擇功能性目標的需求，顯示出評量和評鑑的重要性。基於評量與評鑑資料而選擇出來的目標，較不容易有誤差，而能達到下面的標準：具發展的準確性（對幼兒不會太難或太簡單）、符合生理年齡、重要的技能或概念與環境的需求契合（具功能性）。使用合適的測量工具是為幼兒擬訂和選擇重要目標的先決關鍵，否則在幼兒的個別化教育計畫或個別化家庭服務計畫中的目標很可能是不明確的、非功能性的，以及零碎

片斷的目標（Bricker & Pretti-Frontczak, 1997；Cripe, 1990；Notari & Bricker, 1990；Notari & Drinkwater, 1991）。

特質五：利用邏輯性的行為後果

　　所謂邏輯性的行為後果是指隨著一項行動、或活動、或幼兒的反應而來的後果；也可能是與活動或行動有著某些直接相關的後果。這項教學建議特質其實反映了幼兒功能性反應和功能性活動的重要性。例如幼兒要走出關著門的房間，他勢必要有打開門的功能性反應。而當幼兒叫媽媽時，邏輯性的後果就是媽媽注意他了。當幼兒要求玩具時，他得到了玩具就是邏輯性的後果。當大部分的人問問題時，獲得答案即是邏輯性的行為後果。值得注意的是，上面這些例子的邏輯性後果都是直接隨行動而來，並且對幼兒有意義、他們可以了解的行為後果。若是幼兒說出物品的名稱或指認圖畫後，給他一張星星的貼紙，對他可能並沒有什麼意義，反而會令他困惑（Mahoney & Weller, 1980）。

　　使用人為的或不相關的事件或行為後果，可能讓幼兒參與一些重複而無趣的活動，甚至影響他們的學習動機，其結果很可能是缺少功能性，對幼兒沒有意義，也令人不滿意。然而不可否認的是，有些幼兒必須使用非自然的刺激事件，才能幫助他們達到教育目標（Sulzer-Azaroff, 1992）。有時候自然的行為後果並不足以支持幼兒的學習時，則必須提供更有力的、正面的刺激，以引發幼兒的行為後果。人為的刺激事件在必要時的

確可以使用，但是最好是盡快地退隱不用，而轉換為使用自然
發生的邏輯性行為後果（Sulzer-Azaroff, 1992）。

摘要

　　本章之主要目的是闡述自然教學取向和早期療育之結合，
自然教學取向的定義和特質描述，眾說紛云，難以整理出一致
性的看法。因此在本章中我們重新界定自然教學的方法，使之
具體明確化。

　　我們提出基本的假設，並由假設中衍生出五項教學特質的
建議。而不論是假設或教學特質，都可和活動本位介入法結合
成一體。

參考書目

Atwater, J., Carta, J., Schwartz, I., & McConnell, S. (1994).
Blending developmentally appropriate practice and early
childhood special education: Redefining best practice to meet
the needs of all children. In B. Mallory & R. New (Eds.), *Diversity and developmentally appropriate practices* (pp. 185–201). New
York: Teachers College Press.

Barnett, D., Carey, K., & Hall, J. (1993). Naturalistic intervention design for young children: Foundations, rationales, and
strategies. *Topics in Early Childhood Special Education, 13*(4),
430–444.

Barnett, D., Lentz, F., Bauer, A., MacMann, G., Stollar, S., & Ehrhardt, K. (1997). Ecological foundations of early intervention: Planned activities and strategic sampling. *Journal of Special Education, 30*(4), 471–490.

Bernheimer, L., & Keogh, B. (1995). An approach to family assessment. *Topics in Early Childhood Special Education, 15*(4), 415–433.

Bricker, D. (Ed.). (1993). *Assessment, evaluation, and programming system for infants and children: Vol. 1. AEPS measurement for birth to three years*. Baltimore: Paul H. Brookes Publishing Co.

Bricker, D., & Carlson, L. (1981). Issues in early language intervention. In R. Schiefelbusch & D. Bricker (Eds.), *Early language: Acquisition and intervention* (pp. 477–515). Baltimore: University Park Press.

Bricker, D., & Pretti-Frontczak, K. (1997, November 21). *Examining treatment validity: A critical and often overlooked construct in evaluating assessment instruments*. Paper presented at the International Conference for the Division of Early Childhood, New Orleans.

Cole, K., Dale, P., & Mills, P. (1991). Individual differences in language delayed children's responses to direct and interactive preschool instruction. *Topics in Early Childhood Special Education, 11*(1), 99–124.

Cole, K., Mills, P., Dale, P., & Jenkins, J. (1996). Preschool language facilitation methods and child characteristics. *Journal of Early Intervention, 20*(2), 113–131.

Cripe, J. (1990). *Evaluating the effectiveness of training procedures in a linked system approach to individual family service plan development*. Unpublished doctoral dissertation, University of Oregon, Eugene.

Drasgow, E., Halle, J., Ostrosky, M., & Harbers, H. (1996). Using behavioral indication and functional communication training to establish an initial sign repertoire with a young child with severe disabilities. *Topics in Early Childhood Special Education, 16*(4), 500–521.

Fleming, L., Wolery, M., Weinzierl, C., Venn, M., & Schroeder, C. (1991). Model for assessing and adapting teachers' roles in mainstreamed preschool settings. *Topics in Early Childhood Special Education, 11*(1), 85–98.

Fox, L., & Hanline, M. (1993). A preliminary evaluation of learning within developmentally appropriate early childhood settings. *Topics in Early Childhood Special Education, 13*(3), 308–327.

Guess, D., Sailor, W., & Baer, D. (1974). To teach language to retarded children. In R. Schiefelbusch & L. Lloyd (Eds.), *Language perspectives: Acquisition, retardation, and intervention* (pp. 529–563). Baltimore: University Park Press.

Halle, J., Alpert, C., & Anderson, S. (1984). Natural environment language assessment and intervention with severely impaired preschoolers. *Topics in Early Childhood Special Education, 4*(2), 36–56.

Hancock, T., & Kaiser, A. (1996). Siblings' use of milieu teaching at home. *Topics in Early Childhood Special Education, 16*(2), 168–190.

Hart, B. (1985). Naturalistic language training techniques. In S. Warren & A. Rogers-Warren (Eds.), *Teaching functional language* (pp. 63–88). Baltimore: University Park Press.

Hart, B., & Risley, T. (1968). Establishing use of descriptive adjectives in the spontaneous speech of disadvantaged preschool children. *Journal of Applied Behavior Analysis, 1,* 109–120.

Hart, B., & Risley, T. (1974). Using preschool materials to modify the language of disadvantaged children. *Journal of Applied Behavior Analysis, 7*(2), 243–256.

Hart, B., & Risley, T. (1980). In vivo language intervention: Unanticipated general effects. *Journal of Applied Behavior Analysis, 13*(3), 407–432.

Hepting, N., & Goldstein, H. (1996). What's "natural" about naturalistic language intervention? *Journal of Early Intervention, 20*(3), 250–264.

Hobbs, N. (1975). *The future of children.* San Francisco: Jossey-Bass.

Kaczmarek, L., Hepting, N., & Dzubak, M. (1996). Examining the generalization of milieu language objectives in situations requiring listener preparatory behaviors. *Topics in Early Childhood Special Education, 16*(2), 139–167.

Kaiser, A., Hester, P., Alpert, C., & Whiteman, C. (1995). Preparing parent trainers: An experimental analysis of effects on trainers, parents, and children. *Topics in Early Childhood Special Education, 15*(4), 385–414.

Kaiser, A.P., Yoder, P.J., & Keetz, A. (1992). Evaluating milieu teaching. In S.F. Warren & J. Reichle (Eds.), *Communication and language intervention series: Vol. 1. Causes and effects in communication and language intervention* (pp. 9–47). Baltimore: Paul H. Brookes Publishing Co.

Koegel, L.K. (1996). Communication and language intervention. In R.L. Koegel & L.K. Koegel (Eds.), *Teaching children with autism: Strategies for initiating positive interactions and improving learning opportunities* (pp. 17–32). Baltimore: Paul H. Brookes Publishing Co.

Mahoney, G., & Weller, E. (1980). An ecological approach to language intervention. In D. Bricker (Ed.), *Language intervention with children* (pp. 17–32). San Francisco: Jossey-Bass.

Noonan, M., & McCormick, L. (1993). *Early intervention in natural environments.* Pacific Grove, CA: Brooks/Cole.

Notari, A., & Bricker, D. (1990). The utility of a curriculum-based assessment instrument in the development of individualized education plans for infants and young children. *Journal of Early Intervention, 14*(2), 117–132.

Notari, A., & Drinkwater, S. (1991). Best practices for writing child outcomes: An evaluation of two methods. *Topics in Early Childhood Special Education, 11*(3), 92–106.

Novick, R. (1993). Activity-based intervention and developmentally appropriate practice: Points of convergence. *Topics in Early Childhood Special Education, 13*(4), 403–417.

Oliver, C., & Halle, J. (1982). Language training in the everyday environment: Teaching functional sign use to a retarded child. *Journal of The Association for the Severely Handicapped, 8,* 50–62.

Pretti-Frontczak, K. (1996). *Examining the efficacy of embedding young children's goals and objectives into daily activities.* Unpublished doctoral dissertation, University of Oregon, Eugene.

Schwartz, I., Carta, J., & Grant, S. (1996). Examining the use of recommended language intervention practices in early childhood special education classrooms. *Topics in Early Childhood Special Education, 16*(2), 251–272.

Sheridan, M., Foley, G., & Radlinkski, S. (1995). *Using the supportive play model: Individualized intervention in early childhood practice.* New York: Teachers College Press.

Stokes, T., & Baer, D. (1977). An implicit technology of generalization. *Journal of Applied Behavioral Analysis, 10,* 349–367.

Sulzer-Azaroff, B. (1992). Is back to nature always best? *Journal of Applied Behavioral Analysis, 25,* 81–82.

Tannock, R., & Girolametto, L. (1992). Reassessing parent-focused language intervention programs. In S.F. Warren & J. Reichle (Eds.), *Communication and language intervention series: Vol. 1. Causes and effects in communication and language intervention* (pp. 49–79). Baltimore: Paul H. Brookes Publishing Co.

Warren, S. (1991). Enhancing communication and language development with milieu teaching procedures. In E. Cipani (Ed.), *A guide for developing language competence in preschool children with severe and moderate handicaps* (pp. 68–93). Springfield, IL: Charles C Thomas.

Warren, S.F., & Horn, E.M. (1996). Generalization issues in providing integrated services. In R.A. McWilliam (Ed.), *Rethinking pull-out services in early intervention: A professional resource* (pp. 121–143). Baltimore: Paul H. Brookes Publishing Co.

Warren, S., & Kaiser, A. (1986). Incidental language teaching: A critical review. *Journal of Speech and Hearing Disorders, 51*(4), 291–299.

Warren, S.F., & Kaiser, A.P. (1988). Research in early language intervention. In S.L. Odom & M.B. Karnes (Eds.), *Early intervention for infants and children with handicaps: An empirical base* (pp. 89–108). Baltimore: Paul H. Brookes Publishing Cc.

Watkins, R., & Bunce, B. (1996). Preschool intervention programs. *Topics in Early Childhood Special Education, 16*(22), 191–212.

Wolery, M. (1994). Instructional strategies for teaching young children with special needs. In M. Wolery & J. Wilbers (Eds.), *Including children with special needs in early childhood programs* (pp. 119–140). Washington, DC: National Association for the Education of Young Children.

Wolery, M., & Bredekamp, S. (1994). Developmentally appropriate practice and young children with disabilities: Contextual issues in the discussion. *Journal of Early Intervention, 18*(4), 331–341.

Yoder, P., Kaiser, A., Goldstein, H., Alpert, C., Mousetis, L., Kaczmarek, L., & Fischer, R. (1995). An exploratory comparison of milieu teaching and responsive interaction in classroom applications. *Journal of Early Intervention, 19*(3), 218–242.

第九章

活動本位介入法之歷史背景

　　自一九六〇年代晚期至一九七〇年代初期，早期療育的興起帶動了對障礙幼兒服務品質的提升。不論是聯邦政府和州政府所支持的教育計畫，或是有關心智健康、社會服務等各種措施，都將服務的對象延伸至障礙嬰幼兒和高危險群嬰幼兒（Bricker, 1989；Odom, 1988）。來自於臨床經驗、被服務者的回饋和實驗結果等各種資訊，促使早期療育領域中的相關措施——專業人員的培訓、評量與評鑑的方法、課程的內容、教學的方法，亦隨之改變和調整。而在一九八〇年代所通過的各項有關法令，使障礙嬰幼兒、高危險群嬰幼兒以及他們家庭所需的早期療育服務，受到了法令的保障（Cutler, 1993；Shonkoff & Meisels, 1990）。

　　早期療育可協助改善因醫療、生物、環境等因素而形成的各種障礙狀況（Brooks-Gunn et al., 1994；Guralnick, 1997；Ramey & Ramey, 1991）。雖然參與早期療育的教育、醫療和社會服務專業人員，可能會以早期療育對嬰幼兒和其家庭的正面功效感到驕傲，但是不容諱言的是，到目前為止仍有許多方面尚待努力和改進。

　　我們提出二項改進早期療育服務品質的基本層面。第一，早期療育的服務品質可透過評量、介入、評鑑的系統化過程，提高其介入效果（Bagnato, Neisworth, & Munson, 1997；Bricker, 1989；Hutinger, 1988）。利用系統化的方法幫助專業人員達到以下四個重要目標：

- 正確地為幼兒和其家庭擬訂合適的個別化教育計畫、個別化家庭服務計畫的長期與短期目標
- 擬訂合適的教育或治療計畫
- 建立可達成長期與短期目標的介入內容
- 利用合時合宜的策略來監督幼兒和其家庭的進步情況

　　第二，介入方法必須從片斷又無意義的訓練情境中直接指導幼兒，轉換成利用幼兒日常與物理性、社會性環境互動的機會，來引導幼兒學習功能性的技能。這些功能性技能主要在增進幼兒的獨立性、解決問題的能力，以及適應能力。有別於傳統介入方法的是，教學須在尊重和兼具幼兒的動機與主動性的前提之下，為幼兒擬訂個別化教學，以及確定對幼兒有意義的

教學活動。

淤歷史觀點看早期療育

　　早期療育是結合了多種領域而形成的一個綜合性領域，其中含括了哲學、課程、特殊教育教學法、幼兒教育、應用性行為分析、發展心理學以及語言病理學（Odom, 1988；Warren & Kaiser, 1988）。雖然早期療育是一綜合性的領域，但是近年來逐漸朝向一個跨專業服務的方向發展（Atwater, Carta, Schwartz, & McConnell, 1994；Carta, 1995；Carta, Schwartz, Atwater, & McConnell, 1991；Novick, 1993）。

　　一九七〇年代和一九九〇年代的早期療育在方法上有著明顯的不同。較早的訓練方法是以一對一的講授法來進行，而這樣的方式是以成人指導為主，在結構性強的訓練情境中做多重試探法的訓練。諸如過往的方法，都是將用在成人或是學齡兒童的特殊教育訓練方法，直接應用在幼兒的學習上（Bricker & Bricker, 1974a, 1974b）。而像這樣的教育程序主要是以行為分析原理原則為依據，教學者審慎地安排前提事件，以引發正確的行為反應，並且傳授具體確實的行為後果，而很可能行為後果與反應或活動並無關聯。

　　在一九七〇年代時，早期療育多應用從行為理論衍生而來的技巧（Bricker, Bricker, Iacino, & Dennison, 1976；Shearer & Shearer, 1976），其原因至少有二。第一，許多原來在機構裡

教導年齡較長的障礙者，後來轉移興趣至兒童、幼兒的學習和教學，同時將他們在過去經驗中認為有效的方法應用在年齡小的障礙者身上。第二，事實顯示，行為分析技術的確能夠有效地改變行為。

　　早期療育的領域源自於針對行為偏異幼兒的診療工作（如，Risley & Wolf, 1967），以及一些應用行為學習理論的早期教育課程（Bricker & Bricker, 1971）。近年來受到不同哲學思想、其他專業領域的影響，早期療育的方向和內涵有了很大的改變和成長。從不斷增加的研究結果發現，父母親的參與對幼兒來說非常重要（Bricker, 1989）；相反地，父母親的不良行為會對幼兒產生負面的影響（Beckwith, 1990；Sameroff, 1993）。此外，教學的重心也從成人直接教導幼兒不連續性的行為反應，轉換成著重幼兒主動的遊戲行為和社交溝通行為（Linder, 1993；Ostrosky, Kaiser, & Odom, 1993）。而幼兒的社會情緒成長與適應，顯然已逐漸被重視，並且成為早期療育的焦點目標（Cicchetti & Cohen, 1995）。

　　雖然早期療育隨著時代改變和擴展，但是行為學派的學習原理仍占有一席之地，只是討論的議題不再限於技術的本身，而是應用原理原則時的態度問題（Bricker, 1989；Guess & Siegel-Causey, 1985）。無庸置疑地，行為學派的方法在幫助幼兒學習和維持技能方面有正面的效益；然而早期療育工作者如何將行為分析的方法與幼兒的主動性結合，並使之成為鼓勵幼兒在日常活動中學習的策略（Bricker & Waddell, 1996；Cripe, Slentz, & Bricker, 1993；Hancock & Kaiser, 1996；MacDonald, 1989；Rice,

1995），是值得討論和注意的議題。如果能將行為學派的學習原理，融入幼兒日常的功能性活動中，必可使早期療育的功效向前邁進一步。

何謂活動本位介入？

活動本位介入實為一種方法，主要是利用行為學派的學習原理來鼓勵幼兒互動，以及參與有意義的日常活動；其目的是為幫助幼兒學習重要的功能性長期與短期目標。接下來的內容即是介紹活動本位介入法與其他早期介入法有何不同，我們將以戶外自然教學活動做為比較的例子。

幼兒教育之教學取向

進行戶外自然教學活動之前，老師會引導幼兒討論在戶外活動中，可能會看到什麼。而在活動進行的過程中，老師鼓勵幼兒探索、提問題，甚至嘗試做一些實驗。老師也可能會鼓勵幼兒觀察螞蟻窩，或是一些昆蟲的活動狀況。幼兒教育的教學目標側重於習得一般的資訊、增進語言和認知的技能，以及鼓勵幼兒探索和創造。在活動中並不會特別強調某一個幼兒的學習目標；而老師也不會特別引發任何一個幼兒的某些行為反應。對於活動的評鑑重點則是幼兒享受活動樂趣的程度，以及老師執行活動的評鑑。

傳統的行為分析取向

　　若以傳統的行為分析法來進行教學，早期療育工作者會爲幼兒擬訂一系列特定的目標，而類似戶外自然教學的活動，通常被用做讓幼兒練習類化性技能的活動，在戶外活動之前，幼兒即透過訓練活動，學習了目標中的技能。例如，如果幼兒的學習目標是「指稱物品」，那麼早期療育工作者爲幼兒準備樹木、樹葉、螞蟻或雲的圖片，經由重複呈現圖片讓幼兒認識這些物品的名稱，直到幼兒能指認或說出名稱，才算達到目標。而在戶外活動時，早期療育工作者帶幼兒去看曾經學過的樹木、樹葉等實物，並要幼兒說出這些東西的名稱。幼兒正確和不正確的反應都被記錄下來，事後再將資料畫成曲線圖來呈現幼兒的學習進步情況。

活動本位介入取向

　　使用活動本位介入法時，早期療育工作者也必須爲幼兒擬訂長期目標和短期目標，但是長期目標的內容並不是以特定的行爲反應爲內容，而是以一組功能性的行爲反應爲內容。例如，一個有關「指稱物品」的長期目標，可能的敘述是「利用詞彙、短句或句子描述物品、人物或事件」。相反地，若是有特定的目標內容，則可能將目標敘寫爲「幼兒會指稱樹木、葉子、昆蟲和路徑的名稱」。在戶外自然教學活動之前，幼兒可能在教

室周圍就會看到葉子、樹木等東西。當幼兒看到這些東西時，早期療育工作者鼓勵幼兒主動地數數葉子、說說它們的名稱、找找看從哪棵樹上掉下來的，或是用手揉揉葉子。而去遠足或戶外教學時，早期療育工作者可在途中或某一地點鼓勵幼兒找找看認識的葉子，以增進幼兒目標的學習發展。例如幼兒拾起一片葉子，就趁機和他談談葉子的顏色、表面的紋理和質地。回到教室後，早期療育工作者再把戶外教學活動時撿回來的葉子拿出來，看看幼兒是否能正確地指稱它們。同時早期療育工作者也記錄幼兒的反應正確與否，以做為評量幼兒是否達到目標的資料。

　　從許多方面來看，活動本位介入法確實是結合了幼兒教育和行為分析法中的某些策略。跟隨幼兒的引導和興趣是引用自幼兒教育的方法，而目標的擬訂和監督幼兒的進步是採自於行為分析法的策略。

活動本位介入法之演進

　　活動本位介入法結合了不同領域的觀點，為了使讀者對不同領域影響活動本位介入法的層面，能有進一步的了解，我們將分別敘述這些領域的基本理念，以及它們是如何結合成活動本位介入法，而且也會說明這些領域中的重要事件和人物。

幼兒教育

　　「貧窮」或許是促進幼兒教育發展的最重要因素。一八○○年代末期到一九○○年代初期，不同國家的教育領導人不約而同地發現，教育當局必須重視和發展幼兒教育，以保護幼兒遭受因貧窮而產生的長期負面效應（Maxim, 1980）。很可惜的是，貧窮至今仍是世界尚未解決的問題。

　　倡導幼兒教育的領導者中，Maria Montessori（瑪麗亞‧蒙特梭利）特別為居住在羅馬貧民區中有智能障礙的幼兒，提供健康和智力方面的刺激而努力。她為這些幼兒發展了一系列的教法和教具，希望透過教育的刺激，使他們在未來的教育環境中不致表現落後。蒙特梭利教學法主要是在不同活動區內，利用教具來教幼兒不同的基本概念。在學習指導方面，蒙特梭利強調正確地操作和使用教具；而每一樣教具都有獨特的操作方法和目的。蒙特梭利教學法要求幼兒遵行老師的指導，並按步驟操作教具，是一種高結構性的教學法。

　　一九○○年代的初期，蒙特梭利教學法開始在美國受到歡迎（Maxim, 1980），配合當時為貧窮地區幼兒所成立的保育學校和托兒所，蒙氏教學法成為主流（Lazerson, 1972）。保育學校和托兒所因經濟大蕭條的影響，在發展成立的速度上減慢下來，此時聯邦政府提供經費，並在職工計畫行政組織（the Work Project Administration）協助下，繼續成立保育學校，以製造失業教師二度就業的機會。第二次世界大戰期間，因為大量婦女

必須進入職場，聯邦政府再度支持成立托兒所，形成幼兒教育
機構的第二次成長高峰期。然而自從一九四〇年代晚期開始，
托兒所接受聯邦政府的支持愈來愈少，這樣的趨勢似乎反映出
社會大眾對幼兒重視程度的矛盾現象（Schorr & Schorr, 1989）。

　　當保育學校和托兒所不斷成立時，對於早期教育的教學方
向也開始有了不同的看法。一九二〇年代到一九六〇年代的保
育學校，重視幼兒社會技巧和創造力的發展，而有關學科的目
標並非教育的重點，當然在蒙特梭利的教育內涵中仍包括刺激
幼兒智力發展的目標；不過一直到一九六〇年代之後，保育學
校才開始將學科準備技能加入幼兒的活動中。

　　一九六〇年代早期的打擊貧窮運動，促使大家對「啟蒙方
案」（The Project Head Start）的推動和興趣。雖然這個教育方
案主要是為貧童而設計，但是它的目標卻包括了提升幼兒健康
和身體動作能力、社會和情緒發展，以及概念和口語技能等全
面發展的內涵（Bricker, 1989）。「啟蒙方案」的教學取向，則
結合了強調學科技能學習的結構性教學法，以及強調社會情緒
發展的生活經驗教學法。

　　而在一九七〇年代到一九八〇年代中，托兒所和幼稚園採
用了各種不同的教學方法，其範圍包括以成人指導為主的結構
式活動，以及以幼兒選擇為主的非結構性活動。而學者專家對
不同教學方法的好處，各持看法，至今仍難有定論。

　　自一九八〇年代晚期到一九九〇年代早期，早期療育（或
特殊幼兒教育）持續受到幼兒教育學者所進行的實驗計畫影響，
幼兒的探索動機、主動性、遊戲和學習的關係，逐漸受到重視

和肯定。這些觀點成為諸如活動本位介入法的發展基礎。

身心障礙者之教育

對嚴重障礙者的正式教育，應始於一八〇〇年代時法國醫生 Itard 對維多的訓練。維多是在巴黎近郊的森林裡被發現的，當時估計他大約是十一歲。根據記載維多的行為表現極為原始和非社會化；一些觀察他的專家描述維多的狀況是無法藉教育或訓練而改善的，因此稱維多是「無望的白癡」（Ball, 1971）。Itard 醫生並不同意如此的說法，決定親自訓練維多。Itard 醫生為維多設計訓練計畫，其內容從感官訓練開始，漸進至幫助維多了解符號系統（Ball, 1971）。值得注意的是，Itard 醫生將許多訓練設計在維多的日常活動中進行，因為這些活動對維多可以產生意義。

另外一位法國醫生 Seguin，他是 Itard 的學生，他承襲了 Itard 的方法，並將之應用在其他嚴重障礙者的身上。Seguin 所發展的課程融合了 Itard 的教育觀，內容從最基本的訓練層次開始，逐漸進到較難的社會功能行為（Ball, 1971）。

Ball（1971）曾對 Seguin 的教學方法與近代的方法做了一些比較，舉例如下：

- Seguin 運用行動所產生的自然後果來教合適的行為，這樣的做法已超越了近代治療人員甚多（p.50）。
- Seguin 認為發展應強調好奇心和自發性，而此為積極成長

的試金石（p.51）。

- Seguin 反對使用連續不斷和重複性的直接指令（p.64）。

　　事實上活動本位介入法深受早期的教育工作者如 Itard 和 Seguin 的影響，從他們的教育觀可清楚地反映出教育介入的功能性與生活相關性的價值。時間進入一八〇〇年代中期，那時候教養機構開始發展，機構中包括智力障礙、動作障礙、感官知覺障礙和心智疾病等各種身心障礙者。當時進入教養機構的身心障礙者須被認定是可以被教的，而機構的目的主要就是幫助這些偏差的個體，走向正常（Wolfensberger, 1969）。

　　很明顯地，只有一些智力不足的人才夠資格進入教養機構。機構裡的教育目的重在改變社會能力、語言、身體動作；所以兒童可以正常地站和走，可以說一些話，用合適的行為用餐，以及參與一些有意義的工作。（Wolfensberger, 1969, p.91）

　　直到一八〇〇年代後期時，大型的住宿機構轉型成為身心障礙者的收容處，而這些人在那時被認為是令人反感、厭惡的一群。教養機構不再提供教育或處遇的課程，只是提供住宿的照顧（MacMillan, 1977；Wolfensberger, 1969）。「醫院」或「庇護所」的名稱取代了用在教養機構原先所用的「學校」（Wolfensberger, 1969）。此外，機構的走向也不再以社區本位來發展，因為智力障礙者被視作具有「無法治癒的威脅」，而須將他們加以隔離來保護社會。

　　教養機構的再次轉型發生在一九五○年代，此次轉變受到
父母團體、法令規章、對智商看法的改變、環境影響行為之論
說等因素影響（Gallagher & Ramey, 1987）。其中環境因素的論
點成為許多專業人員發展介入課程的概念基礎，並且支持了透
過教育可改善障礙者的學習問題之觀點。除此之外，許多實驗
研究發現，即使是重度障礙者也可以學習（Ault, Wolery, Doyle,
& Gast, 1989）。

　　B. F. Skinner 的學生和追隨者從一九五○年代後期至一九
六○年代初期，開始將行為分析實驗的原理原則應用在智力障
礙者和心智疾病者的教與學（Ayllon & Michael, 1959）。在較早
時期被認為不可教和不能控制的障礙者，經由設計的前提事件、
行為反應和立即回饋，研究者發現，嚴重障礙者仍可透過教導
學會像穿衣和進食之類的功能性行為（Staats, 1964）。

　　此外，Bijou 和 Baer 等學者也將上述的原理原則，應用在
引發學習者表現特定行為的教學上（Baer, 1962）。他們運用結
構性的訓練程序，並強調建立易辨的線索（如，口語線索「做
這個」，成人示範行為讓幼兒模仿），同時提供人為的行為後
果或回饋（如，表現正確的模仿就給一小杯果汁）。

　　再則，運用行為分析原理原則的教學，是在幼兒日常生活
活動之外的情境中，由老師為主導的方式來進行。而教學工作
的焦點在於訓練幼兒與情境無直接關係的片段技能，像是重複
練習從椅子上站起來和坐下的技能。

　　關於直接使用類似給幼兒一杯果汁當做正確指認圖片的獎
勵之做法，是透過明顯而刻意的線索來促使幼兒產生行為，並

且提供人為的行為後果給幼兒；這樣的介入方式在社區本位課程中，並不適合照單全收（Bricker & Bricker, 1974a）。雖然從實驗結果可看到行為學派原理原則應用於教學的效果，但是這些原理原則通常在提升行為反應的實用性和類化方面，比較難達到好的效果（Hart & Rogers-Warren, 1978）。行為學派的原理原則——安排前提事件、引發特定的行為反應、提供行為後果的增強，是一連串高結構性的步驟，以至於課程與教學往往成為機械化的形式，而較少注意介入活動的連續性和意義，因此幼兒參與的活動很可能不是以幼兒的經驗基礎為主而設計的活動（Dyer & Peck, 1987）。對某些訓練目標來說，應用行為學派的原理原則可能是合適的，可是其應用範圍並不是很廣。在此仍須強調，原理原則的本身並不是問題，而如何運用才是重點（Bricker, 1989）。換言之，建立合宜的學習情境，定義重要的行為反應，以及提供合時合宜的行為和事件後果，才能夠將這些原理原則融入自然情境的基礎上，使幼兒獲得有意義的學習。

在行為分析法興起之前的一八○○年代後期，就有為障礙兒童所設立的特殊班，然而一直到一九五○年代才開始普設特殊班（MacMillan, 1977）。自一九五○年代至一九七五年之間，由於州政府和聯邦法令的積極支持，障礙者開始獲得充足的服務（Kirk & Gallagher, 1979）。公立學校的特殊班也逐漸擴大招生對象，包括幼兒、青少年、重度障礙兒童都成為特殊班的服務對象。正如MacMillan（1977）所言，特殊教育課程與教學的多樣化，很難將其綜合歸納摘要；而也因其多樣化，學齡兒童的特殊教育教學方法，並沒有對障礙幼兒的課程和教學產生很

多影響。

近代的教學方法

　　自一九七〇年代開始，研究者將研究焦點轉向幼兒的感官知覺動作、社會能力與社交溝通行為的發展；這樣的研究方向成為改變障礙幼兒教學方法的主要推動力（Bricker & Carlson, 1981）。而對幼兒發展的研究方向，也激發了認知發展理論學者如 Piaget（1970）、語言心理學家（Brown, 1973）以及發展心理學家（Schaffer, 1977），進一步研究幼兒發展的趨勢。

　　從早期的理論和研究中，可歸納出三個有關幼兒發展的重要主題。第一，幼兒學習符號系統（如，語言）之前，必須具備某些認知和社交溝通技能（Bruner, 1977）。第二，溝通的發展自出生時就開始了，而且和社會性環境息息相關，存在於兩者之間的是互動式的關係（Goldberg, 1977）。第三，嬰兒和幼兒的早期溝通行為包含了功能性和實用性的反應（Greenfield & Smith, 1976）。

　　在某些研究者為障礙幼兒所發展的語言介入課程裡，曾試圖將以上三個主題融於其中。Bricker等人發展的課程，特別著重於將幼兒早期的感官知覺發展過程，轉化成為適合幼兒發展程度和興趣的訓練程序（Bricker & Bricker, 1974a；Bricker & Carlson, 1981）。而Mahoney和Weller（1980）則強調幼兒的早期溝通功能性的重要，並且提出其與幼兒的日常生活環境互相

結合的需要性。MacDonald 等學者所發展的語言介入法，著重在幼兒和環境中的重要他人互動上（MacDonald & Horstmeier, 1978）。

一九七○年代期間，研究者朝向不同於行為分析法的非結構介入策略進行研發，其中Kansas大學的一群研究者提出的隨機教學（incidental teaching）和社會環境教學（milieu teaching），至今仍占有重要的地位。Hart 和 Risley 曾為隨機教學加以定義：「隨機教學發生於一位成人和一位幼兒之間的互動，而這樣的互動自然地出現在非結構性的情境中。」（1975, p. 411）這二位學者強調所謂的隨機教學情境，是指幼兒選擇和開始某些行為，而成人透過一連串不同層級的提示來回應幼兒的情境。提示的範圍可從完全不給提示到使用各種提示。

應用在語言教學的社會環境教學包括了隨機教學的特質，但是其焦點範圍比隨機教學更廣──「社會環境教學是為訓練情境和環境裡自然的談話所搭起的一座橋梁」（Hart & Rogers-Warren, 1978, p.199）。實施社會環境教學模式時，教學者必須做到以下三點：(1)安排環境以促進幼兒使用語言。(2)評量幼兒的功能性水準。(3)為幼兒找出和環境互動的方法。而鼓勵幼兒與環境互動的最主要方法，則是透過環境中軟、硬體的安排（Hart, 1985）。

一九八○年代的一些研究者發展了教導功能性語言或溝通技巧的教學方法。這些教學技術有別於直接教學法，其教學重點在於訓練環境中所需的功能性溝通技巧，以提供幼兒溝通的必要動機和主動性之學習（Oliver & Halle, 1982）。

MacDonald（1985, 1989）發展了一套更加強調溝通發展與能力之互動本質的系統。Duchan等人則稱他們的方法為「培育－自然法」（nurturant-naturalistic），此法跳脫了直接教學，而著重於「幼兒在所營造的互動中，是引導互動者；而幼兒的互動經驗發生在每一天的生活中」（Duchan & Weitzner-Lin, 1987, p.49）。此外，Snyder-McLean等人則提出了利用結構化的共同行動的例行性活動，來協助語言障礙幼兒學習功能性的溝通技巧（Snyder-McLean, Solomonson, McLean, & Sack, 1984）。

「議事錄的互動課程」（Transactional Intervention Program）是 Mahoney 和 Powell（1988）發展出的課程，其重點在於幼兒和其主要照顧者之間互動行為品質的配合。如果要達到成功的互動行為配合度，照顧者必須具備三項技能：(1)了解自己孩子的發展程度。(2)對孩子的興趣和溝通意圖有敏銳度。(3)能對孩子的活動表現回應（Mahoney & Powell, 1984）。而在對自閉症患者的研究範疇裡，Koegel 等學者研發了「自然語言教學法」（natural language teaching）（Koegel & Johnson, 1989；Koegel & Koegel, 1995）。這個方法包括以下四項特質：(1)利用機會對自然的增強做反應。(2)增強對工作之口語反應。(3)提供多樣性的工作。(4)參與者用輪流和分享的方式掌控活動的進行。

自從自然語言教學取向被廣為周知之後，隨機教學和社會環境教學隨之興起。Warren 和 Kaiser（1986）曾提出隨機教學的要素包括——安排環境以鼓勵幼兒的主動性，選擇適合幼兒發展程度的學習重點，要求幼兒詳細敘述，增強幼兒的溝通意願。

其他延伸的研究包括：訓練父母（Alpert & Kaiser, 1992）

和兄弟姊妹（Hancock & Kaiser, 1996）使用社會環境教學之效果；將一些自然訓練步驟加入利用社會環境教學來訓練語言的過程中，以增強其成效（Warren & Bambara, 1989）。

此外，Kaiser、Hendrickson 和 Alpert（1991），以及 Kaiser、Yoder 和 Keetz（1992）發表了對社會環境語言訓練與其效果的進一步討論。他們對社會環境教學的一些特質描述，在活動本位介入法中都可見其影。這些特質內涵包括：結合發展理論和行為分析之學習原理，強調幼兒的主動性，增進成人運用功能性增強之偶發性反應，運用多樣化的情境和事件來促進類化反應的發展，在幼兒每日生活的環境中進行教學（Kaiser等，1991）。雖然活動本位介入法融合了社會環境教學（或其他自然教學取向的方法），但是仍有以下的差異之處：

(1)活動本位介入法可應用在個別幼兒和團體幼兒。幼兒個別化目標很明確，並且將目標和活動配合。

(2)活動本位介入法不限於用在溝通和語言的訓練，而強調完整的課程領域（社會能力、適應行為、身體動作、認知和社交溝通領域）。

全美幼兒教育協會（The National Association for the Education of Young Children，NAEYC）於一九八七年時提出了發展合宜教學（Developmentally Appropriate Practice，DAP）（Bredekamp, 1987）。雖然 NAEYC 所發表的發展合宜教學之報告申明已經過修改（Bredekamp & Copple, 1997），但是其理念仍未改

變，亦即強調幼兒階段並不適合學科的學習。NAEYC在一九九七年的報告申明中提出十二項原則，以做爲發展合宜教學的指引。雖然Carta等人（1991）曾經認爲這些原則太廣泛了，並不適合應用在障礙幼兒的教學；但是隨著障礙幼兒的安置朝社區本位的方向發展，如何將發展合宜教學應用在社區本位的課程中，仍是眾多學者討論的議題（Wolery & Bredekamp, 1994）。而進一步的探討可能是爲符合障礙幼兒的需求，在發展合宜的教學原則上，做一些適當修改（Carta, 1994；Johnson & Johnson, 1994；Odom, 1994）。

　　活動本位介入法和發展合宜教學之間，不論是理論背景，或是教學與課程之原理原則，都有許多共同之處（Novick, 1993）。以下則分述其內容：

(1)二者皆引用 Dewey、Piaget 和 Vygotsky 的理論，並以這些理論爲基礎，爲幼兒設計符合他發展程度的學習歷程和內容。

(2)二者皆強調以幼兒爲引導，出自幼兒主動性的活動；而較不鼓勵以成人爲引導的結構性活動。

(3)二者皆主張課程應包含幼兒的各發展領域——身體動作領域、語言領域、社會能力領域、認知領域。而爲幼兒設計的課程和活動應具統整性的特質。

(4)二者皆提出觀察幼兒遊戲的重要性，並且從幼兒的遊戲中發現他的興趣，以作爲設計活動的基礎。

(5)二者皆反對使用物質性獎勵，而認爲幼兒的學習獎勵應

從與環境互動中獲得。

(6)二者皆強調老師或早期療育工作者在活動進行中的角色，其角色功能重在引發幼兒在活動中的主動探索和互動。

(7)二者皆提出多樣化活動和材料對於增進幼兒學習的重要性。

(8)二者皆認為老師或早期療育工作者的角色是引導幼兒參與互動的促進者，也是給與幼兒學習機會的提供者。

(9)二者皆強調家庭參與決定幼兒的教育之重要性，同時肯定家庭表達對幼兒活動的意見，具有正面的意義。

(10)二者皆提出對幼兒和其家庭的文化背景應加以尊重。

由以上各方面的相似處可得知，發展合宜教學和活動本位介入法之重要理念已具有基本的共識。然而，二者之間仍有重要的差別存在。其一是，活動本位介入法強調將幼兒需要的長期和短期目標融入幼兒日常的多樣化活動中，而這些目標須具有功能性和生產性的特質。反之，發展合宜教學中為幼兒擬訂的目標是適合大多數幼兒的各發展領域需求，而極少目標是為個別幼兒而定。其二是，活動本位介入法中強調幼兒的個別化目標，必須經由完整而系統的評量，才能確定地為幼兒擬訂符合他發展和環境需求的長期和短期目標。同時在幼兒的學習過程中，也必須不斷地以系統化的方式監督幼兒的進步情況。雖然發展合宜教學也強調評量的重要性（Bredekamp & Copple, 1997），可是並不要求使用評量或評鑑工具蒐集資料，也不以此種方式為幼兒擬訂目標和監督幼兒的進步情形。

發展合宜教學為活動本位介入法提供了基本的理念架構，

以及實際教學的原則性做法。而在此基本架構和原則之下，活動本位介入法則更進一步地強調教學的精確性，以及評量或評鑑與選擇目標之連結性。

活動本位介入法之基本原理

　　健全的教育經驗最重要的是包括學習者和學習內容的互動性與連續性（Hall-Quest, 1976）。毫無疑問地，幼兒和他的社會性和物理性環境之互動，必然產生改變；而這個改變即是學習。幼兒之所學所行，是透過社會化的過程而習得（Vygotsky, 1978）。舉例而言，幼兒學習與人交談，是從和其他幼兒與成人之間一問一答開始的。幼兒從他人給他的回饋，以及將所見所聞模仿出來，而逐漸由早期的溝通意圖，發展到複雜並符合文化情境的合宜反應。

　　幼兒和他們的環境互動經驗，成為他們學習內容和學習效果的基礎。正如同 Dewey（1959）所言，教育應是兒童經驗的連續建構過程，而此種經驗最有助益於兒童的學習和發展。利用對兒童無意義的不真實活動做為學習活動，有違於Dewey的論點，而這樣的學習反會使兒童日後成為較不會思考的成人。另外一些學者和Dewey的看法相近，但是他們稱互動的學習經驗為功能性活動，而功能性觀點的教學已廣被應用於幼兒和重度障礙兒童的教育上（Carr & Durand, 1985；Koegel & Koegel, 1997）。

當然幼兒的學習經驗和活動必須反映他們的生活真實面，也必須具備功能性；而發展合宜的理念也必須在幼兒的活動中具體落實。換言之，幼兒必須以符合他們發展程度的行為表現來參與活動，這樣對他們才會有意義。日常生活經驗或活動（如，穿脫衣服、進食、解決問題）通常具有上述的標準，即幼兒在互動的經驗中運用功能性的技能。除此之外，計畫性的活動（如，戶外教學或美勞活動）也必須具備發展合宜和功能性的標準。

　　所謂的發展合宜的活動並不是指讓幼兒參與他能夠做到的活動。根據 Piaget（1967）的理論，提供幼兒一些新的活動，或是有適度挑戰性的活動，可以促使幼兒調整新、舊經驗的不平衡狀態，而有機會建構他的知識。此外，發展合宜的活動也應考慮活動和材料的年齡合宜度；一個四歲幼兒的感官動作遊戲，就不宜用手搖鈴之類的玩具來當教具。

　　活動本位介入法融合了前述的觀點，利用不同的活動——以幼兒為引導的活動、例行性活動、計畫性活動，成為幼兒的學習經驗。這些活動包括了以下的特質：(1)強調與環境的互動。(2)活動具意義和功能性。(3)活動是發展合宜的。(4)透過活動可促使幼兒的行為改變。

　　專業團隊人員必須具備以下的知能，才能將活動本位介入法加以落實。第一，專業團隊人員必須熟知幼兒的長期和短期目標。第二，專業團隊人員必須安排能夠讓幼兒練習重要技能的活動。完整的計畫和實施是促使活動本位介入法達到成效的要素。當然專業團隊人員不能期待幼兒參與活動後，就有學習

的效果表現，成人的引導仍須適時地介入，以幫助幼兒在各種活動中學習。此外，設計對幼兒有意義又有興趣的活動，是增進幼兒學習的另一個重要方法。

　　自然的學習環境也是活動本位介入法中所強調的要素。在可能的情況下，學習反應盡量融入幼兒的日常生活中。至於計畫性活動也應該是幼兒喜歡做的事情的延伸，而不應從幼兒的生活經驗中分割出來，成為片斷零散的活動。幼兒在日常活動和遊戲中學習，較容易激發他們的類化反應。Stokes 和 Osnes（1988）提出增進類化反應的三項原則：(1)利用自然情境中的增強。(2)多樣化的訓練。(3)結合功能性的媒介。這三項原則也已融合在活動本位介入法中。

摘要

　　本章旨在介紹活動本位介入法之歷史背景。了解活動本位介入法的歷史根源，可幫助讀者更進一步知道活動本位介入法是哪些傳統和觀點的綜合體。幼兒教育的發展中，對學習困難或身心障礙幼兒的教育並未充分地提供。近來的趨勢可見，早期療育的領域已逐漸發展出強調幼兒動機和日常活動的策略。而活動本位介入法正是以此潮流為方向，為特殊需求幼兒所發展出來的系統化方法。

參考書目

Alpert, C., & Kaiser, A. (1992). Training parents as milieu language teachers. *Journal of Early Intervention, 16*(1), 31–52.

Atwater, J., Carta, J., Schwartz, I., & McConnell, S. (1994). Blending developmentally appropriate practice and early childhood special education: Redefining best practice to meet the needs of all children. In B. Mallory & R. New (Eds.), *Diversity and developmentally appropriate practices* (pp. 185–201). New York: Teachers College Press.

Ault, M., Wolery, M., Doyle, P., & Gast, D. (1989). Review of comparative studies in the instruction of students with moderate to severe handicaps. *Exceptional Children, 55*(4), 346–356.

Ayllon, T., & Michael, J. (1959). The psychiatric nurse as a behavioral engineer. *Journal of the Experimental Analysis of Behavior, 2*, 323–334.

Baer, D. (1962). Laboratory control of thumbsucking by withdrawal and representation of reinforcement. *Journal of the Experimental Analysis of Behavior, 5*, 525–528.

Bagnato, S., Neisworth, J., & Munson, L. (1997). *LINKing assessment and early intervention: An authentic curriculum-based approach*. Baltimore: Paul H. Brookes Publishing Co.

Ball, T. (1971). *Itard, Seguin, and Kephart: Sensory education: A learning interpretation*. Columbus, OH: Charles E. Merrill.

Beckwith, L. (1990). Adaptive and maladaptive parenting: Implications for intervention. In S. Meisels & J. Shonkoff (Eds.), *Handbook of early childhood intervention* (pp. 53–77). New York: Cambridge University Press.

Bredekamp, S. (Ed.). (1987). *Developmentally appropriate practice in early childhood programs serving children from birth through age 8.* Washington, DC: National Association for the Education of Young Children.

Bredekamp, S., & Copple, C. (Eds.). (1997). *Developmentally appropriate practice in early childhood programs.* Washington, DC: National Association for the Education of Young Children.

Bricker, D. (1989). *Early intervention for at-risk and handicapped infants, toddlers and preschool children.* Palo Alto, CA: VORT Corp.

Bricker, D., & Bricker, W. (1971). *Toddler research and intervention project report: Year 1 (IMRID Behavioral Science Monograph No. 20).* Nashville, TN: George Peabody College, Institute on Mental Retardation and Intellectual Development.

Bricker, D., Bricker, W., Iacino, R., & Dennison, L. (1976). Intervention strategies for the severely and profoundly handicapped child. In N. Haring & L. Brown (Eds.), *Teaching the severely handicapped* (pp. 277–299). New York: Grune & Stratton.

Bricker, D., & Carlson, L. (1981). Issues in early language intervention. In R. Schiefelbusch & D. Bricker (Eds.), *Early language: Acquisition and intervention* (pp. 477–515). Baltimore: University Park Press.

Bricker, D., & Waddell, M. (Eds.). (1996). *Assessment, evaluation, and programming system for infants and children: Vol. 4. AEPS curriculum for three to six years.* Baltimore: Paul H. Brookes Publishing Co.

Bricker, D., & Widerstrom, A. (Eds.). (1996). *Preparing personnel to work with infants and young children and their families: A team approach.* Baltimore: Paul H. Brookes Publishing Co.

Bricker, W., & Bricker, D. (1974a). An early language training strategy. In R. Schiefelbusch & L. Lloyd (Eds.), *Language perspective: Acquisition, retardation, and intervention* (pp. 431–468). Baltimore: University Park Press.

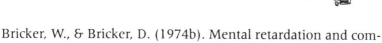

Bricker, W., & Bricker, D. (1974b). Mental retardation and complex human behavior. In J. Kauffman & J. Payne (Eds.), *Mental retardation* (pp. 190–224). Columbus, OH: Charles E. Merrill.

Brooks-Gunn, J., McCarton, C.M., Casey, P.H., McCormick, M.C., Bauer, C.R., Bernbaum, J.C., Tyson, J., Swanson, M., Bennett, F.C., Scott, D.T., Tonascia, J., & Meinert, C.L. (1994). Early intervention in low-birthweight premature infants: Results through age 5 years from the Infant Health Development Programs. *Journal of the American Medical Association, 272,* 1257–1262.

Brown, R. (1973). *A first language.* Cambridge, MA: Harvard University Press.

Bruner, J. (1977). Early social interaction and language acquisition. In H. Schaffer (Ed.), *Studies in mother–infant interaction* (pp. 271–289). New York: Academic Press.

Carr, E., & Durand, V.M. (1985). Reducing behavior problems through functional communication training. *Journal of Applied Behavioral Analysis, 18,* 111–126.

Carta, J. (1994). Developmentally appropriate practice: Shifting the emphasis to individual appropriateness. *Journal of Early Intervention, 18*(4), 342–343.

Carta, J. (1995). Developmentally appropriate practice: A critical analysis as applied to young children with disabilities. *Focus on Exceptional Children, 27*(6), 1–14.

Carta, J., Schwartz, I., Atwater, J., & McConnell, S. (1991). Developmentally appropriate practice: Appraising its usefulness for young children with disabilities. *Topics in Early Childhood Special Education, 11*(1), 1–20.

Cicchetti, D., & Cohen, D. (1995). Perspectives on developmental psychopathology. In D. Cicchetti & D. Cohen (Eds.), *Developmental psychopathology: Theory and method* (pp. 3–20). New York: John Wiley & Sons.

Cripe, J., Slentz, K., & Bricker, D. (Eds.). (1993). *Assessment, evaluation, and programming system for infants and children: Vol. 2. AEPS curriculum for birth to three years.* Baltimore: Paul H. Brookes Publishing Co.

Cutler, B.C. (1993). *You, your child, and special education: A guide to making the system work.* Baltimore: Paul H. Brookes Publishing Co.

Dewey, J. (1959). *Dewey on education.* New York: Columbia University, Bureau of Publications.

Duchan, J., & Weitzner-Lin, B. (1987). Nurturant-naturalistic intervention for language-impaired children. *Asha, 29*(7), 45–49.

Dyer, K., & Peck, C. (1987). Current perspectives on social/communication curricula for students with autism and severe handicaps. *Education and Treatment of Children, 10*(4), 330–351.

Gallagher, J.J., & Ramey, C.T. (1987). *The malleability of children.* Baltimore: Paul H. Brookes Publishing Co.

Goldberg, S. (1977). Social competence in infancy: A model of parent–infant interaction. *Merrill-Palmer Quarterly, 23,* 163–177.

Greenfield, P., & Smith, J. (1976). *Structuring and communication in early language development.* New York: Academic Press.

Guess, D., & Siegel-Causey, E. (1985). Behavioral control and education of severely handicapped students: Who's doing what to whom? And why? In D. Bricker & J. Filler (Eds.), *Severe mental retardation: From theory to practice* (pp. 230–244). Reston, VA: Council for Exceptional Children.

Guralnick, M.J. (1997). *The effectiveness of early intervention.* Baltimore: Paul H. Brookes Publishing Co.

Hall-Quest, A. (1976). *Editorial foreword.* John Dewey experience and education [Editorial foreword]. New York: Colliers Books.

Hancock, T., & Kaiser, A. (1996). Siblings' use of milieu teaching at home. *Topics in Early Childhood Special Education, 16*(2), 168–190.

Hart, B. (1985). Naturalistic language training techniques. In S. Warren & A. Rogers-Warren (Eds.), *Teaching functional language* (pp. 63–88). Baltimore: University Park Press.

Hart, B., & Risley, T. (1975). Incidental teaching of language in the preschool. *Journal of Applied Behavioral Analysis, 8,* 411–420.

Hart, B., & Rogers-Warren, A. (1978). A milieu approach to teaching language. In R. Schiefelbusch (Ed.), *Language intervention strategies* (pp. 193–235). Baltimore: University Park Press.

Hutinger, P. (1988). Linking screening, identification, and assessment with curriculum. In J. Jordan, J. Gallagher, P. Hutinger, & M. Karnes (Eds.), *Early childhood special education: Birth to three* (pp. 29–66). Reston, VA: Council for Exceptional Children.

Johnson, J., & Johnson, K. (1994). The applicability of developmentally appropriate practice for children with diverse abilities. *Journal of Early Intervention, 18*(4), 343–345.

Kaiser, A., Hendrickson, J., & Alpert, C. (1991). Milieu language teaching: A second look. In R. Gable (Ed.), *Advances in mental retardation and developmental disabilities* (Vol. IV, pp. 63–92). London: Jessica Kingsley Publishers.

Kaiser, A.P., Yoder, P.J., & Keetz, A. (1992). Evaluating milieu teaching. In S.F. Warren & J. Reichle (Eds.), *Communication and language intervention series: Vol. 1. Causes and effects in communication and language intervention* (pp. 9–47). Baltimore: Paul H. Brookes Publishing Co.

Kirk, S., & Gallagher, J. (1979). *Educating exceptional children* (3rd ed.). Boston: Houghton Mifflin.

Koegel, R., & Johnson, J. (1989). Motivating language use in autistic children. In G. Dawson (Ed.), *Autism* (pp. 310–325). New York: Guilford Press.

Koegel, R., & Koegel, L. (1995). *Teaching children with autism: Strategies for initiating positive interactions and improving learning opportunities*. Baltimore: Paul H. Brookes Publishing Co.

Koegel, R., & Koegel, L. (1997). *Teaching children with autism*. Baltimore: Paul H. Brookes Publishing Co.

Lazerson, M. (1972). The historical antecedents of early childhood education. *Education Digest, 38*, 20–23.

Linder, T.W. (1993). *Transdisciplinary play-based assessment: A functional approach to working with young children* (Rev. ed.). Baltimore: Paul H. Brookes Publishing Co.

MacDonald, J. (1985). Language through conversation: A model for intervention with language-delayed persons. In S. Warren & A. Rogers-Warren (Eds.), *Teaching functional language* (pp. 89–122). Baltimore: University Park Press.

MacDonald, J. (1989). *Becoming partners with children.* San Antonio, TX: Special Press, Inc.

MacDonald, J., & Horstmeier, D. (1978). *Environmental language intervention program.* Columbus, OH: Charles E. Merrill.

MacMillan, D. (1977). *Mental retardation in school and society.* Boston: Little, Brown.

Mahoney, G., & Powell, A. (1984). *The transactional intervention program.* Woodhaven, MI: Woodhaven School District.

Mahoney, G., & Powell, A. (1988). Modifying parent–child interaction: Enhancing the development of handicapped children. *Journal of Special Education, 22*(1), 82–96.

Mahoney, G., & Weller, E. (1980). An ecological approach to language intervention. In D. Bricker (Ed.), *Language resource book* (pp. 17–32). San Francisco: Jossey-Bass.

Maxim, G. (1980). *The very young.* Belmont, CA: Wadsworth Publishing.

Novick, R. (1993). Activity-based intervention and developmentally appropriate practice: Points of convergence. *Topics in Early Childhood Special Education, 13*(4), 403–417.

Odom, S. (1994). Developmentally appropriate practice, policies, and use for young children with disabilities and their families. *Journal of Early Intervention, 18*(4), 346–348.

Odom, S.L. (1988). Research in early childhood special education: Methodologies and paradigms. In S.L. Odom & M.B. Karnes (Eds.), *Early intervention for infants and children with handicaps: An empirical base* (pp. 1–21). Baltimore: Paul H. Brookes Publishing Co.

Oliver, C., & Halle, J. (1982). Language training in the everyday environment: Teaching functional sign use to a retarded child. *Journal of The Association for the Severely Handicapped, 8,* 50–62.

Ostrosky, M.M., Kaiser, A.P., & Odom, S.L. (1993). Facilitating children's social-communicative interactions through the use of peer-initiated interventions. In A.P. Kaiser & D.B. Gray (Eds.), *Communication and language intervention series: Vol. 2. Enhancing children's communication: Research foundations for intervention* (pp. 159–185). Baltimore: Paul H. Brookes Publishing Co.

Piaget, J. (1967). *Six psychological studies.* New York: Random House.

Piaget, J. (1970). Piaget's theory. In P. Mussen (Ed.), *Carmichael's manual of child psychology* (Vol. 1, pp. 703–732). New York: John Wiley & Sons.

Ramey, C., & Ramey, S. (1991). Effective early intervention. *Mental Retardation, 30,* 337–345.

Rice, M.L. (1995). The rationale and operating principles for a language-focused curriculum for preschool children. In M.L. Rice and K.A. Wilcox (Eds.), *Building a language-focused curriculum for the preschool classroom* (pp. 27–38). Baltimore: Paul H. Brookes Publishing Co.

Risley, T., & Wolf, M. (1967). Establishing functional speech in echolalia children. *Behavior Research Therapy, 5,* 73–88.

Sameroff, A. (1993). Models of development and developmental risk. In C. Zeanah (Ed.), *Handbook of infant mental health* (pp. 3–13). New York: Guilford Press.

Schaffer, H. (1977). *Studies in mother–infant interaction.* New York: Academic Press.

Schorr, E., & Schorr, D. (1989). *Within our reach.* New York: Doubleday Anchor Books.

Shearer, D., & Shearer, M. (1976). The Portage Project: A model for early childhood intervention. In T. Tjossem (Ed.), *Intervention strategies for high risk infants and young children* (pp. 335–350). Baltimore: University Park Press.

Shonkoff, J., & Meisels, S. (1990). Early childhood intervention: The evolution of a concept. In S. Meisels & J. Shonkoff (Eds.), *Handbook of early childhood intervention* (pp. 3–31). New York: Cambridge University Press.

Snyder-McLean, L., Solomonson, B., McLean, J., & Sack, S. (1984). Structuring joint action routines. *Seminars in Speech and Language*, 5(3), 213–228.

Staats, A. (1964). *Human learning.* New York: Holt, Rinehart & Winston.

Stokes, T.F., & Osnes, P.G. (1988). The developing applied technology of generalization and maintenance. In R.H. Horner, G. Dunlap, & R.L. Koegel (Eds.), *Generalization and maintenance: Life-style changes in applied settings* (pp. 5–19). Baltimore: Paul H. Brookes Publishing Co.

Vygotsky, L. (1978). *Mind in society.* Cambridge, MA: Harvard University Press.

Warren, S., & Bambara, L. (1989). An experimental analysis of milieu language intervention: Teaching the action-object form. *Journal of Speech and Hearing Disorders, 54,* 448–461.

Warren, S., & Kaiser, A. (1986). Incidental language teaching: A critical review. *Journal of Speech and Hearing Disorders, 51,* 291–299.

Warren, S.F., & Kaiser, A.P. (1988). Research in early language intervention. In S.L. Odom & M.B. Karnes (Eds.), *Early intervention for infants and children with handicaps: An empirical base* (pp. 89–108). Baltimore: Paul H. Brookes Publishing Co.

Wolery, M., & Bredekamp, S. (1994). Developmentally appropriate practice and young children with disabilities: Contextual issues in the discussion. *Journal of Early Intervention, 18*(4), 331–341.

Wolfensberger, W. (1969). The origin and nature of our institutional models. In R. Kugel & W. Wolfensberger (Eds.), *Changing patterns in residential services for the mentally retarded* (pp. 59–72). Washington, DC: President's Committee on Mental Retardation.

Wyatt v. Stickney, 344 F. Supp. 387 (1972).

第十章

活動本位介入法
之理論基礎

　　為障礙幼兒或高危險群幼兒計畫介入活動時，理論架構是不可或缺的一部分，根據理論基礎所設計的活動，較能針對幼兒的發展問題，或是可能形成障礙的狀況加以彌補。此外，理論架構也可提供有關如何建構補救性活動，如何執行這些活動的正確訊息。

　　我們相信幼兒成長與發展的相關理論，必有助於建立早期療育或特殊幼兒教育之原理、目標以及教學方法。如果我們希望支持早期療育的持續發展，則必須提出具有說服力的理由。除了基本原理之外，早期療育這個領域還須建立其共通性的目標，其原因有三：(1)目標在建立早期療育的範疇，或是研究的領域方面有其重要性。(2)目標在發展早期療育的課程與程序步

驟方面有其重要性。⑶目標在評鑑進步狀況方面，提供了評鑑的標準和方向。

若是缺少了完整的原理和其相關的目標，早期療育或特殊幼兒教育的發展方向勢必缺少指引。特別是在下面的範圍中，可能會出現片斷和缺乏效果的情況——評量或評鑑工具之選擇、課程之內容與重點、介入之方法、家庭參與之策略、專業人員之訓練活動。基於上述各項理由，本章之目的則側重描述早期療育或特殊幼兒教育之理論基礎和目標，並且接續討論活動本位介入法之理論基礎。而最後將以真實性活動（authentic activities）的描述，以及真實性活動和活動本位介入法之關係做為本章之結束。

早期療育（特殊幼兒教育）之基本原理與目標

早期療育或特殊幼兒教育之基本原理，建立在一系列的假設之上（Bricker & Veltman, 1990）。其一是有關以下幼兒發展的假設：

⑴基因和生物的問題、缺陷或危險因素，是可以被克服或改善的。

⑵早期經驗對兒童的發展具重要性。

假設之二是有關需要早期介入服務之幼兒：

(1)障礙幼兒較普通幼兒需要更多的練習和（或）補救性學習的機會，才可保證發展性目標之進步。而補救性的學習機會也可預防因障礙或高危險因素引起的潛在負面影響。

(2)正式的服務提供計畫中，受過專業訓練的成員可提供延伸性或補救性的學習機會，這些學習有助於改善發展性障礙，或是高危險因素。

(3)如果障礙幼兒或高危險群幼兒，能夠參與具有品質之早期療育服務計畫，則幼兒的發展可以被提升。

早期療育（特殊幼兒教育）之目標

根據以上之基本原理，我們將第八章中早期療育或特殊幼兒教育之目標，在此再稍微地陳述一次：

（早期療育之目標）在於增進幼兒習得和使用身體動作、社會能力、情感與溝通，以及智力的（如，解決問題）行為；而這些學習是統合在生產性的、功能性的和適應性的反應中。（註一）

大部分的早期療育工作者都會同意目標中的第一部分，也就是早期療育的目標在於讓幼兒習得和使用重要的行為。然而

上述目標的第二部分——學習行為統合在生產性的、功能性的和適應性的反應中,則有些早期療育工作者可能會不認同。因此,以下我們就針對生產性、功能性和適應性的觀念加以敘述。

生產性的能力

生產性的能力是指幼兒在面對情境改變時,能夠產生一個新的反應,或是將已學會的技能加以合適地使用,抑或調整已會的反應來回應環境中出現的刺激。舉例來說,若是幼兒已經會用主詞加動詞,或是動詞加受詞來組成短句,那麼當他有足夠的字詞時,就能在不同的情況中,將他們想要溝通的意思,用合適的短句來表達(如,小孩走,爸爸坐,小狗玩)。即使幼兒沒有接受過特別的字詞順序文法訓練,他們也會產生出不同的短句,這就是生產性能力的表現。再舉一個例子來解釋當幼兒領會了一個反應而產生出來的行為反應,譬如他們可以從一些物品的形狀和大小的認知,不必經由直接訓練而反應出對其他物品的形狀和大小的認知。

雖然生產性能力含括或相似於類化能力(generalization),但是我們仍建議使用生產性的能力來描述幼兒的行為能力,因為「生產」意謂著幼兒根據環境的要求,而主動地參與所產生

註一:我們承認早期療育的目標並不只包括上面的內容,還有其他基本的目標存在,例如:協助家庭發展與幼兒之間良好健全的關係;擴展社區資源的通路。然而,在本書中早期療育的目標焦點,則以上述之內容為主。

出來的反應。類化的含義則較缺少幼兒主動性的角色功能。為了不斷因應社會性和物理性環境的變化，以及滿足幼兒本身的需求，幼兒必須具備生產性的能力，才能根據情境表現合適的反應。

功能性的能力

所謂功能性的能力，是指對幼兒有用的行為反應。教會幼兒玩插洞板的遊戲技能，並不具備功能性；除非幼兒學會伸手拿、抓握和擺放物品的動作，而在環境中加以運用，這些技能才可謂具有功能性。以下的例子可比較出功能性的強弱：教幼兒用餐時使用餐具，與教幼兒玩積木比較時，前者比後者具功能性。讓幼兒學習開門、爬階梯和開水龍頭，與讓幼兒學習拼圖或走平衡木相較，前者比後者的功能性強。

適應性的能力

適應性的能力是指幼兒為調適社會性或物理性環境的要求或限制，而調整他們的行為反應。譬如一個幼兒用問問題的方式來引起大人的注意，而沒有得到大人的回應；於是他調整方法或用替代方法來引起大人的注意，如，去問其他的大人，換用手勢來引起注意。適應力或變通力對於幼兒適應環境中的變化，或是非預期的事件，是很重要的能力。

活動本位介入法即在幫助幼兒學習生產性的、功能性的和適應性的統整性能力，而這也是早期療育的重要目標。在本章

的後續內容中，將介紹支持此目標和活動本位介入法之理論背景。這些理論不是新的，也不是獨一的，但是它們從不同的觀點探討人類的成長與學習。我們嘗試綜合這些理論的內涵，發展出一個有效的介入系統，即是活動本位介入法。

活動本位介入法之基本理論

無法有效地幫助幼兒發展兼顧生產性的、功能性的和適應性的能力之問題，已成為促進教育理論和實務研究發展的動力（Brown, Collins, & Duguid, 1989）。雖然這個問題早在二十多年前即被諸如 Dewey 等學者提出，但是對於需要長期介入服務的幼兒而言，他們並沒有因為時代的改變，而獲得幫助他們發展有用的、有意義的和有效的學習策略。

活動本位介入法建構在明確的理論基礎之上，並將這些理論原則加以合理的應用。行為分析學派的學習原則——前提事件的安排、行為反應的增強等，在活動本位介入法中清晰可見。此外如社會歷史理論的代表學者 Vygotsky、Piaget 的認知理論、Dewey 的學習理論，以及如 Cicchetti 的發展理論，都是活動本位介入法理論架構的基礎。

社會歷史理論

Vygotsky 的論說，影響了許多學者對兒童發展的觀點。他

認為最接近兒童的歷史社會文化環境，是影響兒童發展的重要因素（John-Steiner & Souberman, 1978；Moll, 1990）。雖然Vygotsky 承認人類本質對發展的影響，但是他強調人類會從互動中產生本質的改變（Vygotsky, 1978）。根據 Vygotsky 的理論，學習是一深刻的社會化過程，而此過程受到兒童的歷史和文化背景所影響（John-Steiner & Souberman, 1978）。

　　Vygotsky 並不否認發展的生物性基礎，然而發生在兒童和社會性環境之間的互動，是影響兒童發展的重要關鍵。在 Hart和 Risley（1995）的長期研究中，可以印證 Vygotsky 的互動理論。這二位學者發現幼兒語言的習得，確實受到互動過程的影響。當幼兒學會較複雜的語言時，父母和幼兒互動時的反應也會隨之改變；經過這樣的一來一往，引發幼兒產生更複雜的語言。Vygotsky 的互動觀點反映出幼兒和他們直接接觸的社會性環境之雙向關係。此外，Vygotsky 也強調社會文化的改變，是源自於個體與當時的社會文化情境。譬如說新字詞的出現，或是字詞意義的改變（如，cool 的意義在現今的時代中有「酷」的意思），都可能形成長久性的文化轉變。

　　在 Vygotsky 的著作中，對其他學者的論述多加肯定，譬如Sameroff 和 Chandler（1975）、Cicchetti 和 Cohen（1995）所提的跨系統互動論（intra-system interactions）。這些互動理論促進早期療育或特殊幼兒教育改變介入方法的推動力。而活動本位介入法明確地反映對互動理論的重視，因此不斷強調幼兒與環境互動之重要性，以及各發展領域互相影響之關係。

認知理論

　　Piaget 的認知論對早期療育或特殊幼兒教育的影響深遠。Piaget 的發展理論提出兒童是透過在環境中的行動，建構對世界如何運作的了解（Piaget, 1952）。因此兒童有主動參與建構知識的必要性，他們需要探索、經驗和操作，同時接受他們和物品互動的回饋。經由這樣的過程，兒童從感覺動作發展到前運思期，再進入具體運思期的發展階段。

　　幼兒主動探索發現他們的環境，與他們所接受到的直接回饋存在著重要的關係。當嬰兒拿著球玩的時候，他們會發現丟球和捏球是不一樣的現象。嬰兒的探索和發現是透過他們從行動中所得之回饋；例如他們會發現書是拿來看的，而鎚子是用來鎚打東西的。許多專業人員都了解和尊重幼兒必須有意義地在環境中行動。

　　雖然 Piaget 的論述焦點是幼兒和物理性環境互動之效果（Uzgiris, 1981），可是他的著作中卻多強調心智功能發展之重要性。Piaget 指出幼兒在環境中行動的重要性，也提出從與環境互動中所得到的回饋，能夠促進幼兒發展更複雜的問題解決技能。從行動的過程中，幼兒逐漸由具體思考進入抽象思考（Piaget, 1967），而且 Piaget 也建議，環境的回饋和幼兒的主動參與，對幼兒有意義的學習具有同樣的重要性。在活動本位介入法中，讀者可發現 Piaget 理論的應用。

學習理論

　　如同 Piaget 和 Vygotsky 的理論，Dewey 也主張幼兒和環境的互動，是發展與學習的基礎。Dewey 認為真正的教育應來自於經驗——經驗必須具有互動性，並且能夠促進兒童做有意義的改變（Dewey, 1976）。

　　根據 Dewey 的觀點，兒童有活動的本性，而如何掌握和引導他們活動，是教育的重要議題。仔細組織、計畫的活動才能達到符合兒童興趣和教育的目標，而活動的基本原則是對兒童有意義又有功能性的，而不是零散片斷或即興進行的活動。一連串不相關的活動並不能提供真正的學習，也不能增進統整性的發展（Dewey, 1959）。而學習的連續性是指教學者（或介入者），能根據兒童的現階段理解能力來安排學習經驗，以促進兒童有效地朝更高層次的功能水準發展。

　　Dewey 的理論中提及兒童必須完全參與活動，這個觀點尤其和活動本位介入法特別相關。所謂允許幼兒完全參與，涉及選擇什麼活動，以及如何進行活動。早期療育工作者的角色即是引導和選擇學習經驗，並使這些經驗成為互動而連續的經驗。事實上，早期療育工作者的工作就是將介入目標和幼兒的生活經驗加以串連。

　　此外，Dewey 也強調學習是所有經驗的累積結果，而不是只有正式訓練的學習工作而已。有效的介入方法必須是利用建立在幼兒生活上的活動來進行；在幼兒平日生活中的各式各樣

活動，確實是促進幼兒習得重要知識和技能的機會。如果幼兒想要某樣物品，想接近某個人或是對某件事情有興趣，都是幫助幼兒發展和延伸溝通技能的機會。玩沙坑的遊戲活動可增進幼兒動作和社會能力的發展。而即使是點心前的洗手活動，也可成為促進幼兒問題解決的能力，像是肥皂放在哪裡、哪裡可以找到毛巾，都是幼兒在日常活動中需要運用思考的問題，這些問題對幼兒是與切身相關的、有意義的思考。從以上的例證，再次印證了活動本位介入法中利用幼兒所選擇的、例行性的和偶發性的活動，是建立在理論基礎上的實施方法。

發展理論

發展理論在活動本位介入法的理論架構上，亦占有一席重要地位，尤其以 Cicchetti 與 Cohen 所提之理論與活動本位介入法最為相關。他們認為個體的發展是統合了個體之內在生物系統和外在行為系統之品質表現，其發展的過程應被重視（Cicchetti & Cohen, 1995）。根據 Cicchetti 與 Cohen 的理論，發展被視為一系列「品質的再組織」（qualitative reorganizations），而這樣的組織是發生在個體內在生物系統和外在行為系統中，也發生在內在與外在系統之間。而個體的改變是因為比較早期的發展結構和新發展階段的組織，二者互相結合的結果，而這個改變是發生在個體內在系統和外在系統之中，並且也發生在跨二者系統之間。舉例來看，幼兒經過學習文法規則的改變和重組，進而能夠使用較複雜句子和別人溝通。語言的改變同樣也影響

了其他發展系統，它可能會促使幼兒的認知、社會能力，甚至情緒等發展系統跟著產生改變。各發展領域存在著互動性，彼此互相影響，因此其中一個發展系統改變，其他的發展系統必會受其影響。

　　發展領域組織性的觀點，顯而易見被應用在活動本位介入法中，尤其是在各發展系統之間的互動性，以及行為技能從較簡單的階段，逐漸發展至較複雜階段的重新組織，是活動本位法一再強調的概念。另一方面，發展理論應用在活動本位介入法的印證，是表現在對幼兒發展評量之正確性、連續性和深入性的要求，有了良好的評量才能為幼兒決定發展合宜的介入目標。而活動本位介入法的設計即強調跨發展領域學習目標與活動的結合，也強調完整的評量是執行介入的必要前置作業。

行為學派之學習原則

　　不論使用何種介入策略，都可以配合行為學派之學習原則加以運用，而早期療育工作者確實需要具備行為學派學習原則的知能。為了提供具有品質的服務給幼兒和其家庭，以及達到介入的目標，早期療育工作者必須以組織化和具有目的之態度，有效地應用行為學派之學習原則。行為學派提出三步驟的基本原則：

　　前提事件→行為反應→行為後果

　　前提事件是指一個條件、情境或是支持程度；這些條件、情境或支持程度可利用做為引發或延伸出特定行為反應，或是

一連串行爲反應的刺激。譬如，幼兒正在學日常用品的名稱
（如，球、小熊、蘋果），而早期療育工作者在幼兒要求想要
一個球的時候，趁機要求幼兒說出「球」的名稱。在這個例子
中，早期療育要求幼兒說出物品名稱爲前提事件；而行爲反應
是幼兒說出物品的名稱。行爲後果則指在行爲反應之後的行動。
再舉例而言，早期療育工作者倒果汁在杯子裡（前提事件），
幼兒指著杯子說：「果汁」（行爲反應），早期療育工作者把
果汁端給幼兒喝（行爲後果）。

　　前提事件、行爲反應和行爲後果是一體的，通常很難將三
者分別爲單獨的行動、事件或後果，以下的例子提供讀者做一
個對比。

個別的三步驟

前提事件	行爲反應	行爲後果
小狗的圖片	幼兒說：「狗狗。」	老師說：「答對了。」

連結的三步驟

前提事件	行爲反應	行爲後果
小狗的圖片、玩具、真的小狗	當幼兒看到小狗的圖片、玩具或真的小狗時，都會說：「狗狗。」	幼兒獲得合適的回饋，如，大人的注意、口語讚美、一個獎勵品

　　照顧者和早期療育工作者在運用前提事件、行爲反應與行

為後果的三步驟原則時，應鼓勵和幫助幼兒對不同前提事件（如，事件、圖片、物品、詞彙）產生行為反應，並且提供配合幼兒行為反應的行為後果（如，給予肯定、給一個幼兒想要的東西，或是讓幼兒做一件想做的事情）。有關行為學派之學習原則，在 Alberto 和 Troutman（1982）、Dunlap（1997）以及 Zirpoli（1995）等學者的論述中，有更詳盡的資料可供讀者補充參考。

主要的原理原則

　　從 Vygotsky、Piaget、Dewey 和 Cicchetti 的理論中，我們架構出活動本位介入法之四項理念：

(1)幼兒直接接觸的環境和社會文化情境，對發展中的幼兒有重要的影響。
(2)幼兒的自發性和主動參與可增進幼兒的學習。
(3)幼兒應參與具有功能性和有意義的活動。
(4)幼兒的發展進步是透過多樣化過程的統整而得之。

　　有關第一項原則是衍自於 Piaget、Vygotsky 和 Dewey 的理論，他們都提出環境對學習和發展的影響很重要。而 Vygotsky 特別強調幼兒直接接觸的社會性環境，以及較大範圍的社會文化情境，均是幼兒發展之影響要素。雖然這些學者也都認為神

經生理因素對發展的必要性，然而他們仍強調環境、情境和回饋是幼兒學習與發展的基礎。

　　環境塑造幼兒的重要性，對於過去、現在和未來都具有其意義。過去的經驗造就現在的狀態。提供給幼兒的介入方法的變革，受到過去經驗的影響；而現在影響幼兒和課程的因素，成為未來發展成果之經驗基礎。

　　第二項重要原則強調，有效的學習需要幼兒主動的參與。被動的、缺少動機的或是缺少引導的活動，對豐富幼兒的行為反應並無幫助。依照 Dewey 的說法，環境或經驗的安排必須吸引幼兒，同時也能引起幼兒參與的動機。和主動參與同等重要的是跟隨幼兒的引導，並且指導他們參與活動，以使幼兒的參與達到最高程度。

　　此外，有效的學習必須要求幼兒參與學習的過程，除非在特殊情況之下（如，嚴重的肢體障礙），否則應盡可能鼓勵幼兒主動地參與活動和學習過程，而不要讓幼兒被動地學習知識和技能。幼兒的語言發展尚未完全成熟到可以熟練地運用，經由參與而得的具體經驗，即成為學習知識或技能的重要管道和基礎。

　　活動本位介入法之第三項理論原則，強調為幼兒設計的活動應具有功能性，並且對幼兒是有意義的活動。Vygotsky 曾言，幼兒的需求是促進他有效地行動之推動力，如果我們忽略了幼兒的需求，我們將無法了解幼兒發展階段的演進（1978, p.92）。Dewey 也提出，對於我們所看、所聽和所感受到的經驗應加以重視和了解（1976, p.68）。Cicchetti 與 Cohen（1995）則強調，

提供給幼兒的介入，必須與他的發展組織階段相符合。這些學者都認為發展的改變和再組織有其最佳時機，而這樣的改變不僅發生在單一的發展領域中，也會發生在跨發展領域之中。

因此幼兒所參與的活動，必須是能促進發展和學習的活動，並且活動的性質必須與幼兒的經驗相結合，又對他們具有意義的活動。此外，活動的目的除了促使幼兒運用和延伸他們現階段之發展能力之外，也應該考慮幼兒能從活動中擴展他們的經驗。

最後一項重要的理論原則，強調發展和學習是受到生物和環境因素交互影響之下，所產生的連續和統整過程。有效的介入方法必須具備完整和組織性的架構，經由正確的評量來掌握幼兒各主要發展領域的現況能力，再為幼兒設計既符合現階段能力，又能促進連續性發展和成長的活動；而對影響幼兒學習的各種因素，也必須加以考慮。活動本位介入法的設計即是朝這些重要原理的方向發展而成。

真實性活動（Authentic Activities）

在 Brown 等學者合著的《情境認知與學習之文化》（Situated Cognition and the Culture of Learning）論文中，強調學校所提供的教育性活動，實有必要加以改變，他們認為：

若是忽略了認知內涵中的情境本質（situated nature），則教育將會失去提供有用的、健全的知識之目標。反之，若是學

習能融入活動中，並且盡可能運用物理性和社會性情境的做法，較符合我們從研究中所得知有關學習和認知的發展。（1989, p. 32）

Brown 等人認為所謂「情境的本質」是指，學習應為活動和活動發生的情境之統合。誠如他們所言：「活動、概念和文化是互相關聯的。除去其二，則無法完全了解三者中任何之一。學習是含括活動、概念和文化三者的。」（Brown et al., 1989, p. 33）

所謂「真實性活動」在 Brown 等人的論述中被加以強調（1989），他們認為知識的獲得與技能的學習，應該發生在真實的情境中；亦即知識的獲得與技能必須有助於，或有利於面對真實情境裡的工作或問題。這樣的看法有別於強調抽象的、片斷的教育訓練。如果我們用十分鐘來教幼兒溝通技巧，倒不如幫助他們在日常環境中，利用協商問題的機會來增進溝通技巧，而後者對幼兒的意義確實大過於前者。

活動本位介入法中顯而可見地應用了 Brown 等學者的論點，因為在真實情境中發生的介入活動，其目的即在促進幼兒生產性、功能性，以及適應性的行為反應。而真實性的情境就應該包括能夠反映幼兒日常生活的真實面和需求性的活動。此外，真實性活動應從幼兒的觀點出發，它們有邏輯的開始，有事件發生的順序，也有結束。而這些活動或是與幼兒的基本生存有關（如，尋求幫助），或是反映出幼兒在例行性生活中的需要（如，學習進食）。真實性活動幫助幼兒學習和練習必要

的技能，以提升他們與物理性和社會性環境互動時的能力。對幼兒而言，真實性活動與他們息息相關，因此幼兒較有興趣和動機參與活動，而這些活動也較能讓幼兒理解與回應所直接接觸的社會文化情境。進一步來看，真實性活動也符合Dewey的理論，因為活動的本身「提供給兒童參與的動機和第一手的經驗，也帶領兒童接觸真實的世界」（1959, p.44）。

　　然而運用真實性活動的意義，並不是意味著允許幼兒參與任何形式的活動，也不是指照顧者或早期療育工作者少了協助幼兒達到發展或教育目標的責任。反之，早期療育工作者必須發展出能夠引導和指導活動的有效方法；換言之，仔細地觀察幼兒的動機和技能，除了保持彈性調整的空間之外，也要同時掌握幼兒的長期和短期目標。誠如Dewey所言（1959），在教育過程中讓兒童主動參與，會讓老師的工作增加而非減少。

摘要

　　本章之主旨在提供讀者了解活動本位介入法的理論背景。從不同的理論可歸納出以下的重要原則——幼兒受到他們的物理性和社會性環境，以及社會文化情境的影響很大；幼兒必須藉由主動地參與活動，來建構他們的心智發展；幼兒生活環境裡的活動是發展和學習的基礎。而根據這些重要原則，以真實性活動成為介入的方法，即是合理並有說服力的做法。

　　Dewey曾寫道：「教育的價值並不在於抽象。」（1976, p.

46）「我相信真正的教育是來自於兒童在社會情境的需求之下，所產生出來的力量，而他從中發現了自己。」（Dewey, 1959, p. 20）。活動本位介入法的目標即是創造和運用真實性活動，並讓幼兒在活動中增進他們的發展與學習。

參考書目

Alberto, P., & Troutman, A. (1982). *Applied behavior analysis for teachers.* Columbus, OH: Charles E. Merrill.

Bricker, D., & Veltman, M. (1990). Early intervention programs: Child-focused approaches. In S. Meisels & J. Shonkoff (Eds.), *Handbook of early childhood intervention* (pp. 373–399). New York: Cambridge University Press.

Brown, J., Collins, A., & Duguid, P. (1989). Situated cognition and the culture of learning. *Educational Researcher, 17*(1), 32–42.

Cicchetti, D., & Cohen, D. (1995). Perspectives on developmental psychopathology. In D. Cicchetti & D. Cohen (Eds.), *Developmental psychopathology: Theory and methods* (pp. 3–20). New York: John Wiley & Sons.

Dewey, J. (1959). *Dewey on education.* New York: Columbia University, Bureau of Publications, Teachers College.

Dewey, J. (1976). *Experience and education.* New York: Colliers Books.

Dunlap, L. (1997). Behavior management. In L. Dunlap (Ed.), *An introduction to early childhood special education* (pp. 276–299). Needham Heights, MA: Allyn & Bacon.

Hart, B., & Risley, T. (1995). *Meaningful differences in the everyday experience of young American children.* Baltimore: Paul H. Brookes Publishing Co.

John·Steiner, V., & Souberman, E. (1978). Afterword. In M. Cole, V. John-Steiner, S. Scribner, & E. Souberman (Eds.), *L.S. Vygotsky—Mind in society* (pp. 121–133). Cambridge, MA: Harvard University Press.

Moll, L. (1990). *Vygotsky and education.* New York: Cambridge University Press.

Piaget, J. (1952). *The origins of intelligence in children.* New York: W.W. Norton.

Piaget, J. (1967). *Six psychological studies.* New York: Random House.

Sameroff, A., & Chandler, M. (1975). Reproductive risk and the continuum of caretaking casualty. In F. Horowitz, E. Hetherington, S. Scarr-Salapatek, & G. Siegel (Eds.), *Review of child development research* (Vol. 4, pp. 187–244). Chicago: University of Chicago Press.

Uzgiris, I. (1981). Experience in the social context. In R. Schiefelbusch & D. Bricker (Eds.), *Early language: Acquisition and intervention* (pp. 139–168). Baltimore: University Park Press.

Vygotsky, L. (1978). *Mind in society.* Cambridge, MA: Harvard University Press.

Zirpoli, T. (1995). *Understanding and affecting the behavior of young children.* Columbus, OH: Charles E. Merrill.

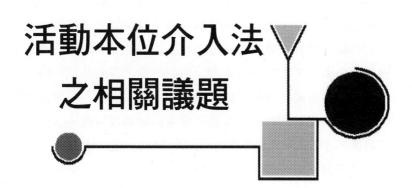

第十一章

活動本位介入法
之相關議題

　　從實際觀察活動本位介入法的實施中，發現有一些重要的
議題必須進一步地討論和澄清。這些議題包括：發展領域需要
性之重視、教學主控性之喪失、重要技能之練習機會、對重度
障礙幼兒之應用性、與社區本位課程之結合、幼兒進步情況之
評鑑、活動本位介入法之有效性。

發展領域需要性之重視

　　幼兒的興趣在活動本位介入法的要素中占有重要地位。利
用幼兒自己開始的活動，或是幼兒表現有興趣的活動來激發幼

兒的學習，可以減少外在物質性增強的給與和控制。然而，幼兒的興趣或主動開始的活動，是否真的能引導他們在活動中提升認知、社會能力、溝通技能、適應能力，或動作技能的缺陷？當然，我們不能賦予幼兒不切實際的期望，尤其是對那些有著多種障礙的幼兒，他們所選擇的活動不見得能夠真正地增進他們的經驗與發展。譬如有嚴重表達困難的幼兒，可能不會主動積極地向別人要求想要的東西。而有行走困難的幼兒，也可能不願意參與需要走路的活動。社交技巧較弱的幼兒，可能在有機會和同儕互動的機會中，也不會主動地尋找同伴。這些例子可證實，專業團隊人員不能夠一直等待幼兒主動開始進行活動，針對幼兒發展領域的需求性，成人仍須適當地介入來引導幼兒在活動中練習重要的技能。

若是要成功地運用活動本位介入法，必須在以幼兒為引導的活動，以及融入重要目標的例行性與計畫性活動之間，取得一個平衡性。換言之，就是鼓勵幼兒主動開始和引導的活動，並不是只有幼兒喜歡的活動，還應該包括具有幼兒的需求訓練之活動。例如早期療育工作者發現幼兒喜歡在團體活動時唱某幾首兒歌，那麼或許可以在幼兒喜歡的兒歌中加入新的字詞或動作，也可以教唱新的兒歌；或是在唱不同兒歌之間，穿插其他含有重要目標的活動。

此外，活動本位介入法也要求審慎地觀察幼兒主動開始的活動，以確定幼兒在活動中可以有練習重要技能的機會；若是缺少如此的機會，成人則須調整以幼兒為引導的活動，以使幼兒的重要技能包含在活動當中。舉凱斯的例子來看，他有明顯

的肢體障礙，需要靠助行車走路。根據他目前的狀況，首要的
學習目標是增進他使用助行車的技能，以及增進從一定點到另
一定點的移動速度。對六歲的凱斯來說，他當然比較喜歡和同
伴一起玩桌上的遊戲，而比較不喜歡練習用助行車走路的活動。
於是老師重新安排教室裡的擺設，當凱斯想和同伴玩桌上遊戲
時，必須在使用助行車的輔助之下，走到架子旁拿想玩的遊戲
材料，再走去玩遊戲的桌子。這樣的安排不僅顧及了凱斯的興
趣，也同時提供了凱斯練習重要技能的機會。經由思考和計畫
的活動，致使幼兒目標和興趣能同時融入活動中，也實現了尊
重幼兒的選擇與增強幼兒主動性的做法。

　　幼兒的行為改變和進步，必須透過不斷的練習才能有效地
達到。幼兒的個別化教育計畫與個別化家庭服務計畫中的長期、
短期目標，是指引介入方向的重要內涵。如果照顧者和早期療
育工作者能熟知和掌握幼兒的目標，那麼較容易在例行性、計
畫性和以幼兒為引導的活動中融入目標，而使活動符合幼兒的
興趣和發展需求。

　　在此仍必須重申一個概念——活動本位介入法並非鬆散無
組織的方法，也並非完全由幼兒和他們的興趣來主導的方法。
以活動取向為主的方法，應是在可能的情況之下，盡量利用幼
兒主動開始他們喜歡的活動，但是並不是排除計畫性與例行性
活動的運用。重要的是能在例行性、計畫性和以幼兒為引導的
活動之間，加以平衡運用，如此才能保證幼兒的重要發展目標，
可以有系統地增強和學習。

教學主控性之喪失

　　許多直接提供服務給幼兒的專業人員，在初用活動本位介入法時，都不約而同地提出失去教學主控權的強烈感受。不可否認的，對接受傳統教學方法的人而言，活動本位介入法所強調的以幼兒為主導的做法，確實會造成不適應的感受。尤其是許多從事過障礙兒童工作的專業人員，要從結構性的教學方法轉換到鼓勵幼兒主動開始活動的引導方式，的確需要一段調整和適應期。

　　當幼兒被允許改變活動的進行，或是開始一個不在原先預期之內的活動時，早期療育工作者很可能會有失去控制的感覺。然而，若是活動仍能幫助幼兒達成學習目標，那麼是不是成人所預期發生的活動，就不是非常重要了。其實當我們思考有關活動的議題時，還是必須強調對幼兒有意義的活動，活動本位介入法的重點即是在例行性、計畫性和以幼兒為引導的活動中，讓專業團隊人員盡量有機會在活動中鼓勵幼兒練習重要技能。恰當地運用活動本位介入法時，幼兒並不太有機會發生不合適或不具學習意義的行動，因為活動本位法有完善的架構來支持幼兒的目標發展。

　　有些專業人員提出跟隨幼兒的引導，或是由幼兒開始的活動，可能導致幼兒所參與的是不具生產力的活動，亦可能讓幼兒從一個活動轉換到另一個活動，而無法維持參與活動的興趣

或專注力。許多專業人員確實遇過注意力短暫的幼兒，他們不容易從頭到尾參與一個活動，而從一個活動到另一個活動中，沒有真正的學習發生。那麼活動本位介入法究竟是否合適應用於這些幼兒的學習呢？若是成人跟隨幼兒的引導，也鼓勵幼兒自己開始的活動，那麼幼兒是否會學習控制活動的進行和活動的轉換呢？

事實上，活動本位介入法並不是要求照顧者或早期療育工作者總是跟隨幼兒的主動行為；而應是當幼兒的行為表現並不能導致生產性的結果時，成人必須介入而再重新引導。所謂「生產性的結果」是指能增進幼兒個別化教育計畫、個別化家庭服務計畫之目標達成的結果。適當地運用活動本位介入法的基礎，奠定於為每一位幼兒發展功能性的長期和短期目標；而功能性的目標成為選擇活動與監督學習的指引。以三歲的莎賓娜為例，她通常只能花幾分鐘看一本書，隨後可能把還未看完的書放在一邊，而去玩玩具；但是她很快地被其他同伴正在玩的玩具所吸引，又放下自己手中的玩具，去拿別人的玩具來玩。莎賓娜所表現的注意力短暫行為，對她本身的學習並不具有生產力。此時，早期療育工作者必須介入引導，譬如為了延長莎賓娜對書中的故事保持興趣和注意力的時間，成人和她一起看書時，可以配合故事情節加入布偶或動作來吸引她。

在此處所討論的控制，是指引幼兒和專業團隊人員行動的必要架構，而這個架構在活動本位介入法中，是藉由選擇功能性目標來指引介入方向而呈現。讀者從本書的第五章和第六章中，可詳見活動本位介入法的基本架構。

重要技能之練習機會

針對重要的長期和短期目標而提供充分的練習機會，不僅是活動本位介入法所面臨的挑戰，同時也是許多教學方法較難突破的部分（Bricker & Pretti-Frontczak, 1997；Pretti-Frontczak, 1996；Schwartz, Carta, & Grant, 1996）。從我們的現場觀察資料中發現，許多早期療育工作者並不能一致性地運用我們建議的教學方法，因此幼兒練習重要技能的機會很可能不夠充分。對障礙幼兒而言，充分的練習是絕對必要的，經由充分的練習，幼兒才能習得技能，並加以應用。

在活動本位介入法中的三種主要活動（例行性、計畫性、以幼兒為引導的活動），都是幼兒練習重要技能的機會，但是如果缺少了謹慎的計畫，幼兒或許並不能獲得充分的練習機會。專業團隊人員必須仔細思考，哪些類型的活動適合成為技能練習的機會，以及如何將目標融入例行性和以幼兒為引導的活動中。同時專業團隊人員也應該為幼兒安排類化技能的機會。舉例而言，如果幼兒正在學習常見物品的名稱，在一天當中有許多機會可以供他學習命名。照顧者或早期療育工作者可以先分析幼兒的日常作息，然後從中找出可能成為幼兒練習命名的機會。如果發現幼兒練習物品名稱的機會不夠時，則應為幼兒添加或創造機會，這些機會可能是例行性活動，或是以幼兒為引導的活動。例如，在幼兒沐浴時，準備各式各樣的東西讓幼兒

玩。當幼兒拿到一樣東西的時候，照顧者可以問幼兒：「你找到什麼東西了？」每次洗澡的時候，介紹三、四種物品的名稱讓幼兒認識，這樣的做法增加了幼兒的練習機會，也補充了其他活動中不夠充分的練習機會。

　　活動本位介入法的另一個要素，是幫助幼兒學習功能性和生產性的行為反應。對所有的幼兒來說，學習獨立的功能性行為反應，都應是重要的練習目標；這些行為反應包括解決問題、溝通、操作物品、行動力、穿脫衣物、進食以及社會互動等各種技能。譬如對絕大多數的幼兒而言，獨立行動的能力是一項重要目標，但是這並不表示所有的幼兒都要學習走路，而是不論幼兒使用單腳、用助行車、使用輪椅或其他輔助工具，都可以達到行動之目的，才是「獨立行動」這項技能的重點。照顧者和早期療育工作者有了功能性和生產性行為反應的觀念，再思考如何利用幼兒的主動性，或如何將目標融入例行性和計畫性的活動中，就比較容易實施了。

　　為了提供嬰兒和幼兒多元化又充分的練習機會，專業團隊人員必須彈性地運用活動本位介入法，並且善加發揮使之成為具有生產性和自發性的活動。如果吹肥皂泡泡是幼兒喜歡的活動，可是「吹泡泡」並不是學習目標，那麼將幼兒其他的目標融入在這個活動裡，同樣可以使這個活動成為對幼兒有意義的練習機會。例如，在活動中融入溝通技能的目標（如，要求肥皂泡泡、跟隨指令、會說「吹」、「還要」、「沒有了」、「不見了」、「破了」等字詞）；社會互動的目標（如，輪流、和同伴一起遊戲）；以及動作的目標（如，追視肥皂泡泡、追跑

和打破肥皂泡泡、開和關裝肥皂水的瓶蓋）。

幼兒需要多樣化和充足的練習機會，而練習機會往往不是自然發生的。因此專業團隊人員之主要責任，即是提供已融入合理目標且有意義的活動，以使例行性、計畫性和以幼兒為引導的活動成為幼兒的練習機會。

對重度障礙幼兒之應用性

活動本位介入法是否合適用於重度障礙幼兒的學習，是另一個重要的討論議題。比較之下，正常發展的幼兒比輕度障礙或高危險群幼兒，容易參與多樣化的活動；而輕度障礙和高危險群幼兒又比重度障礙幼兒，容易參與不同型態的活動。另一方面，障礙程度較輕的幼兒比重度障礙幼兒，較能維持注意力，而主動開始行動和回應的頻率也比較高。事實上，許多重度障礙者的主要身心特質之一，就是在活動的開始和參與方面缺乏主動性（Koegel, Koegel, Frea, & Smith, 1995）。

值得我們思考的是，重度障礙者主動性的缺乏，或者說合宜的主動性的限制，是源自於他們本身的生理因素，或是來自於被社會環境忽視或懲罰（Guess & Siegel-Causey, 1985）。而我們相信重度障礙者主動性的缺乏，是生物性問題和訓練問題二者所造成。如同 Drasgow、Halle、Ostrosky 和 Harbers 等學者所言（1996），許多重度障礙幼兒具有一些不明顯的行為或習癖行為，可被利用來誘發幼兒的行為反應。然而根據我們的經

驗，像這樣的行為反應通常會被忽略，而成人給幼兒的訓練，是希望幼兒表現出成人所期望的行為反應。

對於普通幼兒而言，遊戲和自發性的活動，是提供幼兒學習各發展領域中更複雜能力的推動力。我們相信遊戲和幼兒的主動性，對重度障礙幼兒亦是重要的學習管道。因此活動本位介入法強調不論在例行性、遊戲和以幼兒為引導的活動裡，都應該注意幼兒主動開始的互動。照顧者和早期療育工作者必須小心地觀察和回應幼兒的信號和行動，即使是不明顯的行為與習癖行為時，都可以利用機會加以回應，或是重新加以指導，以使這些行為改變成對幼兒有用又有意義的行為反應。

我們相信對以幼兒開始和引導的活動之重視，將可提升重度障礙幼兒向照顧者與早期療育工作者，表現出他們對事物喜歡和感興趣的能力。從一些幼兒發展的研究中顯示，對年齡較小而又具備較少技能的幼兒，使用以成人為引導的介入策略，其成果不如以幼兒為引導的策略來得有效（Cole, Dale, & Mills, 1991；Yoder, Kaiser, & Alpert, 1991；Yoder et al., 1995）。當然，我們用這些研究發現來舉例，並不是為了反對結構性課程對重度障礙幼兒的重要性。

跨領域需求的介入必須結合專業團隊人員的共同參與，才能為幼兒提供完善的課程。以重度障礙幼兒的需求來看，特別需要跨專業團隊人員的共同計畫課程，以幫助幼兒發展功能性和生產性技能（Drasgow et al., 1996；Horner, Dunlap, & Koegel, 1988）。

活動本位介入法利用行為分析法，來協助重度障礙幼兒學

習有用又有意義的技能。這個方法結合了幼兒生活中重要的人物和地方，並使日常例行活動成爲介入的活動；同時強調當幼兒有需求時，他們所學的技能即可成爲立即有用的技能，而幫助他們滿足需求（例如，當幼兒出聲要求，或指著裝果汁的壺時，成人就倒一杯果汁給他）。將介入的目標融入在各式各樣的活動中，以使學習在不同的情境中發生，如此才可增加幼兒學習生產性技能的機會。

其實活動本位介入法並不排斥運用以成人指導爲主的活動，也不反對運用大量練習的做法；重要的是對重度障礙幼兒的許多問題，必須借助專業團隊人員運用多樣化的策略，才能保證幼兒有系統的進步。我們再次強調，如要成功地運用活動本位介入法，則必須做到——平衡地安排計畫性活動和以幼兒爲引導的活動，並且平衡地將練習分散在各種活動中。

與社區本位課程之結合

近年來，愈來愈多障礙幼兒被安置在社區本位的托兒機構、教育機構和休閒機構中（Wolery et al., 1993），而大部分的機構課程，都是爲普通幼兒和其家庭所設計的。此外，實施課程的人員，所受的訓練和實際經驗也多是以普通幼兒和其家庭爲重心。因此，將障礙幼兒安置在社區本位的機構中時，通常對幼兒和他們的家庭，以及實施課程的人員，都會造成困擾與不滿意的情況，其原因可歸納如下：第一，工作人員通常缺少對障

礙幼兒的專業訓練，或是處理幼兒行為的訓練。第二，許多社區本位機構的經費並不充裕，因此不論在人力或資源方面，都不可能提供障礙幼兒個別化的完善服務。這二個問題所形成的結果，當然會顯出幼兒的進步不明顯，或是可能讓幼兒發展出不合宜的行為；而且父母的不滿意和工作人員的挫折感，也會不可避免地產生。當然，運用活動本位介入法不可能就解決了這二個重要的問題；可是在活動本位介入法中所強調的例行性和以幼兒為引導的活動，和大多數社區本位課程的運作模式是不相衝突、且可相容的。因此在社區本位課程中應用活動本位介入法，是實際可行的。

結合活動本位介入法和社區本位課程之實際可行性基礎，是在活動本位介入法之理論架構中，即含括了幼兒發展和早期教育的理論和教學。鼓勵幼兒開始活動，以及在日常情境中激發出以幼兒為引導的活動和遊戲，對大多數的幼兒工作者和幼兒教育的老師來說，這樣的教學原則和理念都不至於陌生而不熟悉。

此外，活動本位介入法與發展合宜教學（DAP）的指引，也具有一致性的原則。二者都鼓勵幼兒探索發現和主動性的學習；並且在做法上也都是將幼兒的學習工作，融入在發展合宜的活動中，而成人的角色則被視為幼兒行動與興趣的支持者。

活動本位介入法強調幼兒與物理性和社會性環境互動的融合，也主張幼兒的學習應發生在各種活動中，而非在隔離的情境中進行教學。同時，活動本位介入法也強調，善加利用在以幼兒為引導和教師指導活動中的前提事件，以及其行為後果。

以上所述之活動本位介入法的重點，都可以和社區本位課程結合，並不相違背。

　　然而活動本位介入法和社區本位課程結合使用時，仍然必須注意以下幾方面的調整和要求——評量幼兒的系統化過程；發展適合的個別化教育計畫、個別化家庭服務計畫之目標；提供重要技能的大量練習機會；嚴密的監督幼兒的進步情形。為了達到這些要求，專業訓練的提供是絕不可少的。對幼兒教育工作者而言，接受和發展合宜教學理念一致的原則，並非難事；有了理念的了解與接納後，相信幼兒教育工作者在接受活動本位介入法的訓練時，就不會有衝突和排斥的情況產生了。

幼兒進步情況之評鑑

　　評鑑幼兒的進步是早期療育（或特殊幼兒教育）範疇中一項重要的議題。如果缺少了幼兒行為改變的客觀性資料，專業團隊人員將很難有把握確定所花費的時間和精力，對幼兒的發展和學習有所幫助。很可惜地，由於評鑑工作必須花費不少金錢與人力，而且不容易實行，所以大部分的早期療育機構中，評鑑的部分都做得不夠徹底，也不是經常性地進行評鑑。評鑑的困難來自於不易發現合適的評鑑策略，以掌握幼兒能產生有用的回饋之行為反應（如，測量幼兒與同伴之間有效的社會互動）。另一個困難則是在比較複雜的過程中（如，幼兒解決問題的過程），測量幼兒的行為改變所費不貲，因為許多評鑑系

統的需求都是經常性和長時間，才能真正評鑑出課程的有效性。總而言之，監督幼兒的進步是評鑑療育效果的途徑。

　　使用活動本位介入法的要求之一，即是必須評鑑幼兒的行為改變。評鑑的工作必須是經常性且持續進行，而從例行性、計畫性和以幼兒為引導的活動裡，評鑑幼兒在各發展領域中的重要目標之達成狀況。雖然評鑑的工作勢必花費許多的人力和資源，但是蒐集系統化的評鑑資料，才能讓專業團隊人員掌握療育的品質與效果。

　　因為我們相信評鑑幼兒的行為改變是必要的工作，所以重要的是如何進行評鑑，而非是否要評鑑。以我們的經驗，使用評鑑試探的方法，最實際可行而且能夠獲得充足的資訊。試探可被視為「迷你測驗」，與其每天或每星期執行須費時、費力的完整評鑑，不如利用試探的方法，在短時間內掌握幼兒學習重要技能的狀況。譬如，在點心時間時，藉由拿杯子給幼兒，來評量（試探）幼兒伸手取物和捉握物品的技能。

　　運用試探系統來執行評鑑時，幼兒的課程須加以組織化，而幼兒之長期和短期目標必須敘寫成可測量的具體行為。針對每一項長期和短期目標，都須設計成為可融入在例行性、計畫性與以幼兒為引導活動裡的前提事件。此外，多樣化的活動設計，以激發幼兒重要技能的學習，也是必要的工作。最後，專業團隊人員須準備明確的資料蒐集計畫。對大部分的幼兒來說，每星期實施一次或二次的試探，即可蒐集到足夠的評量資料。專業團隊人員可以事前規畫哪些活動或某些時段，是用來蒐集試探所得的資料；而哪些特定的活動由某特定的專業人員來蒐

集資料,也可以事先計畫妥善。

在活動本位介入法中監督幼兒的進步狀況,在做法上是具有某些程度的自發性和彈性,但是仍然必須正確地監督幼兒練習新技能的機會,以及重要技能的學習與維持之比率。

正如前面所述,評鑑幼兒的進步是一項重要的議題,監督幼兒的進步是有效的介入方法中,不可或缺的要素。讀者可從第七章的內容中,獲得有關監督和評鑑的詳細介紹。

活動本位介入法之有效性

介入方法有效性的探究,通常會受限於經費的不足、實用性和方法論的限制(Bricker, 1989),而從幼兒或家庭與課程之互動歷程中蒐集資料,更是複雜和困難的工作(Baer, 1981)。一直到一九九〇年代時,有關早期療育效果之研究,仍然未被真正地重視(Guralnick, 1997)。雖然有待澄清的部分仍舊很多,但是較早的研究發現都對早期療育的效果,提出正面的支持和看法(Guralnick, 1997, p.11)。

當我們研究有關早期療育的效果時,同樣遇到前述的問題,特別是很難發現和活動本位介入法互相比較的介入法(Baer, 1981)。然而自一九八〇年代早期開始,我們仍不斷蒐集實施活動本位介入法的效果資料,包括幼兒的發展與成長,父母的滿意程度,以及活動本位介入法的整體成效。這些資料均經過整理和證實,也用來成為修訂活動本位介入法的資料;而這一

系列的研究結果已相繼發表。參與相關研究者包括普通幼兒、身心障礙幼兒和高危險群幼兒，他們都是Oregon大學早期療育課程（Early Intervention Program）的服務對象，而活動本位介入法與早期療育課程是配合使用的。

　　第一篇活動本位介入法成效的發表論文，是探討從六個月至五歲的一百多位幼兒（包括普通幼兒和不同障礙程度的幼兒），在參與二年的早期療育課程後之成果（Bricker & Sheehan, 1981）。在學年的開始和結束時，利用標準化測驗和效標測驗來比較幼兒測驗前、測驗後的表現；而二年的測驗結果都呈現出後測結果顯著地比前測結果好，由此可證，早期療育課程對幼兒的發展與成長有明顯的幫助。

　　另一項研究也是以前測、後測的實驗設計，比較四十一位幼兒接受活動本位介入法的早期療育服務後之成果（Bricker, Bruder, & Bailey, 1982）。研究結果發現，效標測驗的前、後測比較，有一個班級的幼兒在認知領域上，並沒有顯著性的差別。

　　類似的研究也呈現出活動本位介入法的效果。八十多位不同障礙程度的嬰幼兒到三歲幼兒，在效標測驗和標準化測驗的前、後測分數表現上有顯著性的差異，但是在發展分數上並沒有顯著的差異（Bailey & Bricker, 1985）。另一個針對四十六位嬰兒和嬰幼兒進行二年的研究資料顯示，他們的表現不論在效標測驗和標準化測驗的前、後測分數，都有明顯的進步（Bricker & Gumerlock, 1988）。

　　Losardo 和 Bricker（1994）的研究結果發現，利用直接教學法來教幼兒字彙的成效，比活動本位介入法的成效好。而活

動本位介入法對幼兒技能的類化和維持之效果，卻比直接教學法來得好。

除了上述 Losardo 和 Bricker 的研究（1994），其他的研究都是有關早期療育的較早期研究（Guralnick & Bennett, 1987），這些研究結果都顯示活動本位介入法對幼兒的發展和學習，是有效的。而Losardo 和Bricker的研究（1994）可被視爲所謂「第二代的研究」（Guralnick, 1997）。未來的研究主要目標，應朝向探究課程之特質與其效果，或是課程對幼兒的實際成效，以促使早期療育的發展更加完善。活動本位介入法的相關研究也隨之邁向此目標進行（Bricker & Pretti-Frontczak, 1997）。

摘要

在本章中我們提出了活動本位介入法的主要議題，但是我們相信有些讀者可能會因爲以下的二個理由，而不能完全接受活動本位介入法。

第一，早期療育的領域中，對於重度障礙幼兒的教學有效策略的使用和發現，至今仍是難題之一。我們相信活動本位介入法能成功地應用在重度障礙幼兒身上，但並不表示幼兒可以不需要照顧者的協助。或許在現今或在將來，都不可能有任何技術可以完全彌補或消除重度障礙者的限制。如果專業人員對重度障礙者有正常化的期待，當然會對活動本位介入法或其他任何介入法產生失望。

第二，不可否認的，使用熟悉的方法比接受新方法容易得多，而我們發現拒絕改變的專業人員，其教學效果必打折扣，當然會直接影響幼兒的學習。研究結果發現早期療育的正面功效，並不是很明顯，或會隨時間消逝（Brooks-Gunn et al., 1994）。為了對幼兒和其家庭的服務效果更為有效，持續地探索和改變介入取向是必要的。對於訓練良好和高敏感度的早期療育工作者而言，我們相信活動本位介入法或其他的介入法，都還有改進的空間，這也是未來努力的方向。

參考書目

Baer, D. (1981). The nature of intervention research. In R. Schiefelbusch & D. Bricker (Eds.), *Early language: Acquisition and intervention* (pp. 559–573). Baltimore: University Park Press.

Bailey, E., & Bricker, D. (1985). Evaluation of a three-year early intervention demonstration project. *Topics in Early Childhood Special Education, 5*(2), 52–65.

Bricker, D. (1989). *Early intervention for at-risk and handicapped infants, toddlers, and preschool children.* Palo Alto, CA: VORT Corp.

Bricker, D., Bruder, M., & Bailey, E. (1982). Developmental integration of preschool children. *Analysis and Intervention in Developmental Disabilities, 2,* 207–222.

Bricker, D., & Gumerlock, S. (1988). Application of a three-level evaluation plan for monitoring child progress and program effects. *Journal of Special Education, 22*(1), 66–81.

Bricker, D., & Pretti-Frontczak, K. (1997, November 21). *Examining treatment validity: A critical and often overlooked construct in evaluating assessment instruments.* Paper presented at the International Conference for the Division for Early Childhood, New Orleans.

Bricker, D., & Sheehan, R. (1981). Effectiveness of an early intervention program as indexed by child change. *Journal of the Division for Early Childhood, 4,* 11–27.

Brooks-Gunn, J., McCarton, C., Casey, P., McCormick, M., Bauer, C., Bernbaum, J., Tyson, J., Swanson, M., Bennett, F., Scott, D., Tonascia, J., & Meinert, C. (1994). Early intervention in low-birth-weight premature infants. *Journal of the American Medical Association, 272*(16), 1257–1262.

Cole, K., Dale, P., & Mills, P. (1991). Individual differences in language delayed children's responses to direct and interactive preschool instruction. *Topics in Early Childhood Special Education, 11*(1), 99–124.

Drasgow, E., Halle, J., Ostrosky, M., & Harbers, H. (1996). Using behavioral indication and functional communication training to establish an initial sign repertoire with a young child with severe disabilities. *Topics in Early Childhood Special Education, 16*(4), 500–521.

Guess, D., & Siegel-Causey, E. (1985). Behavioral control and education of severely handicapped students: Who's doing what to whom? And why? In D. Bricker & J. Filler (Eds.), *Severe mental retardation: From theory to practice* (pp. 230–244). Reston, VA: Council for Exceptional Children.

Guralnick, M., & Bennett, F. (1987). *The effectiveness of early intervention for at-risk and handicapped children.* New York: Academic Press.

Guralnick, M.J. (1997). Second-generation research in the field of early intervention. In M.J. Guralnick (Ed.), *The effectiveness of early intervention* (pp. 3–20). Baltimore: Paul H. Brookes Publishing Co.

Horner, R.H., Dunlap, G., & Koegel, R.L. (Eds.). (1988). *General-ization and maintenance: Life-style changes in applied settings*. Baltimore: Paul H. Brookes Publishing Co.

Koegel, R.L., Koegel, L.K., Frea, W.D., & Smith, A.E. (1995). Emerging interventions for children with autism: Longitudinal and lifestyle implications. In R.L. Koegel & L.K. Koegel (Eds.), *Teaching children with autism: Strategies for initiating positive interactions and improving learning opportunities* (pp. 1–15). Baltimore: Paul H. Brookes Publishing Co.

Losardo, A., & Bricker, D. (1994). A comparison study: Activity-based intervention and direct instruction. *American Journal on Mental Retardation, 98*(6), 744–765.

Pretti-Frontczak, K. (1996). *Examining the efficacy of embedding young children's goals and objectives into daily activities*. Unpublished doctoral dissertation, University of Oregon, Eugene.

Schwartz, I., Carta, J., & Grant, S. (1996). Examining the use of recommended language intervention practices in early childhood special education classrooms. *Topics in Early Childhood Special Education, 16*(2), 251–272.

Wolery, M., Holcombe-Ligon, A., Brookfield, J., Huffman, K., Schroeder, C., Martin, C., Venn, M., Werts, M., & Fleming, L. (1993). The extent and nature of preschool mainstreaming: A survey of general early educators. *Journal of Special Education, 27*(2), 222–234.

Yoder, P., Kaiser, A., & Alpert, C. (1991). An exploratory study of the interaction between language teaching methods and child characteristics. *Journal of Speech and Hearing Research, 34*, 155–167.

Yoder, P., Kaiser, A., Goldstein, H., Alpert, C., Mousetis, L., Kaczmarek, L., & Fisher, R. (1995). An exploratory comparison of milieu teaching and responsive interaction in classroom applications. *Journal of Early Intervention, 19*(3), 218–242.

第十二章

未來的 發展

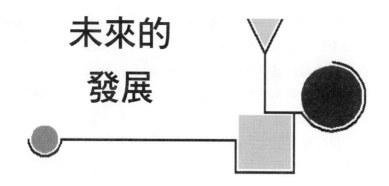

　　從過去預測未來，美國的早期療育將會愈來愈蓬勃發展。早期療育的獲得重視，是大眾對其預防和治療功效的肯定。然而對相信「早期發現、早期介入」功能的早期療育工作者而言，早期療育的服務仍有問題存在。如果提供給幼兒和其家庭的服務是缺乏組織的，或是使用沒有明確目標的課程，那麼即使是在幼兒很小的時候即開始接受療育，恐怕仍難有預防和治療之效；而這樣的結果恐怕也違背了投資效益的回收。而國家期望早期療育的功效可以「治療一切」（cure-all），以使幼兒在進入公立學校之前具備良好的學習基礎，卻帶給早期療育工作者許多的壓力。事實上，準備幼兒的學習基礎，再加上準備幼兒能過身心平衡生活的期望，對早期療育工作者而言已是困難的

挑戰。面對如此的挑戰，最好的應對策略即是不斷地發現方法
來提升幼兒的發展、適應力和學習。

　　我們相信隨著早期療育的成長和發展，以幼兒為主導的介
入方法，諸如活動本位介入法，將會愈來愈被接納和採用。如
果要使活動本位介入法被應用成功，以達到國家對幼兒的期望，
則必須對專業人員進行完備的訓練。在本書的第一版出版後，
我們就盡力在做訓練的工作，並且透過討論或文件資料，來增
進我們對活動本位介入法的詳盡介紹與解釋；這些訓練工作所
累積的經驗，是我們修訂出版本書的重要依據。

　　從活動本位介入法相關的文章、討論和教學中，我們有了
以下的重要見解。其一是，早期療育工作者傾向擷取活動本位
介入法其中的一部分，而不完全採用整個模式（Bricker,
McComas, Pretti-Frontczak, Leve, & Stieber, 1997）。為什麼會有
這種情況發生呢？原因可能是：(1)早期療育工作者擷取符合他
們個人教學或介入信念的做法。(2)早期療育工作者選擇與他們
目前型態或方法一致的部分。(3)早期療育工作者選用可和他們
目前方法融合的內容。若是不能符合個人信念、目前的方法，
或是受限於時間和資源，很可能早期療育工作者就不會採用活
動本位介入法了。

　　第二個重要的見解是，我們發現早期療育工作者需要許多
時間來學習，如何將幼兒的長期和短期目標，融入在例行性、
計畫性，以及以幼兒為引導的活動中（Bricker & Pretti-Frontczak,
1997）。我們相信擷取部分的方法和內容，以及需要長時間的
介入技巧訓練，均反映出既有的課程與人的觀念，往往是使改

變過程緩慢又困難的因素。

　　關於早期療育工作者的意願和能力，引起二個特別值得關切的問題，第一個問題是如何幫助早期療育工作者，學習採用一個方法，或是擷取方法中的要素。又如何使訓練和追蹤成為改進服務的途徑？第二個問題是有關方法的統整性，以及課程有效性之評鑑。如果早期療育工作者只選用活動本位介入法中的一、二個要素，就可以說是使用活動本位介入法嗎？而只擷取使用部分的內容，那又如何強調活動本位介入法的有效性呢？關於這些問題的答案，有一部分在第八章中已有討論，也可能在未來研究中才能陸續發現答案（Guralnick, 1997）。而另外一部分的答案，則是和我們對於採用模式或方法之概念或期望有關。採用完整的模式或方法如果不是那麼容易做到的事，或許我們應調整期望，而建議早期療育工作者考慮採行重要的教學方法。實施的方式可因人、因地的不同而變化。

　　我們所期待的是，應用活動本位介入法時須經過思考的調整。我們並不期望早期療育工作者、家庭成員能了解、詮釋或用同樣的方式應用活動本位介入法。重要的是能運用活動本位介入法的教學特質，我們也希望本書能幫助早期療育工作者較順利地應用活動本位介入法。早期療育或特殊幼兒教育以及幼兒教育的未來發展，將會告訴我們這個希望如何被實現。

參考書目

Bricker, D., McComas, N., Pretti-Frontczak, K., Leve, C., & Stieber, S. (1997). *Activity-based collaboration project: Final report.* Eugene: University of Oregon, College of Education, Early Intervention Program.

Bricker, D., & Pretti-Frontczak, K. (1997, November 21). *A study of the psychometric properties of the Assessment, Evaluation, and Programming Test for 3 to 6 Years.* Paper presented at the International Conference of the Division for Early Childhood, New Orleans.

Guralnick, M.J. (Ed.). (1997). *The effectiveness of early intervention.* Baltimore: Paul H. Brookes Publishing Co.

國家圖書館出版品預行編目資料

活動本位介入法：特殊幼兒的教學與應用／Diane Bricker,
Kristie Pretti-Frontczak, Natalya McComas 原作；盧明譯.--
初版.--臺北市：心理, 2001（民 90）
面；　　公分.--（障礙教育；32）
譯自：An activity-based approach to early intervention

ISBN 957-702-411-4（平裝）

1.特殊教育　　2.學前教育—教學法　　3.兒童發展

529.6　　　　　　　　　　　　　　　　　　89018587

障礙教育 32　活動本位介入法：特殊幼兒的教學與應用

原 作 者：Diane Bricker、Kristie Pretti-Frontczak、Natalya McComas
譯　　者：盧明
總 編 輯：林敬堯
出 版 者：心理出版社股份有限公司
社　　址：台北市和平東路一段 180 號 7 樓
總　　機：(02) 23671490　　傳　真：(02) 23671457
郵　　撥：19293172　心理出版社股份有限公司
電子信箱：psychoco@ms15.hinet.net
網　　址：www.psy.com.tw
駐美代表：Lisa Wu　　tel: 973 546-5845　　fax: 973 546-7651
登 記 證：局版北市業字第 1372 號
電腦排版：臻圓打字印刷有限公司
印 刷 者：翔盛印刷有限公司
初版一刷：2001 年 1 月
初版二刷：2005 年 10 月

讀者意見回函卡

No. _____   填寫日期：　年　月　日

感謝您購買本公司出版品。為提升我們的服務品質，請惠填以下資料寄回本社【或傳真(02)2367-1457】提供我們出書、修訂及辦活動之參考。您將不定期收到本公司最新出版及活動訊息。謝謝您！

姓名：_____　性別：1□男　2□女

職業：1□教師 2□學生 3□上班族 4□家庭主婦 5□自由業 6□其他____

學歷：1□博士 2□碩士 3□大學 4□專科 5□高中 6□國中 7□國中以下

服務單位：_____　部門：_____　職稱：_____

服務地址：_____　電話：_____　傳真：_____

住家地址：_____　電話：_____　傳真：_____

電子郵件地址：_____

書名：_____

一、您認為本書的優點：（可複選）

　　❶□內容 ❷□文筆 ❸□校對 ❹□編排 ❺□封面 ❻□其他____

二、您認為本書需再加強的地方：（可複選）

　　❶□內容 ❷□文筆 ❸□校對 ❹□編排 ❺□封面 ❻□其他____

三、您購買本書的消息來源：（請單選）

　　❶□本公司 ❷□逛書局⇨_____書局 ❸□老師或親友介紹

　　❹□書展⇨____書展 ❺□心理心雜誌 ❻□書評 ❼其他_____

四、您希望我們舉辦何種活動：（可複選）

　　❶□作者演講 ❷□研習會 ❸□研討會 ❹□書展 ❺□其他____

五、您購買本書的原因：（可複選）

　　❶□對主題感興趣 ❷□上課教材⇨課程名稱_____

　　❸□舉辦活動　❹□其他_____　　（請翻頁繼續）

心理出版社 股份有限公司

台北市 106 和平東路一段 180 號 7 樓

TEL: (02) 2367-1490
FAX: (02) 2367-1457
EMAIL:psychoco@ms15.hinet.net

沿線對折訂好後寄回

六、您希望我們多出版何種類型的書籍

　❶□心理　❷□輔導　❸□教育　❹□社工　❺□測驗　❻□其他

七、如果您是老師，是否有撰寫教科書的計劃：□有□無

　　書名／課程：＿＿＿＿＿＿＿＿＿＿＿＿＿＿＿＿＿＿＿＿＿

八、您教授／修習的課程：

上學期：＿＿＿＿＿＿＿＿＿＿＿＿＿＿＿＿＿＿＿＿

下學期：＿＿＿＿＿＿＿＿＿＿＿＿＿＿＿＿＿＿＿＿

進修班：＿＿＿＿＿＿＿＿＿＿＿＿＿＿＿＿＿＿＿＿

暑　假：＿＿＿＿＿＿＿＿＿＿＿＿＿＿＿＿＿＿＿＿

寒　假：＿＿＿＿＿＿＿＿＿＿＿＿＿＿＿＿＿＿＿＿

學分班：＿＿＿＿＿＿＿＿＿＿＿＿＿＿＿＿＿＿＿＿

九、您的其他意見

謝謝您的指教！　　　　　　　　　　　　　63032